통합사회 문해력 2

통합사회 문해력 2

제1판 제1쇄 발행일 2026년 3월 22일

글 _ 송성민, 김상범, 김재근, 범영우
기획 _ 책도둑(박정훈, 박정식, 김민호)
디자인 _ 이안디자인
펴낸이 _ 김은지
펴낸곳 _ 철수와영희
등록번호 _ 제319-2005-42호
주소 _ 서울시 마포구 월드컵로 65, 302호(망원동, 양경회관)
전화 _ 02) 332-0815
팩스 _ 02) 6003-1958
전자우편 _ chulsu815@hanmail.net

ISBN 979-11-7153-044-1 43300

철수와영희 출판사는 '어린이' 철수와 영희, '어른' 철수와 영희에게 도움 되는 책을 펴내기 위해 노력합니다.

통합사회 문해력 2

글 송성민·김상범·김재근·범영우

세상을 바꾸고 인간다운 곳으로 만들어 가는 힘, 문해력

같은 사회현상을 보더라도 사람마다 다르게 이해할 때가 많습니다. 왜 그럴까요? 세상을 읽고 이해하는 힘, 즉 저마다의 문해력이 다르기 때문입니다. '문해력'은 단순히 글자를 읽고 이해하는 능력이 아닙니다. 복잡한 사회현상 속에 숨겨진 맥락을 파악하고 질문을 던지며, 비판적으로 성찰하고 더 나은 대안을 모색하는 종합적인 힘입니다.

오늘날 우리는 진짜 정보와 가짜 정보가 뒤섞이고, 과학·기술이 급속도로 발전하는 사회에 살고 있습니다. 올바른 판단을 내리기가 점점 더 어려운 일이 되고 있습니다. 이런 시대에 우리에게는 잘못된 정보에 휘둘리지 않고, 올바른 가치관을 바탕으로 사회 문제에 합리적으로 대응하는 힘이 필요합니다. 이 책은 그러한 문해력을 키우기 위한 길잡이가 될 것입니다.

이 책은 통합사회 과목의 주제를 반영하여 두 권으로 구성되었습니다. 1권은 '통합적 관점', '인간, 사회, 환경과 행복', '자연환경과 인간', '문화와 다양성', '생활공간과 사회'를 다루며, 이를 통해 인간과 삶의 터전인 사회와 환경을 폭넓게 이해하도록 돕습니다. 2권은 '인권 보장과 헌법', '사회정의와 불평등', '시장경제와 지속가능발전', '세계화와 평화', '미래와 지속가능한 삶'에 대해 다루며, 이를 바탕으로 우리 일상과 연결된 사회 문제를 분석하고 실현 가능한 대안을 탐구해 봅니다.

이 책은 통합사회에서 다루는 다양한 주제들을 충실히 해설하는 동시에 사고력 확장을 돕는 데 주안점을 두었습니다. 특히, 각 주제별 개념과 지식을 다양한 예시를 바탕으로 정확하고 충실하게 설명하고, 지식과 사고를 확장할 수 있는 풍부한 읽기 자료를 제공합니다. 어려운 주제도 이야기 형식으로 풀어내어 쉽게 접근할 수 있도록 하였습니다. 영화나 그림 등의 다양한 매체, 그래프와 지도와 같은 시각 자료를 활용하여 통합적 관점을 기르고, 청소년 독자들이 스스로 질문하고 탐구하며 생각을 정리해 볼 수 있도록 구성하였습니다.

무엇보다 이 책은 통합사회 교육과정 개발과 교과서 집필에 참여한 사회과교육, 윤리교육, 지리교육, 법교육, 경제교육 전문가들이 함께 집필하였습니다. 저자들은 연구와 교육 경험을 바탕으로, 독자 여러분이 사회현상을 비판적으로 이해하고 현명하게 대응할 수 있도록 돕고자 하였습니다.

여러분이 이 책을 통해 복잡한 사회현상을 이해하고 대응하는 통합사회 문해력을 키우는 연습을 하고, 인간과 사회현상을 날카롭고도 따스한 시선으로 바라볼 수 있는 역량을 키울 수 있기를 기대합니다.

생각과 행동의 작은 변화가 세상을 바꿀 수 있습니다. 이 책을 통해 세상을 더욱 깊이 이해하고 넓게 바라보며, 우리가 사는 세상을 보다 행복하고 인간다운 곳으로 만들어 갈 힘을 갖게 되길 바랍니다. 여러분의 여정에 따뜻한 응원을 보냅니다.

끝으로 이 책이 나오기까지 도움을 주신 많은 분들께 깊이 감사드립니다.

저자 일동

머리말 세상을 바꾸고 인간다운 곳으로 만들어 가는 힘, 문해력 _________ 4

1장.　인권 보장과 헌법

1. 인권의 의미와 변화 양상

　　　당연하지만 당연하지 않은 인권 _________ 14

　　　근대 시민 혁명, 인권 보장 체제를 만들다 _________ 17

　　　여성은 가정에 충실하라 _________ 21

　　　인권은 계속 진화하고 있다 _________ 25

　　　현대 사회, 새롭게 생성되는 인권 _________ 27

2. 헌법의 역할과 시민 참여

　　　헌법, 인권 보장을 위해 탄생하다 _________ 32

　　　인권 보장을 위한 제도에는 무엇이 있을까? _________ 34

　　　헌법, 기본권을 보장하다 _________ 38

　　　헌법이 어떻게 우리의 기본권을 지켜 줄까? _________ 41

　　　시민 참여 그리고 시민 불복종 _________ 47

3. 인권 문제와 해결 방안

　　　무시된 목소리, 사회적 소수자의 인권 _________ 52

　　　청소년 노동, 특별한 관심과 보호 _________ 57

　　　세계 차원에서 발생하는 다양한 인권 문제 _________ 61

　　　인권지수를 통해 바라본 세계 인권 문제 _________ 66

　　　함께 살아가는 세상, 인권 문제의 해결을 위하여 _________ 69

부록 1_질의응답

　　　1. 왜 난민의 인권까지 보호해야 하나요? _________ 72

　　　2. 마녀재판도 인권 문제라고요? _________ 74

부록 2_사진으로 보는 통합사회

　　　왜 소녀는 보안관과 함께 학교에 가야 했을까요? _________ 76

2장. 사회 정의와 불평등

1. 분배적·교정적 정의, 그 의미와 기준

정의란 무엇인가 —————— 80

정의론의 뿌리를 찾아서 —————— 81

분배적 정의의 기준 —————— 85

교정적 정의: 응보주의 vs. 공리주의 —————— 89

사형 제도는 정당한가 —————— 92

2. 자유주의적 정의관과 공동체주의적 정의관

정의를 바라보는 두 관점 —————— 95

롤스의 공정으로서의 정의 —————— 97

노직의 소유 권리론 —————— 100

샌델의 공동체주의 —————— 105

왈처의 다원적 평등 —————— 107

3. 불평등을 넘어 정의로운 사회로

불평등, 그것이 문제로다 —————— 111

사회 계층의 양극화 —————— 114

사회적 소수자에 대한 차별 —————— 116

공간 불평등 —————— 118

정의로운 사회를 만들려면 —————— 121

부록 1_ 질의응답

유리 천장을 깬다는 게 무슨 말이에요? —————— 124

부록 2_영화로 보는 통합사회

공동체를 위해 희생할 것인가, 자유를 위해 싸울 것인가? —————— 126

부록 3_그래프로 살펴보는 통합사회

공리주의 원칙과 차등의 원칙 —————— 128

3장.　시장경제와 지속가능발전

1. 자본주의와 경제 체제

　　사회주의와 자본주의 _______________ 132

　　상업 자본주의(16~17세기): 금과 은을 축적하라 _______________ 133

　　산업 자본주의(18세기): 생산하고, 또 생산하라 _______________ 135

　　독점 자본주의(19세기): 거대한 독점 기업의 등장 _______________ 138

　　수정 자본주의(20세기 초): 정부의 개입이 필요해 _______________ 140

　　신자유주의: 다시 작은 정부로 _______________ 144

　　여러 가지 경제 체제: 시장이냐 정부냐 _______________ 147

2. 합리적 선택과 경제 주체의 역할과 책임

　　삶은 선택의 연속 _______________ 150

　　나에게는 합리적인 선택, 우리에게는 비합리적인 선택 _______________ 152

　　시장이 실패하는 이유 _______________ 154

　　성장하고 발전하되, 지속가능하게 _______________ 157

3. 금융 생활과 금융 의사 결정

　　'금융'이 주식이나 채권 같은 건가요? _______________ 165

　　내 자산을 지키는 3가지 원칙 _______________ 169

　　꼭, 알아야 할 금융 지표 _______________ 172

4. 국제 무역과 지속가능발전

　　나라와 나라가 무역을 하는 이유 _______________ 179

　　노동 시간을 늘리지 않았는데 어떻게 더 많이 소비할 수 있을까?

　　_______________ 180

　　마법 같은 무역 이론, 비교 우위론 _______________ 184

　　국제 무역의 어두운 그림자 _______________ 187

　　지속가능한 무역을 향해 _______________ 191

부록 1_질의응답

　　1. 금융의 본질이 시간이라고요? _______________ 194

2. 다시 보호 무역주의로 돌아갈까요? —————— 196

부록 2_ 영화로 보는 통합사회

피와 석유로 그린 독점 자본주의의 초상 —————— 198

4장.　　세계화와 평화

1. 세계화의 문제와 해결 방안

상호 얽힘의 시대, 세계화를 보다 —————— 202

지역으로 조각된 세계, 지역화를 그리다 —————— 204

세계를 품은 최상위 플랫폼, 세계 도시의 등장 —————— 207

세계 경제 지도를 그리는 다국적 기업 —————— 210

세계화로 얽힌 복잡한 문제, 그 해결을 위하여 —————— 212

2. 국제 사회와 세계 평화

평화, 그것이 알고 싶다 —————— 217

폭력에서 평화로 —————— 219

국제 사회의 갈등과 그 해결 —————— 223

세계 평화를 위한 행위 주체들의 역할 —————— 228

3. 동아시아 역사 갈등과 세계 평화

남북 분단이 쏘아 올린 전쟁 —————— 232

평화로 가는 길, 통일을 위한 노력 —————— 235

동아시아의 갈등과 공존 —————— 239

우리가 디자인하는 세계 평화 —————— 243

부록 1_질의응답

1. 팔레스타인과 이스라엘은 왜 싸우나요? —————— 248

2. BTS의 성공이 세계화 덕분이라고요? —————— 250

부록 2_ 책으로 보는 통합사회

왜 세계의 절반은 굶주리는가? —————— 252

5장.　미래와 지속가능한 삶

1. 세계의 인구와 인구 문제

지구에 어떤 사람들이 얼마나 살고 있을까?　256

인구가 부족한 나라, 인구가 넘치는 나라　264

인구 절벽에서 떨어지지 않으려면　269

2. 에너지 자원과 기후 변화, 지속가능한 발전

화석 에너지와 신재생 에너지, 무엇이 최선일까?　271

기후 변화가 불평등과 관계가 있을까?　275

지속가능한 발전을 위한 방법　279

3. 미래 사회 변화와 세계시민

세계는 갈등하고 협력하고　281

아이언맨은 실제로 탄생할 수 있을까?　282

생태 환경의 변화　284

나에서 지역 사회로 뻗어 나가기　286

국가를 넘어 세계로 나아가는 나　289

부록 1_질의응답

1. 인도네시아는 왜 수도를 옮길까요?　291

2. 100년 뒤 우리나라 인구가 절반으로 준다고요?　294

부록 2_영화로 보는 통합사회

과학과 인문학의 조화, 그리고 인간성에 대한 성찰　296

가장 먼저 고민한 사람이 가장 정확한 길을 제시합니다

통합사회 공부를 어떻게 해야 할지 부담을 느끼는 학생이 많습니다. 다양한
학문적 시각을 통해 사회현상을 바라보는 융합적 사고 능력을 키우는 일이 말처럼
쉽지는 않습니다. 더구나 문해력이 뒷받침되지 않으면 더욱 어렵습니다. 이러한
상황에서 교육과정의 내용을 충실히 다루면서도 풍부한 사례와 자료를 흥미롭게
엮어 낸 안내서가 나와 반갑기 이를 데 없습니다. 읽다 보면 핵심 어휘가 익숙해지고
까다로운 개념이 저절로 드러나며 세상을 향한 호기심이 충족됩니다.
이 책을 읽으면서 씨줄과 날줄이 엮이듯 다양한 학문적 아이디어를 연결하여
적용하는 스스로를 발견하게 될 것입니다.

- 신정아(서울 문현고등학교 교사)

이 책은 선생님이 곁에서 이야기해 주는 것 같은 친절한 설명과 한 번에 이해되는
친숙한 사례, 다채로운 시각 자료로 채워져 있습니다. 책을 따라가다 보면
어렵고 복잡하게 느껴졌던 사회현상이 눈앞에 선명하게 펼쳐집니다. 문해력은 결국
나를 둘러싼 세상을 올바르고 깊이 있게 이해하는 능력입니다. 통합사회 공부의
핵심은 결국 문해력입니다. 이 책은 통합사회라는 과목이 '암기 과목'이 아닌
'세상을 바라보는 눈'이라는 사실을 알려 줍니다. 자기 주도적 탐구를 하고 싶은
학생들에게도, 그리고 수업의 새로운 영감을 얻고 싶은 선생님들께도 추천합니다.

- 심소현(서울 이수중학교 교사)

우리 교육과정이 강조하는 인간상은 "포용성"을 갖춘 사람입니다. 포용성 있는
사람으로 성장하기 위해서는 무엇보다 '나'를 둘러싼 세계와 존재들, 그리고
이들의 관계성을 섬세하게 읽어 낼 수 있어야 합니다. 우리는 무언가에 대해
잘 알 때 이해와 포용에 한 걸음 더 다가설 수 있습니다. 『통합사회 문해력 1, 2』는
이를 위해 준비된 훌륭한 도구입니다. 각 영역의 탁월한 전문가들이 풍부하고
친절하면서도 학술적으로 엄밀하게 풀어내었습니다. 통합사회 교과서를 세심하게

보충하면서 우리의 사유를 확장할 수 있는 깊은 이야기들을 담고 있습니다.
이 책을 통해 학생들이 세상과 한층 더 가까워질 수 있기를 바랍니다.

- 윤선유(대전외국어고등학교 교사)

기술이 발달하고 사회가 진화하면서 지구촌은 더 촘촘히 연결되고 불확실성은
높아지고 있습니다. 우리 아이들이 살아갈 미래는 어떻게 달라질까요?
어떻게 하면 사회를 비판적으로 해석하는 지혜, 공동체 속에서 살아갈 시민 역량을
기를 수 있을까요? 『통합사회 문해력 1, 2』는 사회현상을 시간적, 공간적, 사회적,
윤리적 관점으로 요리조리 뜯어보며 나를 지역과 국가, 세계로 연결해 주는
'공부 맛집'입니다. 주제별로 엮인 이야기를 따라가다 보면 교과서 안에 다
담지 못한 내용의 맥락이 보이기 시작합니다. 그야말로 사회를 읽고 해석하는
문해력이 클 것입니다.

- 윤신원(서울 성남고등학교 교사)

가 보지 않은 길은 누구에게나 두렵습니다. 하지만 그 길을 직접 만든 사람과
함께라면 이야기는 달라집니다. 이 책은 2022 개정 교육과정의 중심에 있는 집필진이
변화의 본질을 꿰뚫어 정리한 '통합사회 필독서'입니다. 수능을 대비하는
날카로운 통찰력은 물론, 인간과 사회를 바라보는 따뜻한 시선까지 놓치지
않았습니다. 혼란스러운 교육의 변곡점에서 중심을 잡고 싶은 이들에게,
이 책은 선택이 아닌 필수입니다.

- 정선아(EBSi 사회탐구 영역 강사, 서울국제고등학교 교사)

어떠한 관점과 수준에서 해석하느냐에 따라 지식의 깊이와 밀도는 달라집니다.
이 책은 각 분야의 전문가들이 통합사회 교과의 주요 개념의 의미와 연관성을
명료하게 밝혀 학습 시 혼란을 줄여 줍니다. 또한 다양하고 풍부한 사례를 그것들이
등장한 사회적, 역사적 맥락과 함께 소개하여 사유의 지평이 넓어지는 경험을
선사합니다. 깊이 있는 수업을 고민하는 교사, 통합사회 교과를 어떻게 공부해야 할지
막막한 학생과 수험생, 그리고 세상을 읽는 통합적 안목을 기르고 싶은 모두에게
이 책은 든든한 길잡이가 될 것입니다.

- 현영운(경기도 서정고등학교 교사)

1장. 인권 보장과 헌법

1. 인권의 의미와 변화 양상

당연하지만 당연하지 않은 인권

우리에게 주어진 자유와 권리 가운데 대부분은 과거에 누리지 못했던 것들입니다. 무슨 말이냐고요? 사람은 누구나 평등한 존재입니다. 하지만 우리나라에서 신분제가 철폐된 것은 불과 100여 년 전입니다. 양반이나 귀족으로 태어났다면 다행이겠지만, 다수는 평범한 신분에 머무르거나 노비나 노예가 되어 평생 고된 노동에 시달려야 했을 것입니다.

　　　우리가 마땅히 누려야 하는 게 신분적 평등만은 아닙니다. 마음대로 생각하고 이야기를 나눌 수 있고, 하고 싶은 일을 뜻대로 할 수 있는 자유도 소중한 가치입니다. 정치 공동체가 안전망을 만들어 사회적 약자를 보호하고 돕는 복지 제도도 소중합니다. 원하는 세상을 만들기 위해 뜻을 모으고 훌륭한 대표자를 선출하는 일 또한 중요합니다. 무엇보다 생명이나 건강, 안전을 위협받지 않고 살아가는 게 핵심입니다. 이와 같이 인간이라면 누구나 누려야 하는 기본적 권리를 인권이라고 합니다. 오늘날 우리가 살아가는 세상은 인권을 인정하고 이를 보호하고자 노력합니다. 그 덕분에 우리는 일상의 행복을 누리며 평화롭게 살아갈 수 있는 것입니다.

아리스토텔레스.

철학자 아리스토텔레스(Aristoteles, 기원전 384~322)는 자신의 저서 『정치학』에서 노예제가 필연적이고 정당한 것이라고 말했습니다. 노예는 다른 이에게 속하는 사람이며, 주인의 목적을 위한 살아 있는 도구라고 보았습니다. 나아가 인간의 육체가 영혼의 명령을 따르듯이, 노예는 주인의 명령을 따라야 한다고 했습니다. 위대한 철학자가 어떻게 저렇게 나쁜 생각을 할 수 있냐고요? 아리스토텔레스가 노예제를 인정하고 정당화하여 많은 비판을 받기도 하지만, 그런 주장이 당시 그리스 사

회의 노예제를 비판하는 측면도 있었다고 보는 견해도 있습니다.[*]

아리스토텔레스의 생각이 옳았는지를 따져 보는 것은 여기서는 미뤄 두도록 합시다. 인류의 현자라 할지라도 자신이 살고 있는 세상의 한계에서 벗어나는 것은 어려운 일이니까요.

역사 속 대다수 권력자나 상류층 사람들은 평범한 사람들이 누리는 소중한 삶의 가치, 즉 인권을 인정하지 않았습니다. 동서양을 막론하고 아주 오랜 시간 대부분의 사람들은 전쟁에 동원되어 무의미하게 목숨을 잃거나 다치곤 했습니다. 힘들게 경작한 농작물의 상당 부분을 상위 계층 사람들이 가져가는 게 당연했습니다. 죄를 짓지 않고도 억울하게 범인으로 몰려 목숨을 빼앗기거나 부당하게 투옥되는 일도 많았습니다. 합리적인 재판 절차가 인류 역사에 등장한 게 불과 몇백 년 전입니다.

오늘날 대부분의 문명국가에서는 인간의 존엄성을 보호하기 위해 인권을 선언하고 국가가 나서서 이를 보호하기 위해 다양한 노력을 합니다. 오랜 투쟁을 통해서 이제는 성별이나 인종, 종교나 신분과 관계 없이 누구나 인권을 동등하게 누릴 수 있습니다. 이를 인권의 보편성이라고 합니다. 인간이 태어나면서부터 갖게 되는 당연한 권리라는 점에서 인권은 천부성도 가집니다. 하늘이 부여한 권리라는 이야기입니다. 다른 사람이 이렇게 소중한 기본적 권리를 침해하는 일이 있어

• 김수정(2016), 「아리스토텔레스의 『정치학』Ⅰ권에 나타난 자연적 노예에 대한 주인의 독재적 통치에 대한 정당화 고찰」, 『윤리학』, 5(2), 81-98쪽.

서는 안 되겠죠? 인권은 함부로 침해할 수 없고 남이 빼앗아 갈 수도 없으므로 **불가침성**을 가집니다. 우리가 누리는 인권은 너무도 당연한 것이지만, 역사적으로 이러한 권리가 당연하게 보장되지 못했다는 말이 무슨 의미인지 알 수 있습니다.

근대 시민 혁명, 인권 보장 체제를 만들다

시간을 거슬러 가 볼까요? 인권이 제대로 보장받지 못하거나 타인의 인권을 함부로 탄압하는 사례가 수도 없이 많았습니다. 오랜 시간 인류는 정복 전쟁을 반복적으로 벌여 왔습니다. 군주나 세력가 들이 반복하는 전쟁으로 인해 평범한 사람들이 수도 없이 목숨을 잃고 심각한 부상을 입었습니다. 고대나 전근대에만 그랬던 것이 아닙니다. 100여 년 전 인류는 두 차례의 세계 대전으로 수많은 이가 목숨을 잃었고, 살아남은 사람들 또한 인간성 상실에 괴로워해야만 했습니다. 1950년의 6·25 전쟁 또한 마찬가지였습니다. 지구촌 곳곳에서는 여전히 전쟁이 끊이지 않고 있습니다.

　　전쟁 외에도 인권 침해 사례는 많습니다. 동서양을 막론하고 신분제를 만들어서 혈통에 따른 차별을 당연하게 생각해 왔습니다. 고려 시대 노비였던 만적은 "왕후장상의 씨가 따로 있겠는가."라고 외치며 민란을 일으켰습니다. 1894년 갑오개혁을 통해 공식적으로는 신분제를 폐지하였지만, 현실에서는 달랐습니다. 1923년 경상남도 진주에서 백정 출신들이 모여 형평사 운동을 벌이기도 했는데, 형평사는 "모든 사람은 평등하다."라는 의미입니다. 공식적으로 신분제가 폐지되었음에도 여전히 사회 전반에 남아 있는 차별에 저항했던 것입니다. 1970년 청년 전태일은 열악한 노동 환경과 노동자의 인권 문제를 제기하면서, 결국 자신의 몸에 불을 붙여 삶을 마감했습니다. 이 사건은 우리나라에서 노동 인권 운동의 큰 전환점이 되었습니다.

역사적으로 인권 침해가 항상 존재해 온 것처럼, 인권을 주장하고 이를 보호하려는 노력 또한 계속되었습니다. 그중 인권 보장의 가장 결정적인 계기가 된 사건으로는 근대 시민 혁명을 꼽습니다. 인권이 오늘날과 같은 모습으로 이해되고, 보장 제도와 안전장치를 만들게 된 기점이기 때문입니다. **근대 시민 혁명**이란 절대 군주제와 봉건 사회 체제를 무너뜨리고 민주주의, 법치주의를 지향하는 국가와 사회를 구축한 혁명을 말합니다. **절대 군주제**는 군주가 국가의 모든 권력을 장악하고, 법 위에 군림하는 정치 체제입니다. 중세 유럽의 **봉건 사회 체제**란 토지를 매개로 주종 관계를 형성하여 지배하는 사회, 경제, 정치 체제입니다. 이런 체제하에서는 강력한 신분제를 바탕으로 강압적인 통치를 하기 때문에, 개인의 자유나 권리가 보장되기 어렵습니다. 근대 시민 혁명은 신분제에 기반한 정치 제도, 착취를 일삼는 경제 제도에 반기를 들고 모두가 사람답게 살 수 있는 세상을 만들기 위한 노력이었습니다. 영국 명예혁명(1688), 미국 독립 혁명(1775~1783), 프랑스 혁명(1789~1799)이 대표적인 시민 혁명입니다.

명예혁명은 17세기 영국에서 일어났습니다. 서로 권력을 강화하고 싶던 왕과 의회 사이에 갈등이 지속되면서 나중에는 내전으로 이

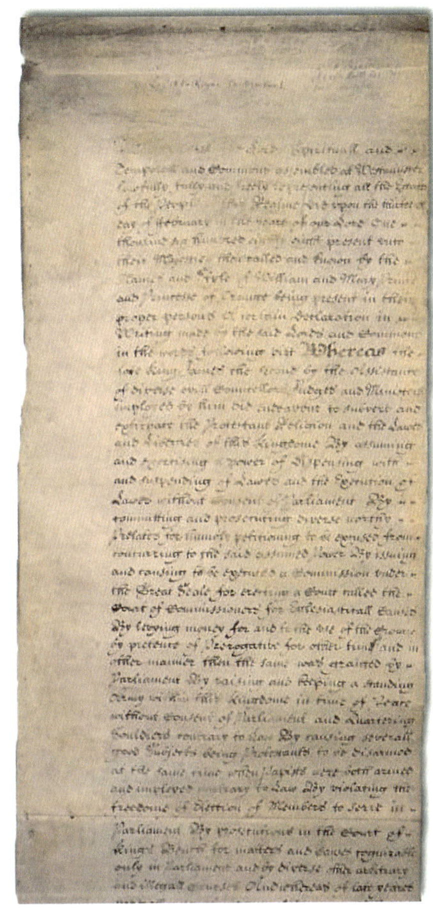

영국의 권리 장전(1689).

어지게 됩니다. 계속된 혼란 속에서 의회가 주도권을 쥐고서 왕권을 의회에 종속시키고, 권리 장전(Bill of Rights)을 채택하게 됩니다. 의회와 국민의 권리를 강조하는 문서입니다. 이를 계기로 절대 군주제는 막을 내리고 왕이라고 할지라도 법을 따라야 하는 입헌 군주제로 변모하게 됩

미국 13개 식민지 대표의 독립 선언문 서명(1776).

니다. 정치 또한 의회가 주도하는 의원 내각제가 자리를 잡게 됩니다.

영국의 식민지였던 미국은 영국의 과도한 세금 부과와 강압적 통치에 반발하여 **독립 혁명**을 일으킵니다. 1776년 독립 선언문을 발표하고 영국과의 전쟁 끝에 독립을 쟁취했습니다. 이를 통해 1787년 미국 헌법이 제정되어 민주주의 정부가 수립되었습니다. 그런데 독립 전쟁이 왜 시민 혁명이냐고요? 독립 선언문에 평등, 생명, 자유, 행복 추구, 국민 주권, 저항권과 같은 인권 요소가 명시되어 있었습니다. 영국으로부터의 독립 전쟁이 곧 시민들의 자유와 권리를 획득하기 위한 투쟁의 과정이었던 것입니다.

프랑스에서는 루이 16세 치하의 절대 왕정과 봉건제로 인해 사회적, 경제적 불평등이 심화되면서 시민들의 불만이 점점 고조된 끝에 **프랑스 혁명**이 발생했습니다. 1789년 시민들이 바스티유 감옥을 습격하면서 혁명이 시작되었고, 국민 의회가 인간과 시민의 권리 선언을 채택했습니다. 이 인권 선언문에는 국민 주권의 원리, 사상과 언론의 자유, 소유권, 저항권 같은 내용이 명시되어 있었습니다. 이 혁명을 통해 왕정이 폐지되었지만 나폴레옹의 등장으로 정치적 혼란이 지속되었습니다. 그럼에도 궁극적으로 공화국이 수립되었고 유럽 전역에도 큰 영향을 미쳤습니다.

근대 시민 혁명이 인권의 확립과 보장에 미친 영향은 무엇이었을까요? 우선 절대 군주제나 봉건제를 타파하여 입헌 군주제나 공화정을 도입하게 되었습니다. 국민이 주권을 가지고 선출한 대표자에 의해 국가가 운영되는 정치 제도가 자리를 잡게 된 것입니다. 신분제가 폐지되고 자유와 평등의 원칙이 자리 잡게 되어, 시민의 자유와 권리가 법적으로 보장받게 되었습니다. 이러한 이유로 근대 시민 혁명을 인권 확립과 보장의 출발점이라고 일컫습니다.

여성은 가정에 충실하라

이 사람은 누구일까요? 프랑스 철학자인 이 사람은 '국가의 법은 일반 의지를 통해 결정되어야 한다.'는 **인민 주권론**을 주장했습니다. 그의 사상은 프랑스 혁명에 직접적인 영향을 끼쳤습니다. 어쩌면 오늘날과 같은 민주주의 국가에서 살고 있는 우리는 그에게 큰 빚을 지고 있는지도 모르겠습니다. 그는 교육에도 많은 관심을 가져 강압적인 교육을 거부하고 아동의 독립성을 기르는 자연주의 교육을 주장했습니다.

정답은 바로 **장 자크 루소**(Rousseau, J-J., 1712~1778)입니다. 홉스, 로크와 함께 대표적인 사회계약론자로 꼽히는 철학자입니다. 특히 일반 의지를 강조하며 직접 민주주의에 가까운 정치 체제를 주장하여 프랑스 혁명에도 큰 영향을 주었습니다. 하지만 좀 놀라운 부분도 있습니다. 루소는 그의 저서 『에밀』(1762)에서 여성에 대한 교육은 가정 내 역할에 충실할 수 있도록 해야 한다고 말했습니다. 여성은 공적 영역에 참여하기보다 가정 내에서 남편을 돕거나 자녀를 키우는 게 더 적합하다고 생각한 것입니다.

장 자크 루소.

이런 생각이 루소 개인만의 견해는 아니었습니다. 혁명 이후 권력을 손에 쥐게 된 나폴레옹도 다르지 않았습니다. 여성에게는 정치적 권리가 필요 없다는 생각은, '나폴레옹 법전'(1804)에도 반영되어 여성의 권리가 남성보다 낮게 설정되었습니다. 이러한 잘못된 시각은 특정 사람을 넘어 사회 전반에 널리 퍼져 있었습니다.

근대 시민 혁명을 통해 모두가 함께 자유와 평등, 권리를 누리는 세상을 만들기로 약속했으나, 현실은 그렇지 못했던 것입니다. 선거를 통해 대표자를 선출하므로 선거권은 정치에 참여할 수 있는 핵심적인 권리입니다. 그러나 시민 혁명 이후에도 재산이나 성별에 따라 선거권은 제한되었습니다. 가난한 노동자나 여성 들은 여전히 선거권을 가질 수 없었습니다.

영국의 사례를 살펴볼까요? 의회 중심 통치 체제가 자리 잡은 영국에서 의회 의원을 선출하는 일은 매우 중요했습니다. 그러나 영국에서 19세기에 이르기까지 일정 수준의 재산을 가진 성인 남성에게만 선거권이 제한적으로 부여되었습니다. 1830년대부터 노동자 계층은 정치에 참여할 권리를 달라고 호소하였으나 의회로부터 번번이 거절당했습니다. 결국 이들은 인민 헌장(People's Charter, 1837)을 발표하고, 이 헌장이 의회에서 통과될 때까지 파업과 봉기를 이어 갔습니다. 수십 년 동안 이어진 영국 노동자 계층의 참정권 확대 운동을 '헌장'이라는 뜻의 '차터'라는 말을 따서 차티스트 운동이라고 부릅니다. 이 운동 자체는 무산되지만 이후 선거법 개정을 통해 1884년 '보통 선거 제도'가 도입되는 결실을 맺게 됩니다.

차티스트들의 대중 시위 모습
(코넬리우스 브라운의 1886년 저서 『빅토리아 여왕 통치의 실화』에서 발췌한 판화 그림).

보통 선거란 자격 요건의 제한 없이 일정한 연령에 이른 모든 국민에게 선거권을 부여하는 원칙을 말합니다. 그렇다면 1884년 영국에서는 일정한 연령에 달한 모든 국민이 선거권을 가지게 되었을까요? 그렇지 않습니다. 이때의 보통 선거는 남성에 국한된 것으로 여성에게는 선거권을 주지 않았습니다. 시간이 훨씬 흐른 1918년에야 여성에게도 선거권을 주었는데, 이때도 남성은 21세 이상, 여성은 30세 이상으로 여전히 차별이 남아 있었습니다. 성별에 따른 차별 없는 보통 선거 제도가 완전하게 자리 잡은 것은 그로부터 10년이 더 흐른 뒤였습니다.

근대 시민 혁명이 일어났지만 여전히 여성, 노동자, 장애인 등의 사회적 약자에게 참정권은 부여되지 않았습니다. 영국뿐 아니라 전 세계 모든 국가에서 일어난 일입니다. 보통 선거 제도는 노동자와 여성

영국의 여성 참정권 운동을 다룬 영화 「서프러제트」
(2016) 포스터.

집단의 부단한 노력과 투쟁 끝에 어렵사리 얻어 낸 쾌거입니다. 인권이 더 많이, 더 넓게 차별 없이 보장되기 위해서는 우리들의 끊임없는 노력이 필요하다는 사실을 알 수 있습니다.

인권은 계속 진화하고 있다

두 차례의 세계 대전이 끝난 지 얼마 되지 않은 1948년 12월 10일 프랑스 파리의 샤요궁(Palais de Chaillot)에서는 국제 연합(UN) 총회가 열렸습니다. 회의에 참가한 각국의 대표가 모두 숨죽이는 가운데 투표가 진행되었습니다. 그 결과 회원국 58개국 가운데 48개국이 찬성했습니다. 기권을 한 국가가 있었으나 반대 없이 이날 세계 인권 선언이 채택됩니다. 전쟁의 참혹함과 인권 유린에 대한 반성이 이어졌고, 인권 보장의 국제적 합의를 도출하기 위해 세계 인권 선언을 채택하게 된 것입니다.

세계 인권 선언은 자유와 평등에 관한 국제적인 지침 역할을 하는 문서입니다. 이 선언문에는 인간이라면 당연히 누려야 할 30가지 자유와 권리를 명시하고 있습니다. 이를 통해 인종, 성별, 언어, 종교 등에 관계없이 모든 사람의 인권을 보장해야 한다는 인권의 보편성이 확립되게 됩니다. 전 세계가 함께 지켜야 할 인권의 공통 기준이 마련되고

인권 선언 채택을 주도한 엘리너 루스벨트(1884~1962)가 세계 인권 선언문을 들고 있는 모습.

추후 각국의 헌법에도 반영되는 등 인권 보장의 수준이 획기적으로 높아지게 되었습니다.

근대 시민 혁명 이래 인권 개념은 끊임없이 발전하고 확장되어 왔습니다. 프랑스의 법학자 카렐 바작(Vasak, K., 1929~2015)은 프랑스 혁명의 구호인 '자유, 평등, 박애'라는 틀을 활용하여, 인권의 역사적 발전 과정을 세대별로 구분했습니다. 이를 통해 다양한 인권의 성격과 특징을 체계적으로 구분할 수 있고 인권의 발전 과정을 이해하는 데 도움을 얻을 수 있습니다.

1세대 인권은 개인의 자유와 권리를 강조합니다. 표현의 자유나 종교의 자유, 자유로운 선거를 통해 정부에 참여할 수 있는 권리들이 이에 속합니다. 이후 산업 혁명과 사회 변화 속에서 인간다운 생활을 보장하기 위한 2세대 인권이 등장했습니다. 경제적·사회적 권리들을 말하는데, 예를 들어 근로의 권리, 교육 받을 권리, 사회 보장을 받을 권리가 여기에 해당합니다. 현대에 이르러서는 연대를 강조하는 3세대 인권이 등장했습니다. 오늘날 우리가 직면해 있는 환경 문제나 평화 문제 등은 한 개인의 노력만으로는 해결할 수 없습니다. 전 세계가 연대하여 힘을 모아야 해결이 가능합니다. 자결권, 발전권, 평화권, 환경권, 재난으로부터 구제 받을 권리 등이 이에 해당합니다.

현대 사회, 새롭게 생성되는 인권

인권 개념과 인권 보장을 위한 노력은 제자리에 머물러 있지 않습니다. 우리의 생활 모습이 변화하는 만큼 기존에 생각하지 못한 인권 문제가 새롭게 등장하고 있습니다. 현대 사회에서 우리가 주목해야 할 인권은 매우 다양합니다. 대표적으로 주거권, 안전권, 환경권, 문화권이 있습니다.

주거권이란 쾌적하고 안정적인 주거 환경에서 인간다운 주거 생활을 할 권리입니다. 사람들이 기초적인 생활을 영위하기 위해서는 의식주 문제가 해결되어야 합니다. 주거는 개인과 가족이 건강하고 안정적인 생활을 하기 위한 기본 요소라고 볼 수 있습니다. 지난 2022년 폭우가 내리던 날, 서울 ○○동의 한 다세대 주택 반지하방에서 일가족 3명이 침수된 방에 갇혀 사망하는 일이 발생했습니다. 지상보다 낮은 반지하방의 위치로 인해 침수 피해를 당했고, 탈출하지도 못했던 것입니다. 단순 자연 재해로 인한 불가피한 사고라고 생각할 수 있으나 실제로는 그렇지 않습니다. 반지하 주택은 주로 저소득층이나 취약 계층이 거주하게 되는데, 이는 안정적인 주거 환경에서 살 권리를 제대로 보장해 주지 못합니다. 특히 이 사건에서 피해자 중 한 명이 장애인이었다는 점에서 취약 계층에 대한 보호가 부족했다는 지적이 있었습니다. 오늘날 급속한 도시화로 인해 주거 공간의 공급이 부족하거나 과도한 주거비 문제가 발생하기도 합니다. 국민이 쾌적한 주거 생활을 누릴 수 있도록 다양한 정책이 필요한 이유입니다.

안전권은 재난이나 사고, 폭력 등으로부터 안전할 권리입니다. 과거에는 자연재해로부터 피해를 입는 경우가 많았습니다. 오늘날에는 사회가 복잡해지고 과학 기술이 발전함에 따라 인재가 늘어나는 게 특징입니다. 안전 문제가 발생할 경우 극심한 신체적, 물질적 손해를 입게 됩니다. 목숨을 잃는 경우도 많습니다. 2014년 세월호 참사, 2022년 이태원 참사 등과 같은 대형 참사는 피해 당사자는 물론 남겨진 가족이나 국민 전체에게도 큰 충격과 깊은 슬픔을 안겨 줍니다. 우리 헌법은 국가가 재해를 예방하고 그 위험으로부터 국민을 보호하기 위하여 노력해야 한다고 규정하고 있습니다.

환경권은 건강하고 쾌적한 생활에 필요한 조건이 충족된 환경에서 살아갈 권리입니다. 산업화를 거치며 대량 생산이 가능해지면서 인류는 전에 없는 물질적 풍요를 누리게 되었습니다. 동시에 환경 오염과 파괴가 심각해지면서 우리 삶과 건강이 위협받는 문제가 발생했습니다. 미세 먼지와 황사로 인해 마음껏 숨을 쉬기도 힘든 지경입니다. 인구 밀도가 높은 도시에서는 소음 공해, 조망권 침해, 일조권 침해 문제 등도 발생하고 있습니다. 최근에는 기후 위기가 심각해져 전 인류의 삶이 위협받고 있습니다. 환경권은 환경 오염과 피해로부터 벗어나는 것은 물론, 조경, 공원, 문화 시설 등과 같이 인간다운 삶을 위한 환경을 갖출 것을 포함하는 광범위한 권리입니다.

문화권은 누구나 문화생활에 참여할 수 있으며, 자신의 문화적 정체성을 유지할 수 있는 권리입니다. 문화를 누리는 것도 인권이 될 수 있다고 하니 생소할 수 있습니다. 과거에는 자유권, 사회권과 같은 권리에 비해 문화를 누릴 권리는 덜 중요하다고 생각하기도 했습니다. 그러나 생명과 안전 못지않게 일상생활에서 경험하는 문화의 풍요로움과 수준도 중요하다는 가치가 널리 확산되고 있습니다. 인권이 인간다

기후 변화로 도래한 빙하기에 생존을 위한 인간들의
고군분투를 그린 영화 「설국열차」(2013) 포스터.

운 삶을 영위하는 데 필요한 것이라는 점을 생각해 보면, 문화권도 중요
한 인권이 되는 것이지요. 특히 최근에는 국제 이주와 교류가 늘고 있습
니다. 소수 집단이나 다문화 구성원의 문화가 무시되는 문제도 종종 발
생하는 만큼, 문화권의 중요성은 더욱 커질 것으로 예상해 볼 수 있습
니다.

내일은 또 어떤 인권이 등장할까?

인권은 계속 진화하고 있습니다. 생활 모습의 변화는 우리의 삶에 새로운 문제를 발생시킵니다. 코로나19는 전 세계적으로 큰 영향을 미쳤고, 의료 서비스에 대한 접근성 문제나 특정 인종에 대한 차별과 혐오 문제로 이어지기도 했습니다. 이때 **건강권**이라는 인권 문제가 대두되었습니다.

그렇다면 지금 사회 변화를 생각할 때 새로 등장할 인권으로 어떤 것을 상상해 볼 수 있을까요? 우선 **인공지능(AI) 시대의 인권**에 대해 생각해 볼 수 있습니다. 인공지능이 일자리를 대체함에 따라 많은 사람들이 생계에 위협을 받을 수 있습니다. 인공지능의 무분별한 정보 수집으로 인해 사생활이나 개인 정보가 침해되는 경우도 발생합니다. 인공지능이 특정 인종이나 계층을 차별하거나 혐오하는 답변을 내놓기도 합니다. 따라서 인공지능 기술이 발전할수록 인간의 자유와 권리를 어떻게 보호할지 진지하게 고민해야 할 것입니다.

한편 오늘날에는 **동물권**에 대한 논의도 이어지고 있습니다. 비윤리적인 방식으로 사육되는 동물들의 권리나 동물 실험에 대한 우려가 커지고 있습니다. 동물들도 같은 생명체로서 존중받고 보호받아야 한다는 목소리입니다. 이는 인권의 확장이자 인간 중심주의를 벗어나 새로운 윤리, 법체계를 요구하는 것입니다.

헌법, 인권 보장을 위해 탄생하다

여러분은 '헌법'에 관해 얼마나 알고 있나요? 낯설고 어려운 용어이지만 헌법이 한 국가의 최고 법, 법 중의 법이라는 이야기는 들어 보았을 것입니다. 그런데 헌법이 인권 보장을 위해 굉장히 중요한 역할을 하고 있다는 사실, 아니 인권 보장을 위해서 헌법이 탄생하게 되었다는 사실을 알고 있나요?

인권과 헌법의 관계를 이해하려면 헌법의 필요성부터 살펴봐야 합니다. 근대 시민 혁명 등을 거치면서 인권 개념이 안정적으로 자리 잡게 되었고, 사람들은 다른 사람의 기본적 권리와 자유를 함부로 침해해서는 안 된다는 믿음을 공유하게 되었습니다. 하지만 인권이 아무리 중요하다고 해도 그것을 실제로 지키는 방법이 필요합니다. 이를테면, 왕이 겉으로는 인권을 보장하겠노라 외치면서 함부로 세금을 걷거나 사람들의 자유를 억압하는 일이 발생한다고 생각해 봅시다. 이를 제대로 막아 낼 수 있는 수단이 없다면 인권 보장은 헛된 외침에 불과할 것입니다. 따라서 자신과 다른 사람의 권리를 보장하기 위해서는 이를 분명하고 실질적으로 지켜 줄 수 있는 수단이 필요합니다. 세계 여러 나라는 인권 보장의 핵심적인 수단으로 헌법을 만들었습니다. 헌법이란 한 국가의 법 가운데 가장 중요한 법으로, 모든 법의 기초가 되는 기본 원칙을 정해 놓은 것을 말합니다. 그렇다면 헌법은 왜 인권 보장의 수단이 될 수 있을까요?

첫째, 헌법은 인권의 구체적인 내용을 분명하게 밝히고 있습니다. 사람은 누구나 동등하게 인권을 가진다고 하나, 정작 어떤 것이 인권에 해당하는지, 구체적으로 어떤 권리들이 있는지 모호한 측면이 있습니다. 인권이 무엇인지 분명하게 말할 수 없다면 이를 제대로 지키기도 힘들겠지요? 헌법에는 인권의 구체적인 양상과 내용을 조문별로 정리하여 밝히고 있습니다.

둘째, 헌법에는 국가의 통치 구조와 통치자의 권력에 대한 내용이 적혀 있습니다. 역사적으로 인권을 가장 많이, 심각하게 침해하는 주체는 국가 권력이나 통치자들이었습니다. 이들의 힘은 매우 막강하기 때문에, 그만큼 이들이 힘을 잘못 사용했을 때 초래될 수 있는 인권 침해의 피해도 매우 심각했습니다. 헌법은 국가의 통치 권력이 누구에게 있는지, 권력을 어떻게 나누어 견제와 균형을 이루도록 하는지, 통치자가 행사할 수 있는 권력의 내용이나 한계가 무엇인지를 분명하게 밝히고 있습니다. 국가를 통치하는 권력자라고 할지라도 헌법을 넘어서 권력을 함부로 행사할 수 없도록 한 것입니다.

결론적으로 헌법은 인권을 단순히 선언하는 것이 아니라, 이를 실질적으로 보장할 수 있는 법적 장치로 작동하게 됩니다.

다음 중 자연스러운 용어를 찾아봅시다.

- '대통령의 권리'와 '대통령의 권한' 가운데 어떤 용어가 자연스러운 가요?

잘 모르겠다고요? 다시 한번 해 봅시다.

- '국회의원의 권리'와 '국회의원의 권한' 중 어떤 용어가 자연스러운 가요?

네, 대통령이나 국회의원과 같이 통치 권력을 부여받은 경우, '권리'가 아닌 '권한'이라는 용어가 어울립니다.

권한의 한자어는 권력, 권리, 힘이라는 뜻의 權(권), 한계를 의미하는 限(한)입니다. 즉 권한이란 '권력의 한계' 또는 '허락된 권력의 범위'라는 의미를 담고 있습니다. 대통령이나 국회의원 같은 권력자가 자신의 힘을 함부로 행사하면 사람들에게 큰 피해가 가겠지요? 그래서 헌법에는 이들이 행사할 수 있는 권력의 내용과 한계를 정해 놓았습니다. 따라서 이 경우에는 권한이라는 용어가 잘 맞는 것입니다.

인권 보장을 위한 제도에는 무엇이 있을까?

우리나라 헌법 제1조에는 어떤 내용이 있을까요?

대한민국 헌법 제1조 제1항은 "대한민국은 민주공화국이다."

입니다. 민주주의와 공화정에 기반한 국가 체제임을 밝히고 있습니다.

제1조 제2항은 "대한민국의 주권은 국민에게 있고, 모든 권력은 국민으

로부터 나온다."입니다. 민주주의 정신에 기초하여 만들어진 국가라고 할지라도 국가의 주권이 누구에게 있는지 명확하게 밝혀 둘 필요가 있습니다. 이런 점에서 제1조 제2항은 국민이 대한민국의 주권자라는 점과 대통령, 국회의원, 시장, 판사, 검사와 같은 국가 통치를 담당하는 공무원들이 가지는 권력이 국민으로부터 나왔다는 점을 분명하게 밝히고 있습니다. 이러한 생각을 '국민 주권의 원리' 또는 '국민 주권주의'라고 합니다. 쉽게 말해서 '국민이 나라의 주인이다.'라는 것으로, 이 원리 덕분에 국민은 나라의 주인으로서 정치에 참여할 수 있으며, 국가 기관 등은 국민의 뜻에 따라 국민을 위해 일해야 합니다.

국민은 자신이 가진 주권을 어떤 방법으로 행사하게 될까요? 가장 대표적인 방법으로 선거가 있습니다. 국민들은 선거를 통해 대통령이나 국회의원과 같은 대표자를 선출합니다. 이들은 자신을 선출해 준 국민의 뜻에 따라 국가를 운영하기 때문에 이 과정에서 국민의 뜻이 정치에 반영됩니다. 선거를 통해 국민들은 정치인에게 신뢰를 표현할 수도 있고 경고를 보낼 수도 있습니다. 이를 위해서는 민주적인 선거 제도가 필요합니다.

선거 제도를 마련할 때는 먼저 선거구제를 고민해야 합니다. 상대적으로 작은 크기의 선거구에서 1명의 대표자를 선출할 것인지(소선거구제), 상대적으로 큰 크기의 선거구에서 2명 이상의 대표자를 선출할 것인지(중·대선거구제) 결정해야 합니다. 대표를 선출하는 방식도 결정해야 합니다. 가장 많은 표를 얻은 후보가 당선되는 방식을 채택할 수도 있고(단순다수제), 정당별 득표율에 비례하여 의석을 배분하는 방식

교복 입은 유권자의 탄생

민주적인 선거 진행을 위해 **선거의 4대 원칙**을 정했습니다. 보통, 평등, 직접, 비밀 선거의 원칙이 그것입니다. **보통 선거**는 일정한 연령에 달한 국민이라면 누구나 선거권을 가질 수 있다는 원칙입니다. **평등 선거**는 모든 유권자가 1인 1표의 투표권을 행사해야 하며, 표의 가치가 동일하게 반영되어야 한다는 원칙입니다. **직접 선거**는 유권자가 중간 대리인 없이 직접 후보를 선택해 투표해야 한다는 원칙입니다. **비밀 선거**는 누가 누구에게 투표했는지 드러나지 않도록 비밀을 보장해야 한다는 원칙입니다. 이 가운데 보통 선거 원칙에 관해 좀 더 살펴볼까요? 이는 재산이나 성별, 신분 등 불합리한 기준에 따라 선거권이 제한되는 것을 막기 위한 장치입니다. 원칙적으로 국민이라면 누구나 선거권을 가질 수 있도록 해야 하지만, 합리적이고 책임감 있는 판단을 하도록 최소한의 연령 기준을 설정하고 있습니다. 역사적으로 선거 가능한 연령 기준은 점차 낮아지고 있습니다. 대한민국 정부 수립 당시 선거 가능 연령은 21세였으나, 지난 2020년 법 개정을 통해 18세로 하향 조정되었습니다. 드디어 교복 입은 유권자가 등장하게 된 것입니다.

우리나라 선거권과 피선거권 연령 기준 변화

제·개정 연도	법률	선거권 연령	피선거권 연령(대통령 제외)
1948년	국회의원 선거법	21세	
1960년	국회의원 선거법	20세	
1994년	공직 선거법	20세	25세
2005년	공직 선거법	19세	
2020년	공직 선거법	18세	
2022년	공직 선거법	18세	18세 (국회의원 선거·지방 선거)

법무부, 『청소년의 법과 생활』, 2024.

을 채택할 수도 있습니다(비례대표제). 우리나라의 국회의원 선거나 지방자치단체 의원 선거에서는 단순다수제와 비례대표제를 혼합하여 사용하고 있습니다.

민주주의가 잘 운영되고 국민의 주권이 잘 행사되려면 다양한 정당이 있어야 합니다. 국민들이 선택할 수 있는 정당, 후보자가 하나라면 의미 있는 선거가 될 수 없습니다. 복수 정당제란 다수의 정당이 자유롭게 결성되어 경쟁하도록 하는 정치 제도입니다. 우리나라는 헌법 제8조 제1항에서 "정당의 설립은 자유이며, 복수 정당제는 보장된다."라고 규정하여 복수 정당제를 헌법으로 보장하고 있습니다. 복수 정당을 통해 정치적 다양성을 보장하고 국민의 가지각색의 요구를 반영할 수 있습니다. 이뿐 아니라 정당 간 견제와 균형은 물론, 평화적인 정권 교체도 가능해질 수 있는 것입니다.

인권 보장을 위해서는 권력 분립의 원리도 빼놓을 수 없습니다. 이를테면, 독재자가 나타나서 민주주의나 국민 주권의 원리와 같은 소중한 가치와 정신을 무시하고 마음대로 정치를 하면 어떻게 될까요? 공동체 구성원들의 권리와 자유가 지켜질 수 없습니다. 국가 기관의 권력이 국민으로부터 나왔다고 할지라도, 그것이 한 곳에 집중되면 그 힘을 남용하거나 부패할 가능성이 커집니다. 이러한 위험을 막기 위해 각 권력이 서로를 감시하고 견제할 수 있는 체제를 만들어야 합니다. 권력 분립의 원리는 국가의 권력을 나누어 서로 견제하고 균형을 이루게 해야 한다는 원칙입니다. 이렇게 함으로써 권력 독점을 막고 국민의 자유와 권리를 지킬 수 있는 안전망을 만들 수 있게 됩니다.

우리나라는 국가 권력을 크게 입법권, 행정권, 사법권의 세 갈래로 나눈 삼권 분립 체제를 채택하고 있습니다. 권력 분립에 대한 생각은 그 역사가 오래되었습니다. 사회계약론자 존 로크(Locke, J., 1632~1704)는 이권 분립을 주장하기도 했는데, 행정권과 입법권으로 나누자는 주장이었습니다. 현대적 의미의 삼권 분립을 최초로 주창한 사람은 프랑스의 철학자 몽테스키외(Montesquieu, 1689~1755)입니다. 그는 자신의 저서 『법의 정신』(1748)에서 국민의 자유와 권리를 보장하기 위해서 국가 권력을 입법, 행정, 사법의 세 갈래로 분리해야 한다고 주장했습니다. 몽테스키외의 생각은 미국의 독립 이후 연방 헌법 제정 과정에 큰 영향을 미치게 됩니다. 미국은 세계에서 최초로 삼권 분립에 근거한 국가로 탄생하게 되었습니다. 이후 프랑스, 영국 등 다른 나라에도 순차적으로 적용되었고, 우리 대한민국 역시 삼권 분립에 따른 국가 권력 구조를 가지고 있습니다.

헌법, 기본권을 보장하다

근대 시민 혁명에 관해 공부하다 보면 미국 권리 장전 이야기가 빠지지 않습니다. 그런데 이 권리 장전이 곧 미국의 헌법임을 아는 사람은 많지 않습니다. 독립 이후 미국은 1787년에 연방 헌법을 제정했습니다. 삼권 분립을 중심으로 국가 권력에 대한 내용을 주로 담고 있습니다. 그러나 정작 시민들이 어떤 권리를 가지는지, 이를 어떻게 보장할 것인가에 대한 이야기는 다루지 않았습니다. 이에 시민들의 자유와 권리

미국의 권리 장전(1791).

에 관한 내용을 10개 조항으로 만들게 되는데 이것이 바로 권리 장전입니다. 이를 기존 헌법 조항에 추가하는데 오늘날 **수정 헌법**이라고 부릅니다. 예를 들어, 수정 헌법 제1조는 시민들이 가지는 표현의 자유, 종교의 자유, 청원권에 관해 규정하고 있습니다. 오늘날 많은 논란을 낳고 있는 총기(무기) 소유와 휴대에 관한 권리도 수정 헌법 제2조에서 다루고 있습니다. 미국의 권리 장전, 즉 수정 헌법은 기본권 보장을 명문화했다는 점에서 높게 평가받고 있습니다.

오늘날에는 시민들의 자유와 권리를 실질적으로 보장하기 위해 반드시 헌법에 기본권을 명문, 즉 글로 분명하게 규정해야 합니다.

기본권이란 시민이 인간으로서 가지는 최소한의 권리입니다.

누구나 동등하게 보장받아야 하는 가장 기본적이고 필수적인 권리라는 의미에서 '기본권'이라고 표현합니다. 앞서 시민의 자유와 권리를 보장하기 위해 헌법이 등장하게 되었다는 이야기를 나누었습니다. 따라서 국가가 보호해야 하는 시민들의 권리를 구체적인 기본권 형태로 헌법에 명시하게 되었습니다.

역사적 경험이 더해지면서 기본권의 종류도 세분화됩니다. 17~18세기에는 막강한 국가 권력으로부터 시민들의 자유와 권리를 지켜 내는 보호막으로서 기본권을 인식했습니다. 그러다 보니 신체의 자유, 표현의 자유, 종교의 자유와 같은 자유권에 집중했습니다. 하지만 곧이어 인간의 존엄과 자유를 제대로 보장받기 위해서 자유권만으로는 부족함을 깨달았습니다. 시민들이 정치에 직접 참여하거나 목소리를 낼 수 있어야 제대로 된 권리 보장이 이루어진다는 점에서 참정권이 강조되기 시작했습니다. 마찬가지로 성별, 인종, 종교, 사회적 신분 등과 무관하게 모든 사람이 법 앞에 평등하다는 평등권도 강조됩니다. 20세기 초반에는 사회적 불평등 문제를 해결하기 위해서 인간다운 삶을 보장받을 권리, 즉 사회권이 확립되었습니다. 나아가 부당한 권력 행사를 바로잡거나 정당한 재판을 받을 수 있도록 국가에 요구할 수 있는 청구권도 등장합니다.

헌법에 명시된 기본권이 시민의 실제 생활에 어떤 영향을 미치고 있을까요? 사례를 하나 들어 보겠습니다. 대한민국 헌법 제32조 제1항에는 "국가는 … 법률이 정하는 바에 의하여 최저임금제를 시행하여야 한다."는 내용이 있습니다. 기본권에 관한 이러한 헌법 규정에 따

기본권의 종류	세부 내용
자유권	신체의 자유, 언론·출판·집회·결사의 자유, 종교의 자유, 양심의 자유 등
평등권	법 앞에 평등, 차별받지 않을 권리 등
참정권	선거권, 공무 담임권 등
사회권	교육권, 건강권, 노동권, 환경권, 복지에 대한 권리 등
청구권	청원권, 재판 청구권 등

라 「최저임금법」을 제정하여 시행하고 있으며, 헌법과 「최저임금법」에 따라 매년 최저 임금이 결정됩니다. 노동자들이 최소한의 삶을 누리는 데 있어, 기본권이 실제로 작동하고 있다는 것을 알 수 있습니다.

헌법이 어떻게 우리의 기본권을 지켜 줄까?

민주주의, 국민 주권의 원리, 권력 분립의 원리와 같은 헌법 정신에서부터 구체적인 기본권 규정에 이르기까지 시민들의 권리 보호를 위한 안전장치는 많을수록 좋습니다. 이런 측면에서 기본권 침해를 구제하는 방안도 필요하며, 이 또한 헌법에 분명히 규정해 두어야 합니다. 국가 기관이 공권력을 행사하는 과정에서 간혹 개인의 기본권에 피해를 끼치는 경우가 있는데, 이를 기본권 침해라고 합니다. 이럴 경우 적절한 법적 절차를 통해 기본권 침해 상황을 해결하고, 입은 피해를 회복해야 하겠지요. 이를 기본권 침해 구제라고 합니다.

　　침해받은 권리를 구제받는 방안은 다양합니다. 우선 재판을 통해 권리를 보호받고 받은 피해를 회복할 수 있습니다. 법원은 재판을 통

헌법 재판소.

해 잘잘못을 가리고 시민의 권리가 침해되었다면 이를 바로잡는 판결을 내립니다. 국가인권위원회를 통해 인권 침해나 차별 문제를 해결해 달라고 요구할 수도 있습니다. 법을 만드는 국회에 불합리한 법과 제도를 개선해 달라고 요구할 수도 있습니다. 이처럼 다양한 구제 방안이 존재하지만 헌법에 나타난 기본권을 보장하고 기본권 침해 문제를 전담하여 해결하는 기관이 있습니다. 바로 헌법 재판소입니다.

헌법 재판소는 헌법을 수호하고 국민의 기본권을 보장하기 위해 만들어진 기관입니다. 우리나라 헌법에도 헌법 재판소의 역할이 잘 나타나 있습니다.

헌법 재판소는 다섯 종류의 헌법 재판을 담당합니다. 모든 재판이 다 기본권 보장과 관련이 있지만, 특히 위헌 법률 심판과 헌법 소원 심판이 국민의 기본권 보장과 직접적 관련이 있습니다.

위헌 법률 심판이란 재판 중인 사건에서 다루는 법률이 헌법에 위반되는지 여부를 심판하는 제도입니다. 구체적인 사례를 살펴보겠습니다.

법이 부당하다고 생각될 때 무엇을 할 수 있을까

안경사인 A 씨는 콘택트렌즈를 인터넷에서 판매했다는 이유로 재판을 받고 있었습니다. 관련 법률은 인터넷 전자 상거래를 통해 콘택트렌즈를 판매할 경우 벌금형의 처벌을 하도록 규정하고 있기 때문입니다. A 씨는 콘택트렌즈의 경우 반복 구매가 많아 굳이 안경사가 별도로 설명을 할 필요성이 낮다고 생각했습니다. 전자 상거래로 판매할 경우 모두가 편리할 텐데 굳이 법률로 이를 금지하는 것은 부당하다고 보았던 것이죠. 당시 재판을 담당하던 법원도 그 주장이 나름대로 일리가 있다고 보아 헌법 재판소에 해당 법률의 위헌 여부를 따져 달라고 요청하게 됩니다. 이를 법원의 **위헌 법률 심판 제청**이라고 부릅니다. 법원은 해당 법률이 판매자의 직업의 자유, 고객의 선택의 자유를 지나치게 제한하고 있다고 보았던 것입니다.

헌법 재판소는 어떤 결정을 내렸을까요? 헌법 재판소는 해당 법률이 헌법에 위반되지 않는다고 보았습니다. 합헌 결정을 내린 것입니다. 콘택트렌즈가 의료 기기인 만큼 착용자의 시력이나 눈의 건강 상태를 면밀히 고려하여 판매되어야 하고, 우리나라는 안경 업소나 안경사 수가 비교적 많은 편이라 안경점에 가서 직접 구매하는 데 따른 국민의 불편이 그리 크지 않다고 보았습니다. 즉 개인의 이익이나 편리함보다는 국민의 눈 건강 보호라는 공익이 더 크다는 판단을 한 것입니다.

헌재 2024. 3. 28. 2020헌가10 「의료 기사 등에 관한 법률」 제12조 제5항 위헌 제청
(전자 상거래 등을 통한 콘택트렌즈 판매 금지 사건)

위헌 법률 심판은 입법 권력이 잘못된 법률을 만들어 국민의 기본권을 침해할 경우, 해당 법률의 효력을 정지시켜 이를 바로잡는 역할을 합니다. 단, 위헌 법률 심판은 몇 가지 제약 조건이 있습니다. 우선 재판이 진행 중이어야 합니다. 그리고 해당 사건을 담당하는 법원이 관련 법률의 위헌 우려를 인정하여 헌법 재판소에 제청을 하여야만 합니다. 제청은 어떤 사항에 대하여 조치를 취하도록 의견을 제시하여 요청하는 것입니다. 그렇다면 이런 조건에 부합하지 못하는 경우 기본권을 구제받을 방법이 없는 것일까요?

이런 경우를 위해 **헌법 소원 심판**이 존재합니다. 공권력에 의하여 헌법상 보장된 기본권이 침해된 경우 직접 헌법 재판소에 그 권리

를 구제해 줄 것을 청구하는 제도입니다. 법률에 국한하지 않고 공권력에 의한 모든 기본권 침해 여부를 살펴본다는 점에서 심판 대상 범위가 훨씬 넓습니다. 또한 기본권을 침해당했다고 주장하는 사람이 직접 청구할 수 있다는 점에서도 한결 수월합니다.

헌법 소원 심판은 다시 두 가지로 구분됩니다. 하나는 **권리 구제형 헌법 소원 심판**입니다. 공권력에 의해 기본권을 침해받은 사람이 제기하는 것입니다. 이 역시 사례를 통해 살펴볼까요?

왜 태아의 성별을 미리 알려 주지 않았을까요?

법률상 부부였던 A 씨와 B 씨는 아이를 가지게 되었고 태아의 성별이 너무도 궁금했습니다. 그런데 의료인은 「의료법」의 관련 조항에 따라 임신 32주 이전에는 태아의 성별을 알려 줄 수 없다고 말했습니다. 과거에 남아 선호 사상에 따라 태아의 성별을 미리 알게 될 경우 남아는 출산하고 여아는 낙태하는 경우가 많았기 때문에 이러한 법이 만들어졌던 것이지요. 하지만 A 씨는 부모가 자신의 태아 성별 정보에 대해 접근하는 것 또한 기본권이며 이러한 규정에 따라 기본권이 침해당했다고 생각하여 헌법 재판소에 헌법 소원 심판을 청구했습니다.

헌법 재판소는 과거와 달리 오늘날에는 출생 성비를 살펴볼 때 태아의 성별과 낙태 사이에 관련성이 보이지 않는다고 판단했습니다. 태아의 성별 때문에 낙태를 유발한다는 주장이 이제는 인과관계가 명확한 근거라고 보기 어렵다는 말입니다. 이에 헌법 재판소는 공권력의 행사(여기서는 「의료법」 관련 조항)가 헌법에 위반된다고 결정을 내렸습니다.

헌재 2024. 2. 28. 2022헌마356등(2022헌마356, 2023헌마189, 2023헌마1305)
「의료법」 제20조 제2항 위헌 확인 (태아의 성별 고지 제한 사건)

　　권리 구제형 헌법 소원 심판은 공권력에 의한 기본권 침해가 의심될 경우 헌법 위반 여부를 따져 기본권을 보호하게 됩니다. 공권력은 그 범주가 매우 넓습니다. 국회가 제정한 법률도 공권력의 행사에 해당합니다. 이 외에도 검찰의 기소 처분, 행정 기관의 과태료 부과, 경찰의 집회 해산 명령, 국세청의 세금 부과 등도 모두 공권력입니다. 다만 관련 법에 따라 법원의 재판은 심판 대상에서 제외됩니다.

　　다른 하나는 **위헌 심사형 헌법 소원 심판**입니다. 이는 위헌 법률 심판과 비슷한 성질을 가집니다. 재판 중인 당사자가 법원에 위헌

위헌 심사형 헌법 소원 심판은 왜 만들어졌을까?

이는 과거 군사 독재 정부 시절의 위헌 법률 심판 제도의 문제점을 보완하기 위해서 만들어졌습니다. 과거 헌법 재판소가 없던 시절에는 위헌 법률 심판이 단 한 건도 없었습니다. 당시 하급 법원에서 위헌 제청을 하더라도 대법원에 최종적인 제청 권한이 있었는데, 대법원이 사실상 차단막 역할을 해 버렸기 때문입니다. 국민의 기본권을 침해하는 잘못된 법률이 있다고 할지라도 위헌 법률 심판 제도가 전혀 작동하지 않았던 것입니다.

지금의 위헌 심사형 헌법 소원은 이러한 잘못에 대한 반성에서 탄생하였습니다. 법원이 위헌 제청 신청을 기각하더라도 법률의 위헌 여부를 꼭 따져야 하는 억울함이 있는 경우, 당사자 본인이 직접 위헌 법률 심판을 헌법 재판소에 청구할 수 있도록 길을 열어 준 것입니다. 위헌 심사형 헌법 소원은 세계적으로도 그 유례를 찾기 힘든 우리나라만의 독특한 제도입니다.

자료 출처: 법무부, 『청소년의 법과 생활』, 2024, 74쪽.

법률 심판을 제정해 달라고 요청했으나(위헌 제청 신청) 이것이 받아들여지지 않을 경우(법원의 기각) 당사자 본인이 직접 헌법 재판소에 해당 법률의 위헌성을 따질 수 있도록 한 제도입니다. 당사자 본인이 직접 청구한다는 점에서는 헌법 소원 심판의 성격을 띠지만, 나머지 부분에서는 위헌 법률 심판과 유사한 측면이 많습니다. 이는 세계적으로도 유례를 찾기 힘들 정도로 우리나라에만 존재하는 독특한 제도입니다.

헌법에는 국민의 자유와 권리를 보장하고 구제하기 위한 다양한 규정과 안전장치가 마련되어 있습니다. 그럼에도 시민들 스스로가 정치에 관심을 가지지 않는다면 아무런 소용이 없을 것입니다. 시민의 권익을 보호하는 궁극적인 방법은 바로 시민들의 적극적인 참여입니다.

시민 참여 그리고 시민 불복종

시민 참여는 민주주의 사회를 지키고 발전시켜 나가는 데 필수적입니다. 시민 참여를 통해 정부와 국가 기관에 시민들의 의견을 전달하게 됩니다. 기관이나 통치자가 권력을 함부로 행사하지 않는지 감시하고 견제하는 역할도 합니다. 시민 참여는 다양한 방법으로 이루어질 수 있습니다. 직접 민주주의 국가라면 시민 모두가 통치자의 역할을 수행하게 되거나, 공동체 의사 결정에 상시적으로 영향력을 행사할 수 있을 것입니다. 그러나 규모가 큰 현대 국가에서 직접 민주주의를 시행하는 데에는 여러 제약이 있습니다.

따라서 간접 민주주의를 시행하는 현대 국가에서 가장 대표적인 시민 참여의 방법으로 선거를 떠올려 볼 수 있습니다. 선거는 시민들의 투표를 통해 국가와 지방 자치 단체를 다스릴 주요 인물과 정책을 결정하는 것입니다. 우리나라는 대통령, 국회의원, 지방 자치 단체의 장, 교육감, 지방 의원 등을 선출하고 있습니다. 공직자 선출을 통해 시민들의 의사가 정치에 반영되므로, 국민 주권주의를 행사하는 대표적 제도에 해당합니다.

1표의 힘

1839년 미국 매사추세츠 주지사 선거에서 현직 주지사였던 에드워드 에버렛은 1표 차이로 마커스 볼튼에게 패했습니다. 선거 참여를 독려하던 에버렛은 정작 자신은 투표 마감 시간에 5분 늦어 투표를 하지 못하였는데, 그가 투표했다면 결과가 달라질 수 있었던 거죠.
1645년 영국에서는 올리버 크롬웰에게 통치권을 부여하는 것을 결정하는 원로회의가 열렸는데, 1표 차이로 올리버 크롬웰은 대영제국의 권력자로 군림하게 되었습니다.

자료 출처: 중앙선거관리위원회(2018.7.23.), 한 표의 소중함! – 적은 표차로 결과가 달라진 선거

선거 이외에 집회나 시위도 중요한 시민 참여의 방법이 될 수 있습니다. 집회는 특정한 목적을 위해 여러 사람들이 모여 의견을 나누고 의사를 표현하는 것입니다. 시위는 특정한 의견을 강하게 주장하고

정부나 일반 대중에게 의견을 전달하기 위해 구호를 외치는 등 적극적 행동을 포함합니다. 1960년의 4·19 혁명, 1987년의 6월 항쟁, 2016년과 2024년의 대통령 탄핵 집회 등이 대표적 예라고 할 수 있습니다.

시민 참여를 거창하고 어렵게 생각할 필요는 없습니다. 생활의 불편을 해소하기 위해 행정 관청에 민원을 제기하거나, 기후 위기를 막기 위해 관련 시민단체에 가입하여 활동하는 것도 시민 참여입니다. 시민 참여가 활발하게 이뤄지면 우리가 사는 세상을 조금 더 살기 좋은 곳으로 바꿔 나갈 수 있습니다. 이익 집단이나 정당에 가입하여 활동하거나, 주요 현안에 대한 공청회에 참가하는 것도 시민 참여입니다. 중요한 것은 시민 참여의 방법뿐만 아니라 그 효과에 대한 믿음입니다.

시민들의 참여에는 거창하거나 거대한 힘이 필요하지 않습니다. 그 힘이 작다고 할지라도 그 노력 속에는 그 자체로 세상을 바꾸는 힘이 담겨 있습니다.

마지막으로 생각해 볼 문제가 하나 남았습니다. 시민들의 여러 노력에도 더 이상 합법적인 방법으로는 시민들의 자유와 권리를 지킬 수 없는 경우가 있습니다. 이때 최후의 수단으로 선택할 수 있는 것이 있습니다. 시민 불복종입니다.

시민 불복종이란 헨리 데이비드 소로(Thoreau, H. D., 1817~1862)가 『시민불복종』이라는 책에서 주장한 개념입니다. 정부의 정책이나 법이 잘못되었는데도 더 이상 합법적인 수단으로는 이를 개선할 수 없을 때, 시민들이 의도적으로 법을 위반하는 비폭력적 행동을 통해 저항하는 것을 말합니다. 다만 이를 빌미로 정부나 법 제도에 이유 없이 저항

용기 있는 행동이 세상을 바꾸다

에린 브로코비치는 미국 캘리포니아주의 작은 마을에서 발생한 환경 오염 사건을 밝혀낸 인물입니다. 그녀는 법률 사무소의 사무원으로 일하던 중, 지역 주민들이 원인 모를 질병에 시달리고 있다는 사실을 알게 되었고, 직접 주민들을 만나 관련 자료를 수집하며 문제의 원인을 추적했습니다. 조사 결과 대기업이 운영하던 공장에서 유독성 물질을 부적절하게 처리하여 지하수를 오염시켰고, 이를 마신 주민들이 질병에 걸린다는 사실을 알게 되었습

영화 「에린 브로코비치」(2000) 포스터.

니다. 에린은 피해 주민들을 모아 해당 대기업을 상대로 집단 소송을 제기하였고, 결국 회사는 거액의 배상금을 지급하게 되었습니다.

한 사람의 적극적이고 용기 있는 행동이 대기업의 부도덕한 행위를 밝혀내고 주민들의 피해를 회복해 주었습니다. 이후 이 사건은 영화로도 제작되어 사람들에게 많은 감동을 안겨 주었습니다.

하거나 폭력적인 방법으로 저항할 경우 우리 사회는 더 혼란스러워질 수 있습니다. 따라서 시민 불복종이 그 정당성을 인정받기 위해서는 몇 가지 요건을 충족해야만 합니다.

존 롤스(Rawls, J., 1921~2002)는 그의 저서 『정의론』(1971)에서 시

헨리 데이비드 소로.

민 불복종의 요건을 다음과 같이 설명합니다. 우선 공공의 이익 증진을 위한 목적 아래 행해져야 하며(공익성), 폭력을 사용해서는 안 됩니다(비폭력성). 불복종 행위가 불법임을 알고 그에 따른 법적 책임을 기꺼이 수용할 수 있어야 하며(처벌 감수), 반드시 최후의 수단으로만 사용되어야 합니다(최후의 수단).

이처럼 시민의 권리와 자유를 지키기 위해서는 결국 시민들의 적극적인 참여가 필수적임을 알 수 있습니다. 아무리 좋은 제도와 원칙이 있어도 시민들이 무관심하거나 목소리를 내지 않으면 통치 권력은 타락할 수밖에 없습니다. 시민 참여는 민주주의를 더 건강하게 만들고, 모두가 함께 행복한 삶을 영위할 수 있는 세상을 만드는 힘입니다.

무시된 목소리, 사회적 소수자의 인권

그룹 패닉이 부른 〈왼손잡이〉라는 노래에는 "모두가 똑같은 손을 들어야 한다고 그런 눈으로 욕하지 마."라는 가사가 나옵니다. 왼손잡이에게 가해지는 불편한 시선을 꼬집고 있습니다. 레오나르도 다빈치, 베토벤, 아인슈타인 같은 천재 가운데 왼손잡이가 많은데 말입니다.

왼손잡이들은 일상에서 여러 불편을 호소하곤 합니다. 출입문 손잡이나 자동차 운전석의 컵 받침대는 모두 오른손잡이에게 편하게 설계되어 있죠. 왼쪽에서 오른쪽으로 써 나가는 필기 방식으로 인해 손과 종이가 더럽혀지는 것은 늘상 있는 일이며, 각종 스포츠 용품이나 악기 등이 모두 오른손잡이 위주로 설계되어 있어 별도로 왼손잡이용을 구매하거나 개조해야만 합니다. 다수를 차지하는 오른손잡이들은 이러한 어려움을 잘 이해하지 못합니다. 경험해 볼 기회가 없으니까요. 왼손잡이는 다수와 다르다는 이유로 차별과 배제를 당하기도 했습니다. 남들과 다르다는 사실을 있는 그대로 이해해 주지 못하고, '다름'을 '틀림'으로 몰아붙일 때 소수자의 인권은 금이 가기 시작합니다.

사회적 소수자라는 용어가 있습니다. 성별, 연령, 인종, 국적,

장애 등으로 인하여 주류 집단으로부터 차별받고 부당한 대우를 받는 사람을 말합니다. 장애인, 성 소수자, 이민자, 저소득층 등이 이에 해당합니다. 이들이 가진 개인의 특성 때문에 차별을 받거나 혐오의 대상이 되기도 합니다. 인권 취약 지대에 놓여 있는 것입니다. 이들이 소수자라고 불리는 이유는 숫자가 적어서가 아니라, 사회적 권력이나 자원에 접근하기 어려운 위치에 놓여 있기 때문이라는 점에 주목할 필요가 있습니다.

소수자들은 사회적으로 부당한 대우나 차별을 받기도 하고, 과도하게 권리를 제약당하기도 합니다. 이를테면, 휠체어를 사용하는 장애인은 대중교통을 이용하는 데 큰 어려움을 겪거나 건물에 쉽게 들어가지 못하기도 합니다. 여성이라는 이유만으로 취업에서 불리한 상황에 놓일 수도 있습니다. 성 소수자는 학교나 직장에서 자신의 정체성을 당당하게 드러내지 못하고 고통을 받기도 합니다. 우리가 만약 이러한 처지에 놓인다면 어떤 느낌이 들까요? 스트레스를 많이 받을 뿐 아니라 자신감을 잃게 되어 원만한 대인 관계를 유지하거나 사회생활을 해 나가기 어려울 수도 있습니다. 능력과 노력에 비해 불합리한 대우를 받거나 성공의 기회를 원천 차단당할 수도 있습니다. 사회적 소수자의 목소리가 잘 들리지 않는다는 점도 기억할 필요가 있습니다. 소수자의 정체성 자체가 차별과 혐오의 대상이기 때문에, 보통 이를 잘 드러내지 않다 보니 이들의 요구나 필요가 공적 의사 결정에 제대로 반영되지 않는 경우가 많습니다.

사회적 소수자가 가장 자주 마주하는 인권 문제는 차별입니다. 예를 들어 회사가 장애인을 고용하지 않거나, 특정 인종이나 성별에 대해 채용이나 승진에서 불이익을 주는 경우가 있습니다. 이러한 차별이 명시적으로 드러나지 않고 암묵적으로 일어나는 게 더 큰 문제입니다. 주류 집단이 차별을 숨기기 때문일 수도 있고, 아예 차별을 하고 있다는 사실 자체를 인식하지 못하는 경우일 수도 있습니다.

의도를 가진 차별이 아니라 하더라도 과거의 불평등한 현실이

인공지능(AI)도 성차별을 할까?

아마존(Amazon)이라는 세계적인 기업이 있습니다. 매년 수많은 지원자가 이 기업에 몰리다 보니, 이력서를 검토하는 데 많은 시간과 노력이 필요했습니다. 그래서 인공지능을 활용한 채용 과정 자동화 프로젝트를 시작했습니다. 인공지능이 이력서를 자동으로 분석하고 일정한 기준에 따라 우수한 후보자를 가려내도록 한 것입니다.

그런데 이 시스템을 도입하고 나서 뭔가 이상한 점이 발견되었습니다. 여성 지원자가 채용 과정에서 점점 불리해지는 현상이 나타난 것입니다. 누군가가 의도적으로 여성을 차별하도록 인공지능 알고리즘을 조작한 것일까요? 조사 결과 범인을 찾아냈습니다. 그런데 그 정체가 정말 황당했습니다. 채용 과정 자동화를 위해 인공지능에게 과거 이력서 데이터를 학습시키면서 우수 인력에 대한 기준을 설정하도록 했는데요. 기존 직원의 대다수가 남성이었던 관계로 인공지능이 학습한 이력서 데이터가 남성 지원자를 선호하도록 하는 편향을 만들어 냈던 것이었습니다. 그 결과 남성이 많이 사용하는 특정 용어나 경험은 우대되는 반면, 여성의 활동이나 경력은 낮게 평가된 것이었습니다. 이후 아마존은 이 채용 시스템을 폐기했습니다.

아우슈비츠 수용소의 유대인 아이들.

새로운 편향과 차별을 낳는 결과를 종종 볼 수 있습니다. 사회적 소수자에 대해 직접적으로 드러나는 차별은 물론, 간접적인 차별이나 비의도적인 차별마저도 인권을 심각하게 위협하고 있는 것입니다.

　　사회적 소수자는 주류 집단과 다른 정체성을 가지고 있다는 이유만으로 혐오의 대상이 되곤 합니다. 혐오란 비이성적인 부정적 감정에 기대어 특정 집단을 미워하고 싫어하는 것을 말합니다. 혐오 그 자체도 심각한 문제이지만 혐오는 대부분 편견과 차별로 이어진다는 점에서 더 위험합니다. 우리는 20세기 초반 나치 독일이 유대인을 대상으로 체계적이고 조직적인 학살을 자행했던 역사를 알고 있습니다. 이성적으로 도저히 납득할 수 없는 이러한 만행도 유대인에 대한 혐오에서 출발했음을 기억해야 합니다. 여전히 우리 주변에는 소수자를 향한 혐오가 버젓이 나타나고 있습니다. 이민자나 난민을 잠재적 범죄자로 취급하고, 대중교통 이동권이나 공공시설 이용 권리 증진을 위해 시위하는 장애인을 혐오하기도 합니다.

물론 주류 집단에만 속해 있는 경우 소수자의 사정이나 생각을 쉽게 이해하기 어려울 수 있습니다. 하지만 그런 생각이 들 때 우리는 입장을 바꾸어 생각해 보아야 합니다. 1923년 규모 7.9의 강진이 일본 중심지인 도쿄와 그 일대를 강타했습니다. 관동대지진이 발생한 것입니다. 이 지진으로 수많은 사상자와 이재민이 발생하였고, 주변 일대가 잿더미로 변해 전쟁터를 방불케 했습니다. 일본 사회는 무척 혼란스러웠고 '조선인이 우물에 독을 탄다.', '조선인이 폭동을 일으켰다.'는 유언비어가 퍼져 나갔습니다. 일본 군경과 무장한 사람들은 이 말을 믿고 죄없는 조선인을 학살했습니다.

1992년 미국 로스엔젤레스에서 흑인 폭동이 일어났습니다. 미국 주류 집단의 집요한 차별에 저항해 폭동을 일으킨 흑인들이었지만, 이들은 자신들과 마찬가지로 미국 사회의 소수자 집단이 모여 사는 한인 타운으로 몰려가 상점을 약탈하고 불을 지르고 파괴하는 행위를 저질렀습니다. 한 사회가 혼란에 빠졌을 때 소수자들이 더 큰 피해를 보게 된다는 점을 알 수 있습니다. 코로나19 팬데믹 중에도 아시아인에 대한 혐오와 폭력이 일어났습니다.

누구나 상황에 따라 얼마든지 소수자가 될 수 있습니다. 나의 정체성을 넘어 소수자의 인권 문제에 귀를 기울이고 진정성 있게 접근

해야 하는 이유입니다. 이는 단지 소수자만을 위한 것이 아닙니다. 사회 구성원 모두의 인권 의식과 인권 감수성이 높아질 수 있는 길이며, 사회 전체의 조화와 발전을 위한 길입니다.

청소년 노동, 특별한 관심과 보호

청소년은 성인에 비해 특별한 보호가 필요한 존재로서 대표적인 사회적 소수자이자 약자라고 볼 수 있습니다. 청소년들 또한 일터에서 노동을 하는 경우가 종종 있으며 미래에 성인 노동자로 활동할 것이므로 이들의 노동 문제에도 관심을 가질 필요가 있습니다. 최근 발표된 한 연구 보고서에 따르면 청소년의 노동은 더 두텁게 보호되어야 하지만, 현실은 오히려 더 큰 차별과 부당 대우에 노출되어 있다고 합니다.

일하는 청소년, 노동 현장의 실태는?

우리 주변에는 일하는 청소년이 많이 있습니다. 청소년정책연구원의 조사 결과에 따르면 이들은 노동 현장에서 많은 어려움과 문제에 노출되어 있다고 합니다. 몇 가지 내용을 살펴볼까요?

- **최저 임금 미달**: 청소년 아르바이트 노동자 중 16.2%가 법정 최저 임금보다 낮은 임금을 받는 것으로 조사되었습니다.
- **근로계약서 미작성**: 청소년 아르바이트 노동자 중 근로계약서를 작성한 비율은 37.6%, 이들 가운데 실제로 작성한 계약서를 교부받은 비율

은 57.9%로 절반 정도에 불과했습니다.

- **부당 대우 경험**: 청소년 노동자 가운데 임금 체불을 경험한 사람은 26.5%나 되었습니다. 이들은 대부분 부당 대우를 그냥 참고 넘기거나 일을 그만둔다고 했습니다.
- **휴게권 미보장**: 근로 중 휴게 시간이 정해져 있고 잘 지켜진다고 응답한 비율은 약 30%에 불과했습니다. 대다수가 충분히 쉴 권리를 보장받지 못하고 있었습니다.

노동권이란 일할 기회를 얻고, 공정한 대우를 받으며, 적절한 임금을 보장받는 등 모든 사람이 존엄하게 노동할 수 있는 권리를 의미합니다. 사람은 누구나 노동을 하면서 자아를 실현하고 경제적 자립을 이루게 됩니다. 노동권은 매우 중요한 인간의 기본적 권리인 셈입니다. 대한민국 헌법과 노동 관련 법령에서는 이러한 권리를 보호할 것을 규정하고 있습니다. 청소년도 성인과 마찬가지로 노동권을 가지지만, 조금 더 특별한 법적 보호가 필요합니다. 신체적, 정신적으로 성장하는 과정에 놓여 있기 때문입니다.

TIP!

청소년과 연소자

우리나라 「근로기준법」에서는 청소년이라는 용어 대신 '연소자(연소 근로자)'라는 표현을 사용합니다. 15세에서 18세 사이의 일을 할 수 있는 청소년을 지칭하는 용어입니다.

과거 우리나라는 물론 외국에서도 빠른 경제 성장을 이루기 위해 많은 노동력을 필요로 하면서 어린이와 청소년이 열악한 노동 환경에 내몰린 역사가 많습니다. 이들은 장시간 일하면서도 적절한 보상을 받지 못했고, 위험한 환경 속에서 병들거나 다치면서 죽는 경우도 있었습니다. 어린이와 청소년이 겪는 신체적, 정신적 피해는 그 자체로도 문제이지만, 이들이 제대로 된 미래를 준비할 수 없도록 한다는 점에서 그 피해의 여파는 매우 심각합니다. 전 세계 많은 나라에서는 잘못된 과거를 반성하면서, 청소년의 노동을 특별히 보호할 것을 강조하고 있습니다. 청소년들이 일을 하더라도 학업과 건강을 유지할 수 있도록 하고, 불공정한 노동 조건에 대해서는 개선해 나갈 수 있도록 감시와 규제를 엄격히 하고 있습니다.

청소년 노동에 대한 보호 규정에는 어떤 것들이 있을까요? 여러 법령에 다양한 보호 제도가 만들어져 있지만 고용노동부가 제시하는 핵심 내용 10가지를 알아보겠습니다.

[고용노동부] 청소년과 고용주가 함께 알고 지키는 알바 10계명

1. **15세 이상의 청소년**만 일할 수 있으며, 친권자(또는 후견인) 동의서, 가족관계 증명서를 제출해야 합니다.
   - 13~14세 청소년은 지방 고용노동 관서에서 발급하는 취직인허증 필요
   - 18세 이상의 청소년은 근로계약서만 작성하면 됨
2. 임금, 근로시간, 휴일·휴가 등이 포함된 **근로계약서**를 **작성**하고 **교부** 해야 합니다.

- 임금을 지급할 때는 임금명세서도 반드시 교부
3. **최저 임금**은 성인과 동일합니다.
   - 시간당 최저 임금: 2026년 10,320원
4. 청소년 **고용**이 **금지**된 업종의 일을 할 수 없습니다.
   - 예시: 비디오방, 노래방, PC방, 만화방, 잠수 작업 등
5. **하루 7시간, 일주일에 35시간**을 초과하여 일할 수 없으며, 야간
   (22:00~06:00)이나 휴일에는 일할 수 없습니다.
   - 청소년 동의, 근로자 대표 협의, 인가를 받은 경우에는 야간·휴일 근로
   가능
6. 휴일 및 초과 근무 시 50%의 **가산 임금**을 받을 수 있습니다.
   - 근로자가 5인 이상인 경우만 가능
7. 1주일 15시간 이상 근무, 1주일 개근할 경우 하루의 **유급 휴일**을 받을
   수 있습니다.
8. 일하다 다쳤다면 「근로기준법」, 「산업재해보상보험법」 등에 따라 **치료**
   와 **보상**을 받을 수 있습니다.
9. **임금**은 현금으로, 직접, 전액, 매월 정해진 일자에 지급받아야 합니다.
10. 강제근로 및 폭행, 직장 내 성희롱, 직장 내 괴롭힘, 부당 해고 등은 금
   지됩니다.

자료 출처: 청소년·청년근로권익센터, 2024.

청소년의 노동권 보호를 위한 다양한 법과 제도를 살펴보았습니다. 이와 동시에 청소년들 스스로 자신의 권리를 깨닫고, 노동 현장에서 부당한 대우를 받을 경우 적절히 대응할 수 있어야 합니다. 정부, 교육청, 학교, 사회 기관 등에서 노동 인권 교육을 통해 청소년들이 노동의 가치와 권리를 제대로 이해할 수 있도록 기본적인 지식과 대응 방안 등을 가르치고 있습니다. 노동 현장에서 피해를 입었을 경우에는 적절

한 기관에 도움을 요청할 수 있도록 평소에 이러한 정보를 잘 숙지하는 것도 중요합니다. 마지막으로 청소년 스스로가 노동과 학업을 균형 있게 병행하면서, 책임감 있는 태도로 노동을 하는 것도 필요합니다. 그래야만 청소년 노동자가 진정으로 존중받고 보호받을 수 있겠지요.

TIP!
청소년 노동자의 권리가 침해되었다면?
- 고용노동부 청소년근로권익센터: 1644–3119/https://www.youthlabor.co.kr
- 고용노동부 노동포털: https://labor.moel.go.kr
- 권역별 노동권익센터: (예시) 서울노동권익센터(http://www.labors.or.kr), 경기도 노동권익센터(https://labor.gg.go.kr) 등
- 청소년 전화: 전국 어디서나 국번 없이 1388(전화나 문자 상담)

세계 차원에서 발생하는 다양한 인권 문제

인권 문제는 국내에 한정되지 않습니다. 세계 곳곳에서 다양한 인권 문제가 발생하며 국경을 넘어 지구적 차원에서 발생하는 인권 문제도 늘고 있습니다. 이러한 문제들은 하나의 국가가 해결할 수 없으며, 전 세계적 차원에서 해결을 위해 함께 노력해야 합니다. 오늘날 세계 차원에서 발생하는 인권 문제에 대해 알아볼까요?

2011년 시리아에서는 정부와 반정부 세력 간 충돌로 유혈 사태가 빚어져 내전이 이어지다 2024년 말에야 겨우 종식되었습니다. 그사이 약 1,000만 명이 넘는 시리아인들은 강제로 이주할 수밖에 없었고 이 가운데 상당수가 튀르키예, 레바논, 요르단과 같은 근처 국가에서

내전을 피해 간단한 짐만 꾸려 이동하는 시리아 난민들.

난민 생활을 이어 가고 있습니다. **난민**은 전쟁, 인종, 종교, 정치적 의견 등 다양한 이유로 박해를 받을 우려가 있어 자신의 나라를 떠나 다른 나라로 피신한 사람을 말합니다. 국제 연합 난민 기구에 따르면 시리아 내전 중에 외국으로 피신한 난민이 500만 명이 넘고, 시리아 내에서 떠돌이 생활을 하고 있는 난민도 700만 명이 넘는다고 합니다. 시리아 전체 인구의 절반이 넘는 수라고 하니 얼마나 많은 이들이 고통과 생존의 위협을 겪고 있는 것일까요.

난민들은 기본적인 주거나 교육, 의료 서비스를 제대로 누리지 못하고 열악한 삶을 살게 됩니다. 우리나라도 6·25 전쟁 당시 수많은 피란민이 발생하였으며 이들 중 많은 수가 전쟁이 끝난 뒤에도 고향으로 돌아가지 못했습니다. 1970년대 베트남 전쟁 당시에도, 1990년대 르완다 집단 학살 때에도, 2010년대 미얀마 로힝야족 박해 당시에도 수없이 많은 난민이 생겨났습니다. 전쟁뿐만 아니라 정치적 탄압이나 종교적 박해를 피해 다른 나라로 탈출을 시도하는 난민들도 많습니다. 난민들의 열악한 생활 환경과 인권 침해도 심각한 문제이지만 이들을 받아들이는 국가에서도 경제적 부담이나 문화 갈등으로 인해 난민에 대한 반감이나 혐오 문제가 발생하고 있습니다. 우리나라에서도 지난 2018년 예멘 출신 난민 500여 명이 제주도에 입국해 난민 지위를 요청한 적이 있습니다. 당시 이들을 수용할 것인가 하는 문제를 두고 찬성과 반대로 나뉘어 사회적으로 큰 논란이 빚어졌습니다.

인종 차별 문제도 대표적 인권 문제입니다. 주로 유색 인종을 대상으로 발생하는 경우가 많습니다. 과거 남아프리카공화국은 백인 정부가 흑인을 차별하는 법과 제도를 시행하여 흑인들의 기본적 인권을 박탈하고 침해했습니다. 이때 실시된 악명 높은 이 흑인 차별 정책을 **아파르트헤이트**라고 부릅니다. 흑인들은 기본적인 교육, 주거에서부터 복지나 의료에 이르기까지 사회 전 분야에서 차별받고 분리되었습니다. 당연히 이런 불평등은 혐오와 배제로 이어졌고 흑인들은 경제적으로나 사회적으로 고난을 겪을 수밖에 없었습니다.

자유와 인권을 기치로 내걸고 영국으로부터 독립한 미국에서도 유색 인종에 대한 차별의 역사는 오래 이어져 왔습니다. 남북 전쟁 (1861~1865)이 끝나고 공식적으로 노예제가 폐지되었음에도 흑인들에 대한 사회적 차별은 사라지지 않았습니다. 1950년대까지 버스 내에서 흑

유색 인종 전용 세면대의 모습.

인과 백인의 좌석은 분리되어 있었고, 학교와 같은 공공기관에서는 급수대, 세면대조차 따로 구분했습니다. 흑인들의 삶을 온전히 존중하고 동등하게 대우한다고 볼 수 없습니다. 끝없는 투쟁을 통해 인종 차별 문제를 해결하기 위한 다양한 노력이 이어져 왔습니다. 그러나 1992년 로스엔젤레스 흑인 폭동 사건, 2020년 조지 플로이드 사건 등에서 알 수 있듯이 인종 차별 문제는 완전히 해결되지 못하고 지금도 계속 진행 중입니다. 우리나라도 다문화 사회로 급격히 변화해 가고 있습니다. 인종 차별 문제에 대한 대비가 필요한 시점입니다.

국제적으로 아동 학대와 착취도 여전히 근절되지 않고 있습니다. 지금도 아프리카 일부 지역에서는 많은 어린이들이 열악한 노동

2020년 미국에서 흑인 남성 조지 플로이드가 백인 경찰에 의해 사망하는 사건이 발생했습니다. 백인 경찰이 체포 과정에서 조지 플로이드를 땅에 눕힌 뒤 무릎으로 9분 29초 동안 목을 눌렀습니다. 플로이드는 숨을 쉴 수 없다고 외쳤지만, 경찰은 이를 무시했고 결국 사망하게 된 것이지요.

이 사건은 미국 내에 만연한 인종 차별의 실태를 잘 보여 줍니다. 미국 사회는 흑인이기 때문에 더 과도한 폭력을 행사했다고 규탄하며 대규모 항의 시위를 벌이기 시작했습니다. '흑인의 생명도 소중하다(Black Lives Matter)'는 기치를 내걸고 인종 차별을 철폐하라며 목소리를 높였고, 영국, 독일, 프랑스 등 다른 나라에서도 관련 시위가 대규모로 열렸습니다.

환경에서 일을 하고 있습니다. 학교도 가지 못한 채 성인에게도 힘든 육체노동을 강요받고 있는 것이지요. 국제 노동 기구에 따르면 서아프리카 지역에만 150만 명이 넘는 아이들이 카카오 농장에서 노동하고 있습니다. 이들이 신체적으로는 물론이고 정서적으로 제대로 성장하기는 어려운 일입니다. 특히 교육을 받지 못해 성인이 되어서도 빈곤층이 될 확률이 높다는 점에서 문제는 더 심각해 보입니다.

한편 세계화의 진전에 따라 **이주민의 인권** 문제도 점점 커지고 있습니다. 일부 유럽 국가에서는 이주민에 대한 차별과 혐오가 예전보다 더 심해지고 있습니다. 중동이나 아프리카 지역의 분쟁과 빈곤으로 인해 유럽으로 향하는 이주민의 수가 급증하고 있기 때문입니다. 아

예 국가가 나서서 이주민의 권리를 심각하게 제한하는 법안을 만드는
경우도 있습니다. 이로 인해 이주민의 인권이 침해되고, 사회 통합이 저
해될 우려가 높아지고 있습니다. 이처럼 세계적 수준에서 발생하는 인
권 문제는 양상도 다양할 뿐 아니라 지금도 새로운 형태로 발생하고 있
습니다.

인권지수를 통해 바라본 세계 인권 문제

세계 인권 문제를 진단하고 개선 방향을 모색하기 위해서 인권지수를
활용할 수 있습니다. 인권지수는 한 국가에서 인권이 얼마나 보장되
는지를 수치화하여 보여 주는 도구입니다. 이를 통해 국가 간 인권 보
장 수준을 비교하고 부족한 부분을 확인할 수 있습니다. 해당 국가나

인권지수	발표 기관	평가 내용	비고
세계언론자유지수	국경없는기자회 (RSF)	언론 자유와 관련된 정치 맥락, 법제, 경제 맥락, 사회문화적 맥락, 안전의 5가지 항목 평가	언론 자유 증진을 위한 캠페인과 정책 수립에 활용
성불평등지수	국제연합개발계획 (UNDP)	여성의 교육 수준, 경제 활동 참여, 모성 사망률, 청소년 출산율 등을 기준으로 성 불평등 정도 평가	성평등 정책 개선과 우선순위 설정에 활용
인간개발지수	국제연합개발계획 (UNDP)	국민의 평균 소득, 기대 수명, 교육 수준 등	인간 개발 수준을 통한 국가의 전반적인 발전 상태 평가
세계노동권지수	국제노동조합총연맹 (ITUC)	노동자의 권리 보호 수준 평가	노동 환경 개선 및 노동자 권리 보호에 활용
세계성격차지수	세계경제포럼 (WEF)	남녀 간의 격차를 교육, 경제 활동, 건강, 정치적 참여 등 4가지 영역에서 평가	각국의 성평등 수준을 비교, 성평등 향상을 위한 정책 개선에 활용

국제기구, 시민단체가 개선 방향을 모색하고 정책을 수립하는 데에도 중요한 참고 자료가 될 수 있습니다. 몇 가지 주요 인권지수의 사례를 살펴볼까요?

다양한 인권지수가 어떻게 활용되는지 우리나라 사례를 통해 구체적으로 살펴봅시다. 2024년 발표된 대한민국의 세계성격차지수(Gender Gap Index, GGI) 순위는 146개국 중 94위였습니다. 세계성격차지수와 관련해서 분야별 달성률을 확인할 수 있습니다. 특정 분야 달성률이 80%로 나타났다면 이는 해당 분야의 남성 성취가 100일 때, 여성들의 성취는 80에 달하는 것을 의미합니다. 실제로 교육 94.9%, 건강 96.0%로 나타나 해당 분야의 성평등 달성률은 상당히 높게 나타났습니다. 하지만 경제에서는 60.5%로 나타났고 정치 권한 영역에서는 22.5%에 불과해 성불평등이 여전히 매우 심각한 상태임을 알 수 있습니다. 세계 10위권의 경제 규모를 가진 우리나라에서 여전히 정치나 경제 분야에서 성 격차가 심각한 수준이라는 점을 확인할 수 있습니다. 이를 토대로 어떤 분야에 정책을 집중하여 성 격차를 해소해야 하는가도 쉽게 파악할 수 있습니다.

2024년 세계언론자유지수에서는 우리나라가 62위를 기록했습니다. 전년도 47위였던 것에 비해 급락했음을 알 수 있습니다. 2006년에는 역대 최고인 31위를, 2016년에는 역대 최저인 70위를 기록했습니다. 정권에 따라 언론의 자유와 독립성에 급격한 등락이 있음을 확인할 수 있습니다. 이러한 지표를 통해 국내 언론이 처한 상황을 다시금 짚어 볼 수 있고, 표현의 자유 개선을 위해 어떤 노력을 기울여야 하는

지 점검해 볼 수 있습니다.

인권지수를 통해 세계 각국의 인권 수준과 문제를 진단해 볼 수 있지만 이러한 지표를 맹신하거나 과도하게 해석하는 것에는 주의해야 합니다. 인권지수는 객관적인 데이터를 바탕으로 하지만 어떤 항목을 평가하는지, 가중치를 어떻게 두는가에 따라 순위가 달라지게 됩니다. 나아가 국가마다 처한 상황이나 역사, 문화적 배경이 다르기 때문에 일괄 적용하거나 해석하는 것에는 신중을 기할 필요가 있습니다.

2019년에 우리나라는 성불평등지수에서 세계 10위를 기록했지만, 세계성격차지수에서는 108위에 불과했습니다. 문제는 두 지수 간 순위 차이가 너무도 크다는 점이었습니다. 이 같은 차이가 발생한 이유는 무엇이었을까요? 바로 지수를 구성하는 항목과 산출 방식이 달랐기 때문입니다. 성불평등지수는 모성 사망 비율, 청소년 출산율, 중등학교 이상 교육 비율 등을 토대로 산출되지만, 성격차지수는 경제 참여와 기회, 교육 성취, 건강과 생존, 정치 권한 등을 토대로 산출됩니다. 우리나라는 세계적 의료 수준을 가진 덕분에 모성 사망 비율이 낮고, 사회적 금기에 따라 청소년 출산율이 낮습니다. 높은 교육열 덕분에 중등 교육 이상 교육 비율도 상당히 높습니다. 이러한 이유로 성불평등지수에서는 상당히 높은 순위를 얻을 수 있었던 것입니다. 그러나 성불평등 문제는 여전히 우리 사회 곳곳에 남아 있습니다. 인권지수 간 차이는 이러한 현실을 보여 주는 것입니다. 따라서 인권지수를 활용할 때에는 비판적 해석과 분석이 필요합니다.

함께 살아가는 세상, 인권 문제의 해결을 위하여

세계적으로 발생하는 인권 문제 해결을 위해 우리는 어떤 노력을 기울여야 할까요? 우선 다양한 행위 주체 간 연대와 협력이 중요합니다. 국가나 국제기구, 기업이나 시민 개인 모두의 노력이 필요한 셈입니다. '국제적인'이라는 의미의 영어 단어는 'international'입니다. 즉 국가(nation)와 국가 사이(inter)라는 말입니다. 여기에서 알 수 있듯이 우선적으로 세계 인권 문제 해결을 위해 노력을 기울여야 할 주체는 국가입니다. 실제로 많은 국가들이 인권 보호를 위해 '차별금지법'을 제정하거나, 이주민이나 난민을 보호하기 위한 법안을 마련하고 있습니다. 우리나라도 「외국인 근로자의 고용 등에 관한 법률」, 「재한 외국인 처우 기본법」, 「난민법」, 「다문화 가족 지원법」 등을 시행하며 세계 인권 문제 해결을 위한 노력에 동참하고 있습니다. 마찬가지로 노동 보호와 아동 보호, 성불평등 해소를 위한 노력에도 많은 국가들이 앞장서고 있습니다. 해외 난민이나 기아, 전쟁 피해자를 돕기 위해 국제적 구호 활동에 자금을 지원하거나 인도주의적 지원에도 힘을 보태고 있습니다.

한편 국가들이 힘을 모아 인권 침해를 자행하는 국가에 대해서 인권 침해 문제를 개선하도록 압력을 가하는 경우도 있습니다. 외교적, 경제적 방법으로 압박과 제재를 가하는 것이지요. 예를 들어, 로힝야족은 미얀마에서 오랜 세월 차별을 받아 온 무슬림 소수 민족인데, 지난 2017년 미얀마 군부는 로힝야족에 대해 대량 학살을 감행했습니다. 박해를 피해 약 70여만 명이 넘는 로힝야족 사람들이 미얀마를 탈출하

방글라데시에 있는 로힝야족 난민 캠프 모습.

기도 했습니다. 이에 대해 유럽 연합(EU)은 지속적으로 제재를 가해 군부 정권의 힘을 빼고 재정적 기반을 약화시켰습니다.

국제 연합이나 유럽 연합은 국가들이 모여 만든 **국제기구**입니다. 이들을 **정부 간 국제기구**라고 합니다. 인권 보호와 관련해서 앞서 우리가 살펴봤던 국제 연합의 업적이 있습니다. 바로 세계 인권 선언입니다. 1948년 이 선언을 통해 보편적 인권의 기준을 정립했으며, 인권 수호를 위한 다양한 기구가 창설되어 운영되고 있습니다. 대표적으로 전 세계 난민을 지원하는 국제 연합 난민 기구((UNHCR), 세계 각국에서 인권 침해가 발생했을 때 이를 조사하고 의제를 생성하는 국제 연합 인권이사회(UNHRC) 등이 있습니다.

하지만 세계 인권 문제의 해결이 반드시 국가나 정부 간 국제

기구에 의해서만 이루어지는 것은 아닙니다. **비정부 간 국제기구**인 국제앰네스티(Amnesty International)는 다양한 인권 문제에 관심을 갖고 이를 해결하기 위한 실질적인 활동과 캠페인을 벌이고 있습니다. 아동들의 권리 보호와 증진에 힘쓰는 세이브더칠드런(Save the Children), 분쟁 지역이나 난민 캠프 등에서 의료 구호 활동을 펼치는 '국경 없는 의사회'도 모두 인권 보호를 위한 활발한 활동을 펼치고 있습니다. 최근에는 **기업**들도 세계적 수준에서 인권 보호와 증진을 위한 활동에 동참하고 있습니다. 자발적으로 노동 조건을 개선하기 위해 노력하고 환경 보호에 앞장서는 등 기업의 사회적 책임이 강조되는 시대입니다. 국제 무역에서 공정성을 추구하자는 **공정무역**도 이러한 기업들의 노력의 하나로 볼 수 있습니다.

그럼 우리 개인들이 할 수 있는 노력은 없을까요? 한 명의 힘이 미약하다고 할지라도 세계 인권의 증진을 위해 우리가 할 수 있는 일은 무척 많습니다. 세계 인권 문제에 관심을 가지거나 SNS를 통해 여러 사람들에게 인권 문제에 대한 관심을 호소할 수도 있습니다. 국제기구나 단체에 기부금이나 물품을 보내는 것도 훌륭한 방법입니다. 국내에 체류하는 난민이나 이주민을 위한 봉사활동을 할 수도 있습니다. 무엇보다도 건강하고 바람직한 **세계시민 의식**을 키워 스스로가 지구촌 사회를 살아가는 세계시민임을 깨닫는 것이 중요할 것입니다.

1. 왜 난민의 인권까지 보호해야 하나요?

난민은 전쟁, 기근, 박해 등으로 인해 자신이 살던 나라를 떠나 다른 나라로 피신한 사람들입니다. 전쟁, 정치적 박해, 기후 변화로 인한 생명과 안전의 위협, 삶의 터전 상실 등 난민이 되는 이유도 무척 다양합니다. 많은 난민들은 목숨을 내놓고 새로운 터전을 찾아 나섭니다.

한편 난민을 수용하는 입장에서는 찬반 논쟁이 뜨겁습니다. 난민을 돕고 이들을 수용하는 문제에 부정적인 사람들은 어떤 주장을 할까요? 대개 다음과 같은 내용이 아닐까 합니다.

"난민의 사정이 딱한 건 맞아요. 하지만 우리 사회의 자원은 한정되어 있는데 이들을 수용하면 그만큼 우리 국민들이 피해를 보는 게 아닐까요? 더구나 난민이 많아지면 치안이 악화되어 범죄가 많이 발생할 수 있지 않나요?"

반대하는 사람들의 걱정과 우려도 따져 볼 필요가 있습니다. 실제로 난민을 수용한 일부 국가에서 단기적으로 주거, 고용 문제가 발생하기도 합니다. 문화나 종교가 다른 난민들과 사회적 갈등을 겪을 우려도 있을 수 있고요.

그렇다면 난민을 돕고 난민의 인권을 보호해야 하는 이유는 무엇일까요? 우선 자국민에 대한 복지나 지원을 우선해야 한다는 주장에 대해 생각해 봅시다. 정부는 당연히 자국 국민의 안전과 복지를 최우선으로 해야 합니다. 그러나 타인의 고통을 외면하면서도 우리 사회가 행복하고 안전하다고 말할 수 있을까요? 한 국가에서 전쟁이 나면 인근 국가나 관련 국가의 안보마저도 위험해지는 것처럼, 타인의 고통과 위험이 우리의 삶과 결코 무관할 수 없습니다.

우리 가족, 우리 지역, 우리 도시라는 표현을 종종 씁니다. 세계라는 공간 속에서 모두가 함께 살아가며 서로 깊이 의존하고 영향을 주고받는다는 사실을 깨닫는다면 '우리'의 범위를 넓게 볼 수 있을 것입니다. 물론 난민들의 범죄율이 높다는 주장도 사실로 검증되지 않은 추측일 뿐입니다.

일제 강점기 때 많은 우리나라 사람들이 중국으로, 만주로, 하와이로, 동남아로 원치 않는 이주를 해야만 했습니다. 6·25 전쟁 때에도 자신의 고향을 떠나 가족과 생이별을 했던 수없이 많은 사람들이 있습니다. 그 사람들이 우리의 가족이고 친척입니다. 우리는 세계 어느 나라보다도 난민 문제의 직접 당사자인 셈입니다. 세계 많은 나라들이 6·25 전쟁 때 도움을 주었고, 이후 재건 과정에서도 많은 원조를 해 주었습니다. 그리고 난민으로 받아 주었습니다.

우리의 역사를 되짚어 볼 때 난민 인권 문제에 누구보다 앞장서는 게 맞지 않을까요? 난민에 대한 인권 보호는 세계 속에서 대한민국이 신뢰와 존중을 받을 수 있는 길입니다. 이는 우리의 삶을 행복하고 풍요롭게 만드는 길이기도 합니다.

2. 마녀재판도 인권 문제라고요?

미국 매사추세츠주 보스턴에는 하버드 대학교, 엠아이티(MIT) 대학 등의 명문 대학이 즐비합니다. 이곳으로부터 대략 20km 정도 북동쪽으로 떨어진 곳에 세일럼이라는 작은 도시가 있습니다. 인구 4만 명 남짓한 이 도시는 전 세계적으로 유명합니다. 바로 1690년대에 일어난 마녀재판 때문입니다.

시작은 사소했습니다. 미국이 영국 식민지였던 1692년 1월, 세일럼에 살고 있던 어린 소녀 두 명이 발작과 이상 행동을 보였습니다. 이를 치료하던 의사는 도저히 증상이 나을 기미를 보이지 않자, 두 소녀가 마녀의 저주에 씌었다는 진단을 내렸습니다. 요즘 세상이라면 도저히 납득할 수 없겠지만 당시엔 그렇지 않았습니다. 무지와 두려움에 사로잡힌 마을 사람들은 마녀를 밝혀내겠다며 두 소녀를 추궁하기 시작했죠. 두 소녀는 병든 노파 등 세 명을 마녀로 지목하였고, 마을 사람들은 지목된 세 사람을 고문해 가며 조사하게 됩니다. 결국 그중 한 명이 고문에 지친 나머지 자신이 소녀들을 저주했다고 거짓 자백을 하였고, 나머지 두 명도 공범이라고 말하게 됩니다. 이 사건을 계기로 이후에 더 많은 사람들이 다른 사람을 마녀나 악마로 지목한 끝에, 불과 몇 달 만에 여자 13명, 남자 7명이 사형을 당하거나 고문을 받아 죽게 되었습니다. 10년이 지나서야 이때의 세일럼 마녀재판은 전적으로 불법이라고 선언되었습니다.

당시 자신의 정적을 제거하기 위해 다른 사람을 마녀로 모함하는 경우도 있었습니다. 마을 사람들 전체가 광기에 휩쓸려 이성적 판단을 전혀 하지

마녀로 판명한 여인을 화형시키는 장면을 묘사한 삽화.

못해 무고한 희생자들이 생겨났지요. 집단 광기를 견디지 못한 일부 주민이 외부에 도움을 요청하고서야 간신히 진정될 수 있었습니다. 세일럼 사건 이전에도 비슷한 마녀재판은 많이 있었습니다. 바로 유럽에서였죠. 더 광폭하고 잔인했습니다. 마녀로 의심 받는 여성을 테스트하기 위해 몸에 커다란 돌을 매달아 호수에 빠뜨리기도 했습니다. 만약 마녀라면 물에 가라앉지 않고 떠 있을 것이라고 믿었습니다. 물에 가라앉아 죽게 되면 마녀라는 의심은 지워지겠지만 소중한 목숨을 돌이킬 순 없었겠지요. 마녀라고 생각될 경우, 다시 살아 돌아오지 못하도록 화형을 시켰습니다.

유사한 사례가 많았음에도 세일럼 마녀재판이 세계사적으로 유독 오래 기억되는 이유는 따로 있습니다. 유럽에서 마녀재판의 광풍이 한참 지난 후에 일어난 비교적 최근의 일이기 때문에 그렇습니다. 세일럼에서 광기어린 살인극이 벌어진 시기는 1692년이었습니다. 영국에서 명예혁명이 일어나 근대적인 입헌 군주제로 나아간 시기가 1688년입니다. 그리고 1700년대에는 프랑스와 미국에서 근대 시민 혁명이 일어나 민주주의와 자유주의 정치 체제가 자리 잡게 됩니다. 서구 선진 국가조차도 불과 몇백 년 전까지 인권이 전혀 보장되지 못했던 것입니다.

왜 소녀는 보안관과 함께 학교에 가야 했을까요?

연방 보안관의 호위를
받으며 하교하는
루비 브리지스의 모습.

여러분은 사진 속에서 어떤 일이 일어나고 있는 것으로 보이나요? 한 흑인 소녀가 건장한 성인 남성들에게 둘러싸여 어딘가로 걸어가고 있습니다. 남성들이 양복을 갖춰 입고 팔에 완장까지 차고 있는 모습으로 봐서 공적 업무를 수행 중인 것으로 보입니다. 소녀의 모습은 어떻게 보이나요? 작은 체구의 흑인 소녀 모습에서 당당한 시선과 태도가 느껴집니다. 발걸음과 표정에서는 용기나 굳건함이 느껴지기도 하지 않나요? 그렇습니다. 사진 속의 남성들은 이 작은 소녀를 호위하여 안전하게 집으로 데려가는 중입니다. 도대체 무슨 일이 있었던 것일까요?

과거 미국에서는 '분리하되 평등하다(separate but equal)'라는 원칙하에, 피부색에 따라 흑인 학생과 백인 학생이 서로 다른 학교에 다녀야 했습니다. 분리했지만 동등한 교육을 제공하면 평등 침해가 아니라는 생각이었죠. 하지만 실제로는 흑인 학교의 시설이 훨씬 낮고 지원도 부족했기에, 인종 간 교육에서 명백한 차별이 존재했습니다. 1954년에 이르러서야 미국 연방 대법원은 '브라운(Brown) 사건'에서 학교를 분리하는 것 자체가 불평등이기 때문에 위헌 이라고 결정했습니다. 이를 계기로 교육 현장에서의 인종 간 분리는 금지되었고, 흑백 통합 교육의 길로 접어들게 된 것이었습니다.

사진 속 소녀의 이름은 루비 브리지스. 미국 루이지애나주 뉴올리언 스에 있는 윌리엄 프란츠 초등학교에서도 드디어 '흑백 통합 교육'이 시작됩니다. 루비는 해당 지역에서 백인만 다니던 학교에 흑인 학생으로는 맨 처음 등교를 하 게 되었습니다. 당시 나이 여섯 살에 불과했던 루비가 백인 인종 차별주의자들에 게 공격당할 것을 우려하여, 연방 보안관들이 등하굣길에 그녀를 호위하게 됩니 다. 그 당시의 장면이 기록된 것이 바로 이 사진입니다. 루비 브리지스의 등교는 인권 운동의 상징과도 같은 사건으로 남아 있습니다.

사진을 다시 살펴볼까요? 건장한 성인 남성, 아니 보안관들이 잔뜩 긴장한 모습으로 그녀를 호위하는 모습과 대조적으로, 두려움 없이 나아가는 루 비의 모습이 매우 인상적입니다. 이 사진을 통해 사람 한 명 한 명의 소중한 인권 문제를 다시 생각해 보도록 합시다.

2장.　사회 정의와 불평등

1. 분배적·교정적 정의, 그 의미와 기준

정의란 무엇인가

정의란 무엇일까요? 고대 로마의 법학자 도미티우스 울피아누스는 "정의란 각자에게 그의 몫을 돌려주려는 항구적 의지"라고 정의한 바 있습니다. 그렇다면 '각자의 몫'은 어떻게 정해야 할까요? 인도 출신의 노벨 경제학상 수상자 아마르티아 센(Sen, A. K., 1933~)은 『정의의 아이디어』(2009)라는 책에서 '각자의 몫'을 정하는 일이 얼마나 어려운지를 다음과 같은 이야기를 통해 가르쳐 줍니다.

세 아이 앤(Anne), 밥(Bob), 칼라(Carla)가 피리 하나를 두고 서로 다투고 있다. 앤은 셋 중 자신만 피리를 연주할 수 있으니 피리가 자기 몫이라고 주장한다. 밥은 셋 중 자신만 장난감이 없는 가난한 아이이기 때문에 피리는 자기 몫이라고 주장한다. 칼라는 자기가 피리를 직접 만든 장본인이기 때문에 피리는 당연히 자기 몫이라고 주장한다. 각각의 주장에는 충분한 근거가 있으며, 어느 한 주장이 반드시 옳다고 단정하기는 쉽지 않다.

_ 아마르티아 센 저, 이규원 역, 『정의의 아이디어』

'각자의 몫'을 정하는 기준은 여러 가지가 있습니다. 나중에 자세히 다루겠지만, 앤의 주장은 쓸모나 효용을 강조하는 공리주의에, 밥의 주장은 경제적 격차나 빈곤을 줄일 것을 강조하는 경제적 평등주의에, 칼라는 개인이 자신의 노동의 산물을 소유할 권리를 강조하는 자유지상주의에 각각 해당한다고 볼 수 있습니다. 센은 이러한 각각의 주장에는 충분한 근거가 있으며, 어느 한 주장이 반드시 옳다고 단정하기는 쉽지 않다고 말합니다.

정의란 무엇이며, 정의의 기준을 정하는 원칙은 무엇인지를 탐구하는 이론을 정의론이라고 합니다. 나중에 우리는 정의론을 자유주의와 공동체주의 정의론으로 나누어 살펴볼 것입니다. 이에 앞서 정의론의 뿌리를 찾아 고대의 정의론을 대표하는 플라톤과 아리스토텔레스의 정의론, 근대의 정의론을 대표하는 공리주의적 정의론에 대해 간략히 살펴보겠습니다.

정의론의 뿌리를 찾아서

고대 그리스의 철학자 플라톤(Platon, 기원전 428?~347?)은 『국가』라는 책에서 정의론을 체계적으로 설명했습니다. 플라톤은 인간이 국가의 축소판이라고 보았습니다. 그에게 정의로운 인간이란 조화로운 영혼을 지닌 사람입니다. 이러한 조화는 영혼의 세 부분인 이성, 기개, 욕구가 적절하게 기능할 때 이루어집니다. 이성이 기개와 욕구를 지배할 때, 영혼은 조화롭게 됩니다. 마찬가지로, 정의로운 국가는 각 계급, 즉 통

라파엘로가 그린 「아테네
학당」 속 플라톤(왼쪽)과
아리스토텔레스(오른쪽).

치자, 방위자, 생산자가 각자의 역할을 잘 수행하는 조화로운 사회입니
다. 따라서 플라톤에게 정의란 각자가 자신의 역할을 다하고, 다른 영
역을 침범하지 않는 것입니다. 이와 같은 플라톤의 정의론은 사회적
위계와 능력에 따른 분배를 강조하여 전체주의나 능력주의를 정당화
할 수 있다는 비판을 받기도 했습니다.

또 한 명의 고대 그리스의 철학자 아리스토텔레스(Aristoteles,
기원전 384~322)는 『니코마코스 윤리학』에서 정의를 다루었습니다. 그는
정의를 보편적 정의와 특수적 정의로 나누고, 다시 특수적 정의를 분배

적 정의와 교정적 정의, 교환적 정의로 구분했습니다. 보편적 정의는 모든 덕을 포함하는 개념으로, 법에 따르는 것이라고 할 수 있습니다. 반면, 특수적 정의는 "정의로운 것은 중간이자 동등한 것이며, 비례적인 것"이라고 설명합니다.

특수적 정의 중 분배적 정의는 주로 "명예나 돈, 혹은 정치 체제를 함께하는 사람들 사이에서 나눌 수 있는 것들의 분배"에서 성립하며, "어떤 가치에 비례하여" 이루어져야 합니다.

예를 들어, A는 가치가 100, B는 50이라고 해 봅시다. 나눌 물건 C는 10, D는 5의 가치를 가진다고 할 때, A가 C를, B가 D를 받으면 A는 110, B는 55가 됩니다. 나누기 전 비율 100 : 50과 나눈 후 비율 110 : 55가 같기 때문에, 이런 분배는 정의롭다는 것입니다. 여기서의 비례는 '전체 대 전체'의 관계가 '부분 대 부분'의 관계와 같다는 점에서 '기하학적 비례'에 해당한다고 말합니다.

다음으로, 아리스토텔레스는 교정적 정의를 통해 불균형을 회복하는 방법을 제시합니다. 예를 들면, A가 B에게서 10의 가치를 가진 재화를 훔쳤다면, 재판관은 A와 B의 가치와는 상관없이(즉, 두 사람이 얼마나 훌륭한지와 상관없이) 형벌을 통해 A의 이익을 10만큼 줄여서 B의 손해와 같게 만드는 방식으로 정의를 실현합니다. 여기서의 비례는 더한 만큼 뺀다는 의미에서 '산술적 비례'에 해당합니다.

끝으로, 교환적 정의는 자신에게 필요한 것을 받고 정당한 대가를 치르는 것입니다. 도공 A는 그릇 C를 만들고, 제화공 B는 신발 D를 만든다고 가정해 봅시다. 그러면 물물교환을 가정할 때 도공은 제화공에게서 신발을 얻고, 그에게 정당한 보상으로 자신의 그릇을 주어야 할 것입니다. 이 경우 성립하는 교환적 정의에서는 다음 그림과 같이 '대각선적 연결'이 비례에 따른 교환을 만들어 냅니다.

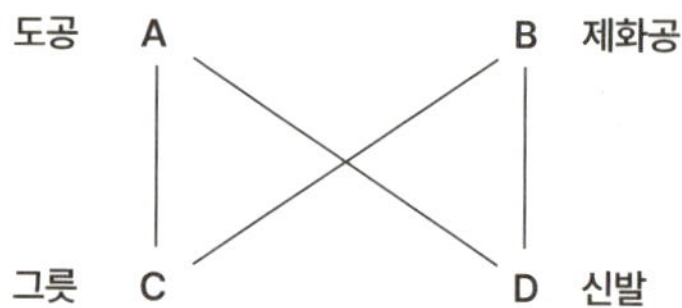

　　　　이제 근대 사상가들의 이야기를 들어 볼까요? 근대 영국의 사상가 제러미 벤담(Bentham, J., 1748~1832)과 존 스튜어트 밀(Mill, J. S., 1806~1873)에 의해 성립한 공리주의는 "최대 다수의 최대 행복"이라는 슬로건으로 잘 알려져 있습니다. 근대 공리주의는 당시 영국 사회에서 다수의 희생을 대가로 봉건적 특권을 누리는 자들을 비판하면서 민주주의의 확대, 형법 개혁, 복지 제공 등을 주장한 진보적이고 개혁적인 정치적·철학적 운동이었습니다.

　　　　공리주의 정의론의 핵심 주장은 한 개인의 행위이든 한 사회의 법이나 제도이든 그것이 사회 전체의 행복 또는 효용을 극대화할 때 정의롭다는 것입니다. 그런데 존 롤스(Rawls, J., 1921~2002)는 공리주의적 정의론은 "다수가 누리게 될 보다 더 큰 선을 위해 소수의 자유를 빼앗는 것을 정당화할 수 있다."는 심각한 문제가 있다고 비판했습니다. 마이클 샌델(Sandel, M., 1953~)은 『정의란 무엇인가』에서 공리주의가 지닌 이러한 문제점을 '더들리와 스티븐스 사건'을 통해 보여 줍니다. 이 사

1884년 여름, 영국 요트 미뇨네트호가 난파되어 선원 4명이 작은 구명보트에 올라탄 채 육지에서 1,600km 떨어진 남대서양에서 표류하게 되었습니다. 먹을 게 다 떨어지고 굶주림에 지쳐 가던 19일째 되던 날, 선장인 토마스 더들리는 제비뽑기를 해서, 다른 사람들을 위해 희생할 사람을 정하자고 제안합니다. 이는 선원의 반대로 실행되지 않습니다. 하지만 이후 굶주림을 더 이상 견딜 수 없던 선장, 일등 항해사 에드윈 스티븐스, 선원 이드먼드 브룩스 등 세 사람은 일행 중 17살 난 소년인 리차드 파커를 희생양으로 삼기로 결정합니다. 소년의 경정맥을 칼로 찔러 죽인 뒤 소년의 살과 피로 연명했습니다. 24일째 되던 날 생존자 3명이 구조되었습니다. 이들은 영국으로 돌아가자마자 체포되어 재판을 받았습니다.

건에서 공리주의는 선원들의 살인 행위를 정당화해 주는 것으로 보입니다.

분배적 정의의 기준

오늘날 정의론은 주로 두 가지 분야에서의 정의 문제를 다룹니다. 하나는 경제 분야에서의 '분배적 정의'이고, 다른 하나는 형사 사법 분야에서의 '교정적 정의'입니다.

먼저 **분배적 정의**란 이익이나 부담을 공정하게 분배하는 것을 의미합니다. 그렇다면 무엇을 기준으로 분배해야 할까요? 분배적 정의의 기준은 크게 형식적 기준과 실질적 기준으로 나눌 수 있습니다. **형식적 기준**을 제시한 고전적 이론은 아리스토텔레스에게서 찾을 수 있습니다. 그는 개인 A와 B가 어떤 특성 M의 측면에서 같다면 그들의 몫도 같아야 한다는 식의 형식적 기준을 제시했습니다. 이러한 형식적 기준은 "같은 것은 같게, 다른 것은 다르게 취급될 때 정의가 이루어진다."로 해석하기도 합니다. 하지만 이러한 형식적 기준은 논리적 일관성을 강조할 뿐 실질적 내용을 주지 못한다는 한계를 갖습니다.

정의로운 분배를 위해서는 형식적 기준 이외에도 **실질적 기준**이 필요합니다. 가장 단순한 실질적 기준은 **절대적 평등**입니다. 이것은 재화를 모두에게 똑같이(이를테면 1/n로) 분배하는 것입니다. 프랑스의 평등주의자 프랑수와 노엘 바뵈프(Babeuf, F. N., 1760~1797)는 "모든 재화와 이익은 절대적으로 똑같은 몫으로 나누어"야 한다고 주장했다고 합니다. 이러한 '절대적 평등'은 단순하고 명확하다는 장점이 있지만, 모든 재화를 n분의 1로 나누거나 똑같이 분배하는 것이 항상 가능한 것은 아닙니다. 또 재화에 대한 개인의 기여, 선호, 필요 등을 고려하지 않고 획일적으로 분배한다는 점에서 중대한 한계를 갖습니다. 미국의 정치 철학가인 마이클 왈처는 다양한 분배 영역의 고유한 가치를 고려하지 않은 채 모든 사회적 재화를 구성원에게 동일하게 분배하는 것을 **'단순 평등'**이라 부르며 이를 비판합니다.

다음으로, **능력**이나 **업적**에 따른 분배를 생각해 볼 수 있습니다. 우리는 흔히 공직은 능력이나 업적에 따라 분배되어야 한다고 말합

프랑수와 노엘 바뵈프.

니다. "재능에 따른 출세"라는 프랑스 혁명의 슬로건은 귀족주의적 독점권을 혁파하기 위한 것이었습니다. 업적이나 능력에 따라 분배되어야 한다는 업적주의 혹은 능력주의는 세습 신분이나 인종, 종교, 성에 따른 차별을 배제한다는 점에서 형식적 기회 균등을 보장한다고 볼 수도 있습니다. 하지만 사람은 타고난 재능이나 능력이 있다고 해서, 그것만으로 특별한 보상을 받아야 할 자격이 있다고 보기는 어렵습니다. 또한, 열심히 노력하는 성격이나 태도도, 그 자체가 보상을 받아야 할 이유는 아닙니다. 왜냐하면 그런 성격이나 태도조차도 그 사람이 만든 것이 아니라, 좋은 가정환경이나 사회적 조건 덕분에 생긴 것일 수 있기 때문입니다.

필요에 따른 분배가 이루어지는 사회를 추구한
독일의 철학자 카를 마르크스.

끝으로, 정의의 실질적 기준으로서 필요가 있습니다. 필요는
안전, 복지, 의료 분야에서 매력적인 분배 기준입니다. 국가는 공적 부
조 등을 통해 구성원들의 필요를 충족해야 할 의무가 있습니다. 공적 부
조라는 건 국가나 지방 공공 단체가 최소한의 생활 능력이 없는 사람이
최저 한도의 생활 수준을 보장 받을 수 있도록 보호하고 도와주는 것입
니다. 우리는 흔히 '기본적 필요'와 '기본적이 아닌 필요'를 구별합니다.
기본적인 필요의 충족은 다른 필요의 충족을 위한 필요조건이라 할 수
있습니다. 따라서 기본적 필요 개념은 복지의 하한선이나 최저 생활 수
준을 결정해 줍니다. 또한 필요에 따른 분배는 사회주의에서 중요한 정

의의 원칙이기도 합니다. 카를 마르크스(Marx, K., 1818~1883)는 「고타 강령 비판」이라는 글에서 "각자 능력에 따라 일하고 필요에 따라 분배 받는다."를 목표로 내세우는 공산주의 사회가 도래할 것이라고 주장했습니다. 그러나 필요라는 기준은 정확히 파악하기 힘들 뿐만 아니라 그 의미하는 바가 매우 넓습니다. 그래서 필요는 도저히 충족시킬 수 없을 만큼 자원을 지나치게 소비할 수 있다고 비판받기도 합니다.

교정적 정의: 응보주의 vs. 공리주의

교정적 정의는 손해와 손실을 회복시키거나 범죄 행위에 대해 처벌함으로써 불균형과 부정의를 바로잡는 것입니다. 교정적 정의로서의 형벌 혹은 처벌에 대한 관점은 크게 두 가지로 구분됩니다. 바로 응보주의 관점과 공리주의 관점입니다.

응보주의 관점은 처벌의 본질은 범죄 행위에 대한 응당한 보복을 가하는 것으로 봅니다. 응보주의는 범죄 행위에 상응하는 동등한 형벌을 부과하는 것을 원칙으로 하며, 범죄 행위에 대한 개인의 책임을 강조합니다. 응보주의를 대표하는 사상가 임마누엘 칸트(Kant, I., 1724~1804)는 형벌에 대해 다음과 같이 주장합니다.

사법적 형벌은 결코 범죄자 자신이나 시민 사회를 위해서 어떤 다른 선을 촉진하기 위한 한낱 수단으로서 가해질 수는 없고, 오히려 그가 범죄를 저질렀기 때문에 항상 오직 그 때문에 그에게 가해지지 않으면 안 되는 것이

형벌의 본질이 응보에 있다고 주장한 임마누엘 칸트.

다. 왜냐하면 인간은 결코 타인의 의도를 위한 수단으로 취급될 수 없고, 물권*의 대상들 중에 섞일 수 없는 것이기 때문이다.

_ 칸트 저, 백종현 역, 아카넷, 『윤리형이상학』

칸트는 형벌의 본질이 응보에 있으며, 응보주의에 바탕을 둔 형벌은 인간을 다른 목적을 위한 수단으로 취급하는 것이 아니라고 보았습니다. 형벌은 범죄자에게 자신의 자율적 행위, 즉 스스로 선택한 행위에 대해 책임을 지게 하는 것이기 때문입니다.

이에 비해, **공리주의 관점**은 처벌을 사회적 이익을 증진하기

• 물권: 물건에 대해 성립하는 권리.

형벌을 악이라고 본 제러미 벤담.

위한 수단으로 봅니다. 공리주의는 위법을 저지르고 얻는 이익보다 처벌로 인한 손실이 더 크도록 형벌을 부과하는 것을 원칙으로 하며, 처벌의 사회적 효과나 효용을 강조합니다. 공리주의를 대표하는 사상가 제러미 벤담은 다음과 같이 주장합니다.

모든 법령이 지녀야 하는 일반적 목적은 공동체의 전체적 행복을 증가시키는 것이다. 그러나 모든 형벌은 해악이다. 모든 형벌은 그 자체로 악이다. 공리의 원리에 의할 때, 만일 형벌이 허용되어야 한다면, 오직 그것이 더욱 큰 악을 없애는 것을 보장하는 한에 있어서만 허용되어야 한다.

_벤담 저, 고정식 역, 『도덕과 입법의 원리 서설』

　　벤담은 공리주의 관점에서 형벌은 고통을 야기하므로 그 자체로 악이라고 보았습니다. 만약 형벌이 허용된다 하더라도 형벌은 그로 인해 초래되는 해악이 형벌을 통해 예방될 해악보다 커서는 안 된다고 보았습니다. 그는 범죄의 예방과 범죄자에 대한 교화를 통해 사회적 효용을 최대화하기 위한 형벌을 주장했습니다.

　　한편, 응보주의 관점이든 공리주의 관점이든 간에 공정한 처벌을 위한 기본 조건이 있습니다. 바로 죄형 법정주의와 비례성의 원칙이 그것입니다. **죄형 법정주의**란 처벌을 하기 위해서는 반드시 처벌의 근거가 되는 법이 있어야 하고 그 법이 공정해야 하며 피의자가 해당 범죄를 저질렀다는 유죄 조건이 충족되어야 한다는 것입니다. **비례성의 원칙**은 범죄와 형벌 사이에는 적정한 균형이 유지되어야 하며, 형벌은 범죄 행위에 대한 책임을 초과해서는 안 된다는 것입니다.

사형 제도는 정당한가

교정적 정의와 관련해서 가장 중요한 쟁점 중 하나는 바로 '사형 제도가 정당한가?'라는 문제입니다. 사형은 범죄자의 생명을 인위적으로 박탈하는 법정 최고형입니다. 사형 제도에 대해서는 찬성과 반대 입장이 대립하고 있습니다.

　　사형 제도에 찬성하는 입장에서는 사형이 국민의 자유, 재산, 생명, 안전을 지키기 위한 사회 방어 수단이라는 점, 범죄 예방 효과가 크다는 점, 범죄에 대한 비례성의 원칙에 따르면 과도한 형벌이 아니라는 점, 과학 수사와 제도 보완으로 오판 가능성을 줄이고 있다는 점 등을 근거로 듭니다. 사형 제도에 반대하는 입장에서는 인간의 존엄성과 생명권을 침해하는 비인도적 형벌이라는 점, 교화라는 형벌의 목적에 부적합하다는 점, 범죄 예방 효과가 미미하다는 점, 정적을 제거하는 수단으로 악용될 수 있다는 점, 오판 가능성이 있다는 점 등을 근거로 듭니다.

사형 제도에 대해서는 오래전부터 다양한 관점들이 있었습니다. 칸트는 응보주의 관점에서 살인자에 대한 사형은 정당하며 사형 이외의 형벌은 정의에 부합하지 않는다고 보았습니다. 사형은 살인자의 고통 받는 인격을 해방하여 인간의 존엄성을 실현하는 것이라고 주장했습니다.

장 자크 루소는 사회 계약설을 바탕으로 사형 제도에 찬성했습니다. 사회 계약설은 자연 상태의 사람들이 자신의 생명과 안전을 확보하기 위해 자발적으로 계약을 맺어 사회나 국가를 형성했다는 이론입니다. 루소는 이러한 자발적 상호 계약을 근거로 타인의 생명을 희생시킨 사람은 자신의 생명도 희생해야 한다고 보았습니다.

한편, 체사레 베카리아(Beccaria, C., 1738~1794)는 『범죄와 형벌』에서 사회 계약은 생명 보존을 위해 맺은 것이므로 생명을 빼앗는 사형은 사회 계약으로 성립될 수 없다고 주장했습니다. 공리주의 관점에서 베카리아는 단기간에 강렬한 인상을 남기는 사형보다 오랫동안 고통의 본보기가 되어 범죄 예방 효과가 큰 '종신 노역형'이 바람직하다고 보았습니다.

체사레 베카리아. 이탈리아의 계몽주의 사상가로서,
죄형 법정주의와 형법 사상의 기초를 마련하여
근대 형법의 아버지라고 불린다.

지금까지 정의론의 두 가지 주제인 분배적 정의와 교정적 정의에 대해 살펴보았습니다. 정의론에서 중요한 것은 정의로운 절차와 정의로운 결과를 구분하는 것입니다. 절차와 결과가 모두 정의로운 것이 이상적이겠지만, 현실적으로는 그렇지 않은 경우가 종종 발생하곤 합니다. 최저 생활 보장이라는 정의로운 결과는 부당한 과세 절차를 거쳐 이루어졌을 수도 있으며, 공정한 재판 절차를 통해서도 유죄인 자가 '무죄'로 판정되는 경우도 없지 않습니다. 따라서 우리는 정의를 논할 때 절차와 결과를 명확히 구분하면서도 절차와 결과라는 두 차원을 동시에 고려할 필요가 있습니다.

2. 자유주의적 정의관과 공동체주의적 정의관

정의를 바라보는 두 관점

우리는 보통 'X란 무엇인가?'라는 질문에 대한 답에 해당하는 내용을 'X의 정의' 혹은 'X의 개념'이라고 부릅니다. 그렇다면 정의의 개념은 '정의란 무엇인가?'라는 질문에 대한 답에 해당한다고 볼 수 있습니다. '단일 주제의 철학자'라는 별명이 붙을 정도로 평생 '정의'라는 한 우물만 판 사상가가 있습니다. 바로 존 롤스입니다. 롤스는 정의의 개념과 정의를 바라보는 관점, 즉 정의관을 다음과 같이 구분했습니다.

지금까지 나는 서로 경쟁하는 주장들 사이의 적절한 균형을 의미하는 **정의의 개념**과 이러한 균형을 결정하는 요소들을 확인하기 위한 원칙들의 집합으로서의 **정의관**을 구분하였다. 나는 정의를 사회가 추구해야 할 이상들 중 하나로 규정했지만, 내가 제안할 정의론은 일상적인 정의의 개념을 확장한 것이다. 이 이론의 취지는 정의의 일반적인 의미를 서술하려는 것이 아니라 사회의 기본 구조에 대한 분배적 원칙을 설명하려는 것이다. 따라서 나는 **정의의 개념**을 권리와 의무를 할당하고 사회적 이익의 적절한 분배를 규정하는 데 있어 원칙들이 수행하는 역할로 정의한다. 그리고 **정의관**은 이러한 역할에 대한 해석이다. _존 롤스 저, 김상범 역, 『정의론』

정의의 개념이 '서로 경쟁하는 주장들 사이의 적절한 균형'과 같은 정의의 일반적 의미라면, 정의관은 이러한 정의의 개념에 대한 다양한 해석이라고 이해할 수 있습니다. 정의를 바라보는 다양한 관점이나 해석은 자유주의적 정의관과 공동체주의적 정의관으로 나누어 살펴볼 수 있습니다. 이를 위해서는 우선 자유주의와 공동체주의가 도대체 무엇인지부터 이해해야 합니다.

현대 정치철학에서 자유주의와 공동체주의는 두 가지 상반된 접근 방식으로, 개인과 공동체의 관계를 이해하는 데 중요한 틀을 제공합니다. 이 두 이론은 개인의 정체성과 도덕적 기준이 어디에서 비롯되는지를 다르게 설명하며, 각기 다른 사회적·정치적 결과를 초래합니다. 따라서 자유주의와 공동체주의의 비교를 통해, 개인과 공동체 간의 균형을 찾는 것이 얼마나 중요한지를 살펴보는 것은 의미가 깊습니다.

자유주의는 개인의 자율성과 권리를 중심으로 한 철학입니다. 개인은 독립적인 존재로, 자신의 삶을 선택하고 결정할 권리가 있다고 주장합니다. 이 접근 방식은 인간의 기본적인 권리를 보호하고, 국가의 개입을 최소화하는 방향으로 나아갑니다. 자유주의자들은 개인의 선택이 존중받아야 하며, 사회의 정의는 개인의 권리가 보장되는 한에서 실현된다고 믿습니다. 따라서 자유주의는 공정함과 평등을 중시하며, 개인이 자신의 목표를 추구할 수 있는 자유로운 환경을 조성하는 데 초점을 맞춥니다.

반면, 공동체주의는 개인의 정체성과 도덕적 가치가 공동체와의 관계에서 형성된다고 강조합니다. 공동체주의자들은 개인이 속한 공동체의 역사, 문화, 전통이 개인의 선택에 큰 영향을 미친다고 주장합니다. 이들은 공동체의 이익과 연대가 개인의 자유보다 우선시되어야 하며, 도덕적 결정은 공동체의 가치와 규범을 반영해야 한다고 강조합니다. 공동체주의는 개인의 권리와 자유가 공동체의 복지와 조화를 이루어야 한다고 주장하며, 시민적 덕성과 책임을 중시합니다.

롤스의 공정으로서의 정의

존 롤스는 40년 동안 '정의'라는 한 가지 주제만을 파고든 정치철학자입니다. 그는 20세기 중반까지 언어적·개념적 분석에 치중하는 분석 철학이 지배하던 철학 분야에서 규범적 논의를 부활시킨 일등 공신이라는 평가를 받습니다. 즉, 롤스는 '정의'와 같은 용어나 개념의 정확한 의미만 따지는 분석 철학에서 벗어나, 정의로운 사회란 무엇인가와 같은 실질적이고 도덕적인 문제를 철학의 중심으로 다시 끌어낸 인물입니다. 미국의 빌 클린턴 대통령은 1999년 롤스에게 국가 예술 훈장을 수여하면서 이렇게 말했다고 합니다. "도덕적 요구 측면에서뿐만 아니라 논리적인 측면에서도 부유한 사람이 가난한 사람을 돕는 사회를 증명함으로써, 존 롤스는 거의 혼자 힘으로 철학과 윤리학이라는 학문을 되살려 놨다."

롤스는 『정의론』에서 "정의는 사회 제도의 제1 덕목"이라고 주장하며, 정의로운 사회의 구조를 설명하기 위해 독창적인 이론을 제시했습니다. 롤스의 이론은 개인 차원의 정의가 아니라 사회 구조 차원의

존 롤스.

정의를 다룬다는 점에서 '사회 정의론'에 해당합니다. 그는 로크, 루소, 칸트 등이 전개한 근대 사회 계약론의 전통을 계승하면서도 '공정으로 서의 정의'라는 새로운 정의관을 발전시켰습니다.

롤스는 공정한 정의의 원칙을 도출하기 위해 원초적 입장이라는 가상적인 상황을 설정합니다. 이 입장에서는 모든 개인이 자신의 사회적 지위, 능력, 가치관 등 중요한 정보를 모르는 상태인 '무지의 베일' 속에 있다고 봅니다. 무지의 베일은 사람들이 자신의 이익을 위해 특정 원칙을 선택하지 못하게 함으로써 공정한 합의를 보장합니다. 무지의 베일 속에서는 개인들이 자신의 사회적 지위와 계층, 능력과 자산, 가치관과 인생 목표, 그리고 자신이 속한 사회의 특수한 조건을 알 수 없습니다. 이러한 설정은 개인이 공정한 사회 원칙을 선택하게 만드는 장치입니다.

　　롤스는 사람들이 합의를 이루는 조건을 '정의의 여건'이라고 부릅니다. 이는 인간 사회가 협력이 가능하고 필요하게 만드는 조건을 의미합니다. 정의의 여건은 자원이 부족하여 분배가 필요해지는 객관적 여건과, 사람들 간에 서로 다른 이해관계로 인해 갈등이 발생하는 주관적 여건으로 구성됩니다. 자원이 너무 풍부하거나 부족하면 협력할 필요가 없어지거나 불가능해지기 때문입니다.

　　롤스는 원초적 입장에서 사람들이 선택할 정의의 원칙으로 '정의의 두 원칙', 즉 제1 원칙(평등한 자유의 원칙)과 제2 원칙(공정한 기회균등의 원칙과 차등의 원칙)을 제시합니다. 제1 원칙은 모든 사람이 평등하게 기본적 자유를 최대한 누려야 한다는 것입니다. 제2 원칙은 사회적·경제적 불평등이 정당화될 수 있는 조건을 다룹니다. 먼저, 공정한 기회균등의 원칙은 사회적·경제적 불평등의 계기가 되는 직위와 직책이 모든 사람들에게 열려 있어야 한다는 것입니다. 차등의 원칙은 사회적·경제적 불평등은 최소 수혜자에게 최대의 이익이 될 때 정당화된다는 것입니다. 롤스는 평등한 자유의 원칙, 공정한 기회균등의 원칙, 차등의 원칙이 각각 프랑스 혁명의 3대 가치인 자유, 평등, 박애에 해당한다고 보았습니다.

　　롤스는 정의의 원칙을 정당화하기 위해 **반성적 평형**이라는 개념을 도입했습니다. 이는 우리의 직관적 판단과 이론적 설명을 조율하여 일관된 평형 상태를 이루는 과정을 의미합니다. 반성적 평형은 우리의 판단을 좁은 범위에서 조정하는 '좁은 반성적 평형'과, 모든 철학적 논거를 반영하여 폭넓게 조율하는 '넓은 반성적 평형'으로 나뉩니다. 롤스는 특히 모든 관련된 논거를 반영하여 형성된 넓은 반성적 평형이 더 중요하다고 보았습니다.

롤스의 정의론은 정의로운 사회를 위한 구체적이고 체계적인 기준을 제시하며 현대 정치철학에 큰 영향을 끼쳤습니다. 그러나 그의 이론은 실제 사회에서 이러한 합의가 가능한지에 대한 현실적인 비판을 받기도 했습니다. 결론적으로, 롤스는 개인의 이익을 넘어 공정한 절차를 통해 모두가 납득할 수 있는 정의의 원칙을 수립함으로써 현대 사회에서 정의를 실현하는 방법을 모색했습니다.

노직의 소유 권리론

로버트 노직(Nozick, R., 1938~2002)은 『아나키, 국가, 그리고 유토피아』(1974)에서 롤스의 평등주의적 자유주의를 비판하면서 자유지상주의적 정의론을 제시한 사상가입니다. 노직은 미국 뉴욕에서 러시아 출신 이민자의 아들로 태어났습니다. 그는 청년 시절 사회주의 정당에 가입하고 사회주의 학생 단체를 만들 정도로 열렬한 사회주의자였습니다. 그러다 친구와의 논쟁을 계기로 자유주의로 전향하게 되었다고 합니다. 자유주의를 논박하려다가 오히려 철저한 자유주의자가 된 셈이지요.

롤스의 자유주의는 자유를 중시하면서도 자유와 평등의 조화를 추구한다는 점에서 '평등주의적 자유주의'라 불립니다. 이에 비해 노

로버트 노직.

직의 자유주의는 자유와 평등이 서로 조화를 이루기 힘든 긴장 관계에 있다고 보며, 오직 자유에만 최고의 가치를 부여한다는 점에서 '자유지상주의'라 불립니다.

　　노직의 자유지상주의는 최소 국가론과 소유 권리론으로 요약할 수 있습니다. 그의 사상은 칸트의 의무론과 로크의 소유권 이론을 계승했다는 평가를 받습니다. 노직은 "인간을 한낱 수단으로만 대하지 말고 언제나 동시에 목적으로 대우하라."는 칸트의 정언 명령을 '개인은 불가침적·절대적 권리를 지닌다.'는 취지의 원리로 해석합니다. 이러한 개인의 절대적 권리를 존중하는 유일한 국가, 즉 최소 국가만이 정의로운 국가라고 주장합니다. **최소 국가**란 폭력·절도·사기로부터의 보호, 계약의 집행 등 최소한의 기능만 한다는 점에서 고전적 자유주의에서 말하는 '야경 국가'와 유사한 개념입니다. 노직은 최소 국가보다 더 포괄적인 확대 국가, 예컨대 복지 국가는 개인의 권리를 침해하므로 정의롭지 못한 국가라고 주장합니다.

TIP!

정언 명령

칸트 철학에서 행위의 결과에 구애됨이 없이 행위 그것 자체가 선(善)이기 때문에 무조건 그 수행이 요구되는 도덕적 명령을 가리킵니다.

야경 국가란?

'야경 국가'는 독일의 사회주의자 페르디난트 라살(Ferdinand Lassalle)이 1862년 베를린에서 행한 연설에서 처음 사용했다고 합니다. 라살은 사회적 문제를 해결할 의지나 능력이 없이 야밤에 경찰 노릇이나 하는 자본주의 국가를 조롱하려는 의도로 이 용어를 사용했습니다. 하지만 고전적 자유주의자들은 국가의 역할이 사회와 시장의 질서 유지에 필요한 국방과 치안에 국한되어 개인의 자유가 최대한 보장되는 국가라는 의미로 사용했습니다.

노직의 최소 국가론은 어떻게 사회계약 같은 인위적 노력 없이 아나키(무정부 혹은 자연 상태)에서 국가가 성립할 수 있는지를 설명하는 이론이기도 합니다. 자연 상태에서 개인들이 서로 권리를 보호받기 위해 '상호 보호협회'를 자발적으로 결성하게 되고, 이 협회가 전문화·기업화되어 수수료를 받고 보호 서비스를 제공하는 '지배적 보호협회'로 성장하며, 이것이 다시 '극소 국가'라는 중간 단계를 거쳐 '최소 국가'로 성립하게 된다는 것입니다. 이처럼 국가의 성립이 시장에서의 교환 과정같이 어떤 의도적 노력이나 계획 없이 자연스럽게 이루어질 수 있다는 점에서 노직은 이러한 설명을 애덤 스미스(Smith, A., 1723~1790)의 용어를 차용하여 '보이지 않는 손에 의한 설명'이라 부릅니다.

그럼, 노직의 정의론 즉 **소유 권리론**은 무엇일까요? 노직은 '분배'나 '분배적 정의'라는 용어 자체를 중립적이지 못한 표현으로 봅니다. 마치 분배를 담당하는 중앙 기관이 있는 듯한 의미를 내포하기 때문입니다. 노직은 그 대신 '소유물'이나 '소유물에서의 정의'가 중립적 용어라고 주장합니다. 그리고 '소유물에서의 정의' 혹은 소유 권리로서의 정의를 규정하는 원칙을 제시합니다.

- **취득의 원칙** : 노동을 통해 소유물을 취득한 사람은 그 취득으로 인해 타인의 상황이 악화되지 않는 한 그 소유물에 대해 소유 권리가 있다.
- **이전(양도)의 원칙** : 타인에 의해 소유물을 자유롭게 양도받은 사람은 그 소유물에 대해 소유 권리가 있다.
- **교정의 원칙** : 재화를 취득하고 양도받는 과정에서 부정의가 발생한 경우에는 이를 바로잡아야 한다.

위의 3가지 원칙 중 취득의 원칙은 로크의 소유권 이론을 현대화한 것입니다. 이 이론은 자연의 공유물에 노동을 첨가하거나 섞어야만 소유권이 성립한다는 노동 가치설, 그리고 공유물의 취득 후에도 "충분한 양과 똑같이 좋은 질의 것들이 남아 있어야 한다."는 단서 조항을 핵심으로 합니다. 취득의 원칙은 로크가 제시한 단서 조항이 너무 엄격하다고 판단하여 "타인의 상황이 악화되지 않아야 한다."로 완화한 것입니다. 노직은 이를 '로크적 단서'라고 부릅니다. 요컨대 노직의 소유 권리로서의 정의는 재산의 최초 취득이 다른 사람의 권리를 침해하지 말아야 하고 그에 따라 양도는 자발적이어야 한다는 것입니다.

노직은 롤스의 정의론 중에서도 특히 차등의 원칙을 비판합니다. 차등의 원칙이 '나의 인신은 나의 것'이라는 자기 소유 관념에 어긋난다고 주장합니다. 나의 눈은 당연히 나의 것인데 차등의 원칙은 "그대는 오랫동안 시력을 향유해 왔으므로 이제 그대의 한쪽 눈, 또는 심지어 두 눈 다 다른 사람에게 이식되어야 한다."는 식으로 신체 일부의 강제적 재분배를 요구할 수도 있다는 것입니다.

다음으로, 소유 권리론의 핵심은 절차적 정의, 즉 "정당한 상황으로부터 정당한 단계를 거쳐 발생하는 것은 무엇이나 그 자체도 정당하다."는 것입니다. 예를 들어, 어떤 정당한 상황에서 사람들이 전설적인 농구 선수의 경기를 보기 위해 자발적으로 관람료를 지불하다 보니 결국 그 선수는 부자가 되고 관람객들은 가난해졌다고 합시다. 이제 차등의 원칙에 따라 그 선수의 소득이나 부를 관람객들에게 재분배하는 것은 정당할까요? 노직은 과거의 분배 과정과 역사를 무시한 채 최종 상태만 보고 그것을 특정한 패턴이나 정형에 억지로 끼워 맞추려는 원칙을 '정형적 원칙'이라고 비판합니다. 정당한 상황에서 출발해서 자유로운 선택에 따라 이루어진 결과는 정당한 것인데 '최소 수혜자에게 최대 이익'이라는 정형에 맞춰 재분배를 요구하는 것은 부당하다는 것입니다. 노직은 "근로 소득에 대한 과세는 강제 노동이나 마찬가지이다. n시간 분의 근로 소득을 세금으로 취하는 것은 그 사람에게서 n시간을 빼앗는 것과 같다. 그것은 다른 사람을 위해 그 사람에게 n시간 동안 강제로 일하도록 하는 것과도 같다."고 보았습니다.

하지만 개인적 자유에 절대적 우선성을 부여한 노직의 정의론에는 문제가 없을까요? 경제적 자유인 소유 권리를 신성불가침한 권리로 규정한 채 오늘날 만연한 경제적 불평등 문제의 심각성을 인식하지 못하게 만들 우려는 없을까요? 노직은 나중에 『무엇이 가치 있는 삶인가』(1990)에서 자신의 과거 입장을 반성적으로 성찰하기도 했습니다.

샌델의 공동체주의

지난 2014년경 우리나라에 '정의 열풍'을 일으킨 책 『정의란 무엇인가』를 쓴 사상가가 누구인지 아나요? 바로 마이클 샌델(Sandel, M., 1953~)입니다. 그는 『정의의 한계』(1982)라는 책도 썼는데, 이 책에서는 공리주의적 정의론과 자유주의적 정의론의 한계를 지적하면서 자신의 정의론을 전개합니다. 공리주의는 정의를 원칙이 아닌 계산의 문제로 환원시킬 뿐만 아니라, 가치를 획일화하고 가치들의 질적 차이를

마이클 샌델.

무시한다는 것입니다. 또 그는 자유주의는 개인의 자율적 선택과 권리를 절대화하면서, 목적의 도덕적 가치, 삶의 의미와 중요성을 '국가 중립성'이라는 명분 아래 정치 영역에서 배제한다고 비판합니다. 샌델은 이러한 '회피의 정치'를 넘어 '공동선의 정치'를 추구할 것을 제안합니다.

샌델은 개인을 공동체와 분리된 독립적 존재로 보는 자유주의적 정의관에 반대합니다. 인간은 사회적 맥락 속에서 정체성과 가치를 형성한다고 주장합니다. 그는 개인의 권리보다 공동체의 연대와 책임을 강조하며, 도덕적 판단은 공동체의 전통과 가치에 기반해야 한다고 봅니다. 특히 그는 롤스의 정의론에 전제되어 있는 '무연고적 자아' 개념을 문제 삼았습니다. 롤스는 인간을 자신과 무관한 조건에서 합리적인 선택을 하는 존재로 설정했습니다. 하지만 샌델은 인간은 결코 자신이 속한 공동체와 완전히 분리될 수 없다고 주장합니다. 인간은 특정한 관계와 소속감을 통해 정체성을 형성하기 때문에, 자아를 공동체적 맥락에서 떼어 내어 설명하는 것은 현실과 맞지 않다는 것입니다.

샌델은 공동체가 공익을 위해 무엇이 '좋은 삶'인지 논의하고 실현할 책임이 있다고 봅니다. 그런 점에서 정치는 단순히 권리와 의무를 배분하는 절차가 아니라 시민들이 공동선을 추구하며 서로의 가치를 존중하는 과정이어야 한다고 강조합니다. 그는 자유를 단순히 '선택할 권리'로 보는 소극적 자유에 반대합니다. '공동체 속에서 좋은 삶을 실현하기 위한 책임과 참여'를 강조하는 적극적 자유를 옹호합니다.

샌델은 인간이 공동체 속에서 소속감을 느끼며 도덕적 판단을 형성한다고 보며, "우리가 속한 공동체가 우리의 정체성을 정의한다."는 점을 강조합니다. 따라서 도덕적 선택은 공동체적 배경과 분리될 수 없다는 것이 그의 입장입니다. 샌델의 정의론은 단순한 권리 배분을 넘어 공동체의 가치와 도덕적 기준을 반영해 '좋은 삶'에 대한 논의를 활성화하는 것을 목표로 합니다. 정의를 단순한 공정성의 문제가 아니라 공동체의 연대와 시민 참여를 통해 실현되는 가치로 해석합니다.

왈처의 다원적 평등

마이클 왈처(Walzer, M., 1935~)는 노직과 함께 롤스의 자유주의적 정의

마이클 왈처.

관을 비판한 대표적인 사상가로 꼽힙니다. 그는 『정의와 다원적 평등』(1983)에서 '다원적 평등' 혹은 '복합적 평등'을 핵심 개념으로 하는 정의론을 전개했습니다. 『정의와 다원적 평등』은 왈처가 1970년과 1971년에 하버드 대학에서 노직과 함께 담당한 '자본주의와 사회주의'라는 강의에서 펼친 논의를 정리한 책입니다.

왈처는 다원적(복합적) 평등으로서의 정의를 주장하는 공동체주의자입니다. 그는 역사적 현실과 특정 사회의 특수성을 고려하지 않고 가상적 상황에서 도출한 단일한 방식과 기준으로 설명하려는 롤스의 자유주의적 정의관에 대해 비판적입니다. 왈처의 기본 입장은 "분배적 정의와 관련된 모든 가치들은 사회적 가치들"이라는 것입니다. 즉 정의관은 특정 사회의 역사성과 맥락, 문화적 특수성을 반영해야 한다는 것입니다. 따라서 왈처는 서로 다른 사회적 가치들은 서로 다른 기준과 절차에 따라 서로 다른 주체들에 의해 분배되어야 한다고 주장합니다. 예를 들어 안전과 복지의 사회적 가치는 '필요'를 기준으로, 돈과 상품은 '자유 교환'을 기준으로, 정치권력은 '토론과 민주 원리'를 기준으로, 공직은 '자격과 공정성'을 기준(원칙)으로 분배해야 합니다.

왈처에 의하면, 모든 사회적 가치들은 고유한 분배 영역을 갖습니다. 각각의 분배 영역에는 저마다 기준과 제도 들이 존재합니다. 예를 들어 돈은 성직의 영역에서는 부적절하지만, 시장의 영역에서는 적절합니다. 성직이나 구원을 돈으로 사고판다든가, 신앙심이 있어야만 돈을 벌 수 있다든가 해서는 안 될 것입니다. 분배를 위한 단일한 기준은 존재하지 않으며, 어떤 사회적 가치도 모든 가치들을 완벽하게 지배하지 못한다는 것입니다.

'다원적(복합적) 평등 체제'는 특정한 사람이 모든 걸 다 가질 수 있는 전제 정치와는 정반대입니다. 어떤 사람이 돈이 많다고 해서, 그 이유만으로 권력이나 명예 같은 다른 것도 함께 가져서는 안 된다는 것입니다. 이것을 왈처는 "어떠한 사회적 가치 x도 x의 의미와는 상관없이 단지 누군가가 다른 가치 y를 가지고 있다는 이유만으로 y를 소유한 사람들에게 분배되어서는 안 된다."는 원칙으로 표현하기도 합니다. 어떤 가치든, 그 가치와 관계 없는 이유로 사람들에게 분배해서는 안 된다는 것입니다. 이처럼 정의의 각 영역들의 경계가 안정적으로 보호되어 각각의 자율성을 지닐 때 정의는 실현된다는 것이 왈처 정의론의 핵심입니다.

지금까지 우리는 롤스와 노직의 정의론을 통해 자유주의적 정의관을, 샌델과 왈처의 정의론을 통해 공동체주의적 정의관을 살펴보았습니다. 그렇다면 이 두 정의관은 어떤 관계에 있는 것으로 보아야 할까요?

자유주의와 공동체주의는 각각 개인의 자유와 권리, 사회적 연대와 책임을 강조합니다. 결국 **사익**과 **공익** 혹은 개인선과 공동선을 어떻게 조화시킬 수 있는가 하는 문제를 다룬다고 볼 수 있습니다. 자유주의는 개인이 스스로 선택할 권리를 중시하며, 공익은 개인의 자유 보장을 통해 자연스럽게 달성될 수 있다고 봅니다. 하지만 이러한 관점은 사회적 불평등을 초래할 수 있다는 한계가 있습니다. 반면, 공동체주의는 개인이 공동체 안에서 정체성을 형성한다고 보며, 공익을 위해 개인이 일정 부분 사익을 양보하거나 희생해야 한다고 주장합니다. 이를 통해 사회적 연대감을 높이지만, 지나치면 개인의 자유가 제한될 수 있다는 문제가 있습니다.

결국, 자유주의적 정의관과 공동체주의적 정의관은 상호 대립적인 관계가 아니라 상호 보완적인 관계에 있습니다. 공정한 기회를 보장하는 자유주의적 원칙과 약자를 배려하는 공동체주의적 접근을 함께 적용하면, 개인의 권리와 사회적 연대가 균형을 이루는 정의로운 사회를 이룰 수 있기 때문입니다.

3. 불평등을 넘어 정의로운 사회로

불평등, 그것이 문제로다

2011년, 미국에서는 상위 1%의 부의 독점을 비판하는 시위가 벌어졌습니다. 부의 상징처럼 알려진 월가(Wall Street)에서 벌어져 '월가 점령 시위'라고 불립니다. 유럽에서는 '분노한 시민들'의 항의가 거세게 일어났습니다. 중동 지역에서는 '아랍의 봄' 혁명이 정치적 변화를 촉발

"우리는 99%다(We are the 99%)." 2011년 월가 점령 시위에서 시위대가 사용한 구호이다. 그들은 1%의 금융 부자들이 전체 부의 50%를 차지한 현실을 비판했다.

하며 전 세계를 뒤흔들었습니다. 이러한 사건들은 사회 전반에 깊이 뿌리내린 불평등 문제를 수면 위로 끌어올렸습니다. 오늘날 불평등 문제는 코로나19 팬데믹, 경제적 불안정, 기후 위기와 더불어 인류가 해결해야 할 중요한 도전 과제가 되었습니다.

TIP!
아랍의 봄

2010년 12월에 시작된 북아프리카와 중동 국가들의 반정부 시위 및 혁명을 일컫는 말입니다. '아랍의 각성', '아랍의 봉기', '아랍 혁명'이라고도 합니다. 중앙 정부 및 기득권의 부패와 타락, 빈부의 격차, 높은 청년 실업률로 인한 대중의 분노 등이 발생한 원인이었습니다. 리비아와 이집트, 예멘에서는 정권이 교체되었고 아프리카의 독재 국가 및 아랍 국가에서도 대규모 반정부 시위로 이어졌습니다.

하지만 여전히 많은 사람들은 불평등을 능력과 성과의 자연스러운 결과로 받아들이거나, "경제 성장이 이뤄지면 모든 계층이 혜택을 받을 수 있다."는 말들을 믿고 있습니다. 그러나 실제로는 구조적 장벽이 존재해 다수의 삶을 가로막고 있으며, 경제 성장이 지속되어도 하위 소득층의 삶은 좀처럼 나아지지 않습니다. 한국 사회에서 나타나는 낮은 출산율과 행복지수, 높은 자살률 등은 극심한 불평등이 가져오는 사회적 파급력을 극명하게 보여 주고 있습니다. 이제 불평등 해소는 한국 사회의 지속가능성을 위해 시민 모두가 함께 고민하고 반드시 해결해야 할 필수 과제가 되었습니다.

그렇다면 불평등은 왜 문제가 되는 것일까요? 토마스 스캔론 (Scanlon, T., 1940~)은 『왜 불평등이 문제인가?』(2018)에서 불평등이 왜 도덕적으로 문제인지를 탐구합니다. 그는 불평등이 단순히 '누군가 더 많이 가졌기 때문에' 문제가 되는 것이 아니라, 그로 인해 발생하는 다양한 부정적인 효과와 불공정성 때문에 문제가 된다고 설명합니다. 스캔론은 불평등이 문제가 되는 이유를 다음과 같이 제시합니다.

첫째, 불평등은 특정 주체가 여러 사람의 이익을 동등하게 고려해야 할 의무를 다하지 않을 때 문제가 됩니다. 예를 들어, 정부가 특정 집단에게 자원을 불평등하게 배분한다면 이는 도덕적으로 부당하다는 것입니다. 둘째, 불평등은 사람들 간의 지위를 불합리하게 차별하거나 낮은 지위에 있는 사람들을 더욱 소외시키는 경우 문제가 됩니다. 셋째, 불평등은 부유한 사람들에게 가난한 사람들의 삶에 대한 과도한 통제권을 부여할 수 있습니다. 예컨대, 경제적 권력을 가진 소수가 사회 전반에 큰 영향을 미치는 경우가 그렇습니다. 넷째, 불평등은 경제 시스템의 절차적 공정성을 훼손하거나, 일부 사람들이 경제적 기회를 누릴 수 있는 능력을 제한할 때 문제가 됩니다. 다섯째, 불평등은 정치적 시스템의 공정성을 약화시켜 민주주의의 기본 원칙을 위협할 수 있습니다. 마지막으로, 불평등은 이를 만들어 낸 제도적 구조가 정당화될 수 없을 때 불공정한 것으로 간주됩니다.

우리가 살펴볼 불평등은 사회 불평등입니다. 사회 불평등이란 자원, 기회, 권력, 소득 등이 사회 내 특정 집단 혹은 개인들 사이에서 불평등하게 분배되는 현상을 의미합니다. 다음에서는 사회 불평등 문제를 사회 계층의 양극화, 사회적 소수자에 대한 차별, 그리고 공간 불평등을 중심으로 살펴보고자 합니다.

사회 계층의 양극화

사회 계층의 양극화란 부유층과 빈곤층 간의 경제적 격차가 심화되면서 중산층이 축소되고 사회가 두 개의 극단으로 나뉘는 현상을 의미합니다. 사회 내부에서 자산, 소득, 교육, 직업 등의 차이가 점점 벌어지면서 상위 계층은 더욱 부유해지고, 하위 계층은 빈곤에서 벗어나기 어려운 구조가 고착화되는 것을 말합니다. 이러한 양극화 현상은 개인의 삶뿐만 아니라 사회 전반에 걸쳐 다양한 문제를 초래합니다.

먼저, 사회 계층 양극화는 **경제적 불평등**을 심화시킵니다. 부유층은 자산 증식 기회와 고급 교육을 통해 사회적 지위를 유지하거나 더욱 상승시키는 반면, 빈곤층은 양질의 교육과 일자리를 얻기 어려워 빈곤이 세대 간에 대물림되는 경우가 많습니다. 이로 인해 사회 이동성이 낮아지고, 개인이 노력으로 계층을 상승할 수 있다는 희망이 약화됩니다. 이러한 구조는 사회 구성원들 사이에 상대적 박탈감을 심화시키며 불만과 갈등을 증가시킵니다.

둘째, 계층 양극화는 **정치적 불평등**을 낳습니다. 경제력이 높은 계층은 정치적 영향력을 행사할 수 있는 반면, 경제적 여건이 부족한 계층은 정치적 의사 표현 기회가 제한되는 경우가 많습니다. 이는 정치적 대표성의 불균형을 초래하며, 특정 계층의 이해관계가 반영된 정책이 만들어질 가능성을 높입니다. 그 결과, 경제적 약자들이 정책적으로 소외되어 더욱 불리한 환경에 처하게 됩니다.

셋째, 사회적 양극화는 **공동체 의식**을 약화시킵니다. 계층 간 격차가 심화되면 상호 이해와 연대보다는 불신과 배타적 태도가 증가하게 됩니다. 특히, 빈곤층은 사회 안전망이 미비할 경우 의료, 교육, 주거 등 기본적인 권리를 충분히 보장받지 못하며 사회적 배제의 대상이 되기 쉽습니다. 이는 사회적 결속력을 약화시키고, 나아가 범죄율 증가와 같은 사회적 불안정 요소로 이어질 수 있습니다.

사회 계층 양극화를 해결하기 위해서는 다각적인 노력이 필요합니다. 먼저, 소득 격차를 줄이기 위한 공정한 조세 및 복지 제도를 마련해야 합니다. 또한, 교육과 직업 훈련 기회를 확대하여 경제적 취약

누군가는 지상에, 누군가는 지하에

영화 「기생충」은 상반된 두 가족의 이야기를 담고 있습니다. 한쪽은 반지하에 살며 피자 상자를 접어 생계를 유지하는 가족이고, 다른 한쪽은 대저택에서 여유롭게 생활하며 성공한 회사 대표의 가족입니다. 이 두 가족의 대비를 통해 한국 사회의 계층 간 양극화 문제가 더욱 현실적으로 다가옵니다. 동일한 공간에서 전혀 다른 삶을 살아가는 두 가족의 모습은, 노력만으로는 넘기 어려운 계층 간 격차를 보여 줍니다. 이는 빈부에 따른 교육, 주거, 일자리 기회의 불균형이 어떻게 세습되고 고착화되는지를 잘 보여 주는 사례입니다.

영화 「기생충」(2019) 포스터.
사회 계층의 양극화 문제를 다루었다.

계층이 더 나은 일자리를 확보할 수 있는 기반을 마련해야 합니다. 나아가 사회적 약자를 보호하는 정책을 통해 모든 계층이 기본적인 삶의 질을 누릴 수 있는 환경을 조성하는 것이 중요합니다. 이를 통해 사회 구성원 모두가 함께 발전할 수 있는 공정하고 조화로운 사회로 나아갈 수 있습니다.

사회적 소수자에 대한 차별

사회적 소수자는 인종, 성별, 성적 지향, 종교, 장애, 이주 배경 등 다양한 이유로 사회에서 상대적으로 적은 수를 차지하거나 권력 구조에서 불리한 위치에 놓인 집단을 의미합니다. 대표적으로 장애인, 여성, 이주 노동자, 북한 이탈 주민 등이 사회적 소수자에 해당합니다. 이들은 사회적 편견과 고정관념으로 인해 차별과 배제의 대상이 되기 쉽습니다. 이러한 차별은 소수자 개인의 삶을 위협할 뿐만 아니라, 사회 전반에 걸쳐 공정성과 다양성을 훼손하는 문제로 이어집니다.

사회적 소수자 차별은 개인적 요인과 사회적 요인에서 비롯됩니다. 개인적 요인은 성별, 장애, 출신 지역 등에 대한 선입견과 편견을 포함합니다. 예를 들어, 여성은 리더로서 부적합하다는 고정관념이나 장애인에 대한 부정적 시각은 부당한 평가와 배제를 초래합니다. 사회적 요인은 차별을 묵인하거나 조장하는 구조적 환경입니다. 대표적인 예로 '유리 천장'은 소수자들이 상위 직급에 오르는 것을 어렵게 만듭니다. 유리 천장은 눈에 보이지는 않지만 엄연히 존재하는 사회적 차별과 편견을 상징하는 말입니다. 이러한 제도적 문제는 고용, 교육, 의료 등 다양한 분야에서 소수자들의 기회를 제한합니다.

사회적 소수자에 대한 차별은 여러 형태로 나타납니다. 첫째, **법적·제도적 차별**이 존재할 수 있습니다. 일부 국가나 지역에서는 성 소수자나 이주민의 권리가 법적으로 충분히 보장되지 않거나, 특정 종교 또는 문화적 배경을 가진 사람들에게 불리한 법률이 시행되기도 합니다. 이러한 법적 차별은 소수자들이 자신의 권리를 주장하고 보호받는 것을 어렵게 만듭니다.

둘째, **경제적 차별**도 큰 문제입니다. 사회적 소수자는 취업 과정에서 편견이나 불이익을 경험하거나, 동일한 직무를 수행함에도 낮은 임금이나 승진 기회 제한 등 불공정한 대우를 받을 수 있습니다. 이는 경제적 자립을 어렵게 하며, 빈곤과 사회적 배제의 악순환으로 이어질 수 있습니다.

셋째, **사회적 배제**와 **문화적 차별**이 있습니다. 성 소수자나 다문화 가정 출신 학생은 학교나 지역 사회에서 따돌림이나 괴롭힘을 당하기 쉽습니다. 미디어나 대중문화 속에 표출된 고정관념도 사회적 소수자에 대한 편견을 강화하여 그들을 더욱 고립시키는 역할을 합니다. 이러한 차별은 소수자들에게 정신적 고통을 주며, 심한 경우 신체적 피해로도 이어질 수 있습니다.

사회적 소수자에 대한 차별은 개인의 문제가 아닙니다. 사회 구조 속에서 발생하는 불평등의 결과입니다. 소수자가 차별을 경험하는 환경에서는 사회적 신뢰와 연대가 약화되며, 구성원 간의 갈등이 증폭될 수 있습니다. 이는 사회적 통합과 안정성을 위협하며, 민주주의의 근본 가치를 훼손합니다.

이 문제를 해결하기 위해서는 다각적인 접근이 필요합니다. 첫째, 법적 보호와 권리 보장이 중요합니다. 모든 사람의 권리를 동등하게 보호할 수 있는 법적 기반을 마련하고, 이를 철저히 실행해야 합니다. 둘째, 교육과 인식 개선 프로그램이 필수적입니다. 학교와 지역 사회는 다양성과 포용의 가치를 가르치고, 차별과 편견을 줄일 수 있는 교육을 강화해야 합니다. 셋째, 사회적 지원과 참여 기회 확대를 통해 소수자들이 자신의 목소리를 내고 사회에 기여할 수 있는 환경을 조성해야 합니다.

사회적 소수자에 대한 차별을 해소하는 일은 공정하고 평등한 사회로 나아가기 위한 필수 과제입니다. 모든 사람은 존엄과 권리를 존중받아야 하며, 차이를 넘어 상호 존중과 포용을 실천할 때 우리는 더 안전하고 조화로운 공동체를 만들 수 있습니다.

공간 불평등

사회 공간 불평등이란 지역이나 공간에 따라 자원이 불균형하게 배분되어 경제적·사회적 기회가 달라지는 현상을 의미합니다. 일부 지역은 경제적 혜택과 기반 시설을 집중적으로 누리는 반면, 다른 지역은 상대적으로 소외되거나 낙후된 환경에 놓이게 됩니다. 이러한 현상은 대도시와 지방 도시 간, 혹은 한 도시 내 특정 구역과 다른 구역 간에 나타날 수 있습니다.

공간 불평등의 주요 원인 중 하나는 **성장 거점 개발 전략**입니다. 성장 거점 개발은 경제 성장을 촉진하기 위해 특정 지역에 자원과 투자를 집중하는 방식입니다. 1960~1970년대 경제 성장을 최우선으로 추구한 우리나라에서도 채택되었습니다. 박정희 군사정부는 2차 국토 종합 계획에서 15개 도시를 성장 거점 도시로 선정해 국토 개발의 중심 축으로 삼았습니다. 이러한 전략은 단기간에 경제 성장을 이끌 수 있지만, 혜택이 특정 지역에만 몰리는 불균형을 낳습니다. 다른 지역의 성장은 정체되거나 오히려 점점 더 낙후되는 부작용을 초래합니다. 대규모 산업 단지와 행정 기관이 수도권과 주요 도시권에 집중됨에 따라, 지방이나 농어촌 지역은 일자리와 교육, 의료 서비스 등에서 불리한 위치에 놓이게 됩니다.

그렇다면 공간 불평등으로 인해 발생하는 사회 문제들로는 어

성장 거점이냐, 균형 발전이냐

경제 발전이나 개발 전략에 있어서 논란의 핵심 가운데 하나가 성장 거점 전략과 균형 발전론입니다. 성장 거점이란 성장 잠재력이 높은 도시나 어떤 지역의 중심지를 집중적으로 개발해 그 효과를 주변 지역으로 확산시켜 지역 전체의 발전을 유도한다는 전략입니다. 반면 균형 발전론은 광범위한 산업(지역)을 동시에 개발하고, 이를 통해 각 산업이 상호 수요를 창출해 균형 성장을 달성할 수 있다는 주장입니다.

떤 것들이 있을까요? 첫째, 인구 이동의 불균형이 심화되어 청년층과 노동 인구가 기회가 많은 대도시로 몰리게 됩니다. 그로 인해 지방의 인구 감소와 고령화가 가속화됩니다. 둘째, **주거 불평등 문제**가 심각해집니다. 도시 지역의 주택 가격과 임대료가 폭등하면서, 중·저소득 가구는 주거 비용 부담이 커지고, 교외로 밀려나 출퇴근에 많은 시간을 소모하게 됩니다. 셋째, 교육 및 의료 서비스 접근성에서도 차이가 벌어져, 지방 거주자들은 양질의 학교와 병원 이용이 어려워집니다. 이는 결국 삶의 질 차이를 확대시키며, 사회적 갈등을 심화시키는 요인이 됩니다.

그렇다면 공간 불평등 문제를 해결하기 위한 해결책으로는 어떤 것들이 있을까요? 첫째, **균형 발전 정책**을 강화해야 합니다. 특정 대도시 중심의 발전 전략 대신, 지방에도 산업과 기반 시설을 유치하여 지역 간 균형을 맞추는 것이 중요합니다. 이를 위해 공공기관 이전, 교통망 확충, 지역 경제 활성화 프로그램을 시행해야 합니다. 둘째, **기본 인프라 투자**를 확대하여 교육, 의료, 문화 시설 등을 지방에도 고르게 배치해야 합니다. 셋째, **원격 근무와 온라인 교육 시스템**을 통해 거주지에 상관없이 일자리와 교육 기회를 제공하는 환경을 조성하는 것도 효과적입니다.

공간 불평등 문제는 단순한 경제적 문제가 아니라 국민의 삶 전반에 영향을 미치는 중요한 과제입니다. 따라서 국가와 지역 사회가 협력하여 지역 간 격차를 줄이고, 모든 시민이 공평한 기회를 누릴 수 있는 사회를 만드는 것이 필요합니다. 이를 통해 보다 지속가능하고 조화로운 사회로 나아갈 수 있을 것입니다.

정의로운 사회를 만들려면

정의로운 사회는 모든 구성원이 공평한 기회를 누리고, 기본적인 권리를 존중받는 사회를 의미합니다. 그러나 현실에서는 경제적 불평등, 사회적 차별, 지역 격차 등으로 인해 정의가 훼손되는 경우가 많습니다. 이를 해결하기 위해서는 다양한 제도적 노력이 필요합니다.

첫째, 사회 복지 제도를 통해 사회 계층의 양극화를 완화해야 합니다. 사회 복지 제도는 사회 보험, 공공 부조, 사회 서비스를 포함하여 취약 계층이 최소한의 생활을 보장받을 수 있도록 돕습니다. 사회 보험은 국민연금, 건강보험 등으로 구성되며, 공공 부조는 기초 생활 보장과 같은 직접 지원을 제공합니다. 사회 서비스는 돌봄 및 교육 지원을 통해 개인의 삶의 질을 향상시킵니다. 이때, 선별적 복지는 필요에 따라 특정 계층에 지원을 제공하는 방식이고, 보편적 복지는 모든 국민에게 복지를 제공하는 방식입니다. 각 방식은 장단점이 있으며, 사회적 합의에 따라 조화롭게 운영될 필요가 있습니다.

둘째, 적극적 우대 조치를 통해 사회적 약자에게 실질적인 기회의 평등을 보장해야 합니다. 여성 할당제, 장애인 의무 고용 제도, 대학 입학 전형에서의 사회 통합 전형 등은 약자들이 불리한 조건을 극복하고 공정한 기회를 얻을 수 있도록 돕습니다. 그러나 이러한 조치는 때로 '역차별' 논란을 일으키기도 합니다. 역차별이란 부당한 차별을 받는 쪽을 보호하기 위해 어떤 제도나 장치를 마련했는데, 오히려 반대편이 차별받게 되는 현상을 말합니다. 따라서 정책의 목적과 필요성을 충분히 설명하고, 실효성을 높이는 방안을 지속적으로 점검해야 합니다.

셋째, **지역 격차 완화 정책**을 통해 공간 불평등을 해소해야 합니다. 예를 들어, 수도권 집중 문제를 해결하기 위해 공공 기관을 지방으로 이전하거나, 수도권을 떠나는 기업에 세금 감면 및 규제 완화 혜택을 제공하는 등의 조치가 필요합니다. 이미 이와 같은 조치가 일부 실행되고 있지만 아직은 많이 부족한 상황입니다. 이를 통해 지방 경제가 자립할 수 있는 기반을 구축하고, 지역의 발전 잠재력을 발굴하여 지역 특성을 살린 발전 전략을 추진해야 합니다. 예를 들어, 지역 브랜드 구축, 관광 마을 조성, 지역 축제와 같은 장소 마케팅을 통해 지역 경쟁력을 높일 수 있습니다. 또 공공 임대 주택 및 장기 전세 주택을 확대해 도시 내 공간 불평등 문제를 줄일 수 있습니다. 노후 주택을 재건축하거나 상하수도를 정비하는 등 도시 기반 시설을 개선하는 도시 정비 사업을 추진해야 합니다. 공원과 녹지 확보를 통해 쾌적한 주거 환경을 조성하는 것도 중요합니다.

불평등을 넘어 정의로운 사회를 만들기 위해서는 기업의 사회적 역할과 책임도 중요합니다. 사회적 기업을 예로 들어 봅시다. **사회적 기업**이란 영리 기업과 비영리 기업의 중간 형태입니다. 영리 기업이 이익을 위해 활동하는 것을 최우선 목표로 한다면, 비영리 기업은 사회적 목적을 우선적으로 추구하면서 재화·서비스의 생산·판매 등 영업 활동을 수행하는 기업(조직)입니다. 이러한 기업은 취약 계층에게 일자리를 제공하거나 지역 사회 문제 해결을 목표로 활동하며, 이윤의 상당 부분을 사회적 가치 창출에 재투자합니다. 예를 들어, 환경 보호를 위한 재활용 사업이나 소외 계층을 위한 교육 서비스 등을 제공하는 사회적

영리 기업과 비영리 기업의 중간 형태로서의 사회적 기업.

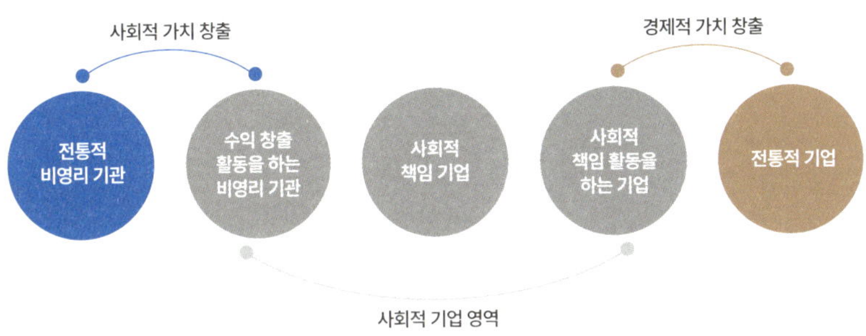

기업은 단순한 경제적 이익을 넘어선 사회적 기여를 실현합니다.

사회적 기업은 사회 불평등 해소에도 중요한 역할을 합니다. 저소득층이나 고용 취약 계층에게 안정적인 일자리를 제공함으로써 소득 불평등을 줄이고, 경제적 자립을 돕습니다. 또한, 교육 및 복지 서비스를 확대하여 사회적 약자의 기회를 증진시킴으로써 계층 간 격차를 완화합니다. 이러한 활동은 사회 통합을 촉진하며, 지속가능한 발전을 이루는 데 기여합니다. 따라서 사회적 기업의 활성화는 불평등 해소뿐만 아니라 공정하고 포용적인 사회를 만드는 데 중요한 요소입니다.

정의로운 사회는 단순히 법과 제도로만 실현되는 것이 아닙니다. 그것은 구성원 모두의 공감과 연대 의식을 필요로 합니다. 공정한 제도와 더불어 다양성과 포용성을 존중하는 문화를 만들어 갈 때, 우리는 더 공평하고 지속가능한 사회로 나아갈 수 있을 것입니다.

유리 천장을 깬다는 게 무슨 말이에요?

"유리 천장을 깬다."고 할 때 '유리 천장'은 눈에 보이지는 않지만 사람들의 성장을 막는 장벽을 상징합니다. 위를 올려다보면 막힌 것이 없어 더 높은 곳으로 올라갈 수 있을 것 같지만, 실제로 올라가 보면 투명한 유리 천장이 막고 있어서 더 이상 올라갈 수 없는 것입니다. 보통 사회적 약자나 소수자 들이 중요한 직위나 직책에 오르는 걸 가로막는 보이지 않는 편견을 유리 천장으로 비유합니다. 그래서 사회적 소수자가 편견과 장벽을 이겨 내고 중요한 자리를 차지할 때 "유리 천장을 깼다!"라고 하며 응원을 보냅니다.

'유리 천장'은 특히 여성이 조직 내에서 고위직으로 오르는 것을 막는 보이지 않는 장벽을 은유적으로 표현할 때 많이 쓰입니다. 영국의 경제 주간지 《이코노미스트》가 발표한 **유리 천장 지수**에 따르면, 한국은 2013년 조사 시작 이후 12년 연속 최하위를 기록했습니다. 그만큼 아직도 한국 여성의 노동 환경과 고위직 진출이 매우 어렵다는 것을 보여 줍니다. 반면, 1위는 여성 대통령을 배출한 나라이자 여성의 사회적 지위가 높은 나라인 아이슬란드가 차지했습니다. 이어 스웨덴, 노르웨이, 핀란드 등 북유럽 복지 국가들이 상위권을 차지했으며, 프랑스, 포르투갈, 폴란드 등도 포함되었습니다.

유리 천장 지수를 높이기 위해서는 어떤 제도나 정책이 필요할까요? 여성의 육아 지원과 유연 근무제 도입, 고위직 여성 비율 할당제, 공정한 승진 평가 시스템, 리더십 교육 제공, 동일 임금 보장 등 제도적 지원과 노력이 필요할 것입니다. 예를 들어, 아이슬란드는 육아휴직을 남성과 여성 모두에게 의무적으로 부여하고, 기업에 일정 비율 이상의 여성 임원 배치를 요구하는 법을 시행해 왔습니다. 스웨덴은 유연 근무제와 국가 차원의 보육 시스템을 잘 갖추어, 여성들이 출산 후에도 경력 단절 없이 일할 수 있도록 지원하고 있습니다. 이처럼 유리 천장을 깨기 위해서는 법과 제도, 사회적 인식 개선이 함께 이루어져야 한다는 것을 알 수 있습니다.

TIP!
유리 천장 지수 (The glass—ceiling index)
남녀 고등 교육·소득 격차, 여성의 노동 참여율, 고위직 여성 비율, 육아 비용, 남녀 육아 휴직 현황 등의 지표를 반영해 경제협력개발기구(OECD) 회원국을 대상으로 매년 산정하는 지수입니다.

공동체를 위해 희생할 것인가,
자유를 위해 싸울 것인가?

영화 「캡틴 아메리카: 시빌 워」(2016) 포스터.

영화 「캡틴 아메리카: 시빌 워」의 원작 만화책 (마블 코믹스 시리즈) 『시빌 워』는 정치적인 메시지를 담고 있습니다. 이 책이 출간된 2006년은 미국에서 개인정보 유출과 **애국법** 시행으로 인한 사생활 침해 논란이 커진 시기였습니다. 『시빌 워』 시리즈는 이 같은 사회적 문제를 정면으로 다루며, '초인등록법'에 대한 비판적인 시각을 보여 줍니다. 초인등록법은 슈퍼 히어로들의 신상 정보를 공적으로 등록하여 정부에서 이들을 통제한다는 내용을 담고 있습니다. 영화 속 핵심 등장인물인 아이언맨과 캡틴 아메리카는 그에 대해 상반된 철학적 입장을 보여 줍니다.

아이언맨은 공동체주의를 대표합니다. 공동체주의자 알래스데어 매킨타이어(MacIntyre, A.)는 인간이 속한 공동체와 역사적 맥락을 강조하며 '**서사적 자아**'라는 개념을 제시했습니다. 그는 "나는 가족, 도시, 국가와 연결된 존재이므로 이들로부터 도덕적 의무와 기대를 물려받는다."라고 설명했습니다. 아이언맨은 어벤져스의 활동으로 목숨을 잃은 한 청년의 어머니를 만나게 되며 죄책감을 느낍니다. 그는 동료들에게 청년의 사연을 들려주며 초인등록법을 지지해야 한다고 주장합니다. 아이언맨의 입장은 공동체의 안전과 통제를 중시하는 **공**

동체주의 철학과 부합합니다. 그는 국가와 국제기구의 통제를 받아야 공동체의 일원으로 올바르게 살아갈 수 있다고 믿습니다.

반면, 캡틴 아메리카는 초인등록법이 개인의 선택과 자유를 제한한다고 보며 이를 반대합니다. 그는 자유를 위해 범법자가 되더라도 서명을 거부한다는 태도를 보입니다. 이 입장은 철학자 칸트의 자유 개념을 따릅니다. 칸트는 "자유란 자신의 의지를 스스로의 법칙에 따라 규율할 수 있는 능력"이라 주장하며, 법과 권리가 특정한 삶의 방식을 강요해서는 안 된다고 보았습니다. 캡틴 아메리카는 이러한 철학적 입장을 바탕으로 '시빌 워', 즉 내전에 참여합니다. 그에게 자유는 단순한 권리가 아닌 지켜야 할 신념입니다.

「캡틴 아메리카 : 시빌 워」는 단순한 액션 영화가 아니라 관객에게 중요한 질문을 던집니다. 공동체를 위해 희생할 것인가, 아니면 자유를 위해 싸울 것인가. 여러분은 어느 편에 서겠습니까?

TIP!

애국법(USA Patriot Act)

2001년 9·11 테러 직후 미국에서 테러 방지를 위해 제정된 법입니다. 통신 감청, 금융 거래 모니터링, 이메일 및 전화 기록 추적 등 정부의 정보 수집과 감시 권한을 대폭 확대하여 사생활 침해 논란을 불러일으켰습니다. 이 법은 여러 문제점이 제기되어 2015년에 폐지되었습니다.

공리주의 원칙과 차등의 원칙

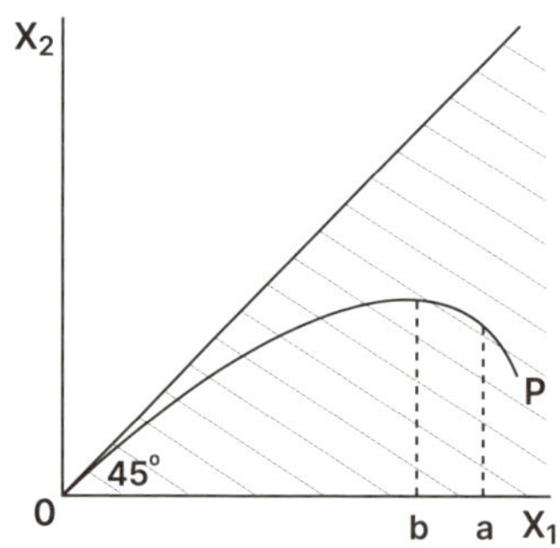

그래프로 나타낸 공리주의 원칙과 차등의 원칙

이 그래프는 존 롤스가 『정의론』에서 **공리주의 원칙**과 **차등의 원칙**을 비교하기 위해 사용한 것입니다. 롤스에 따르면, 공리주의자는 이익의 총합을 중시하지만 이 이익이 어떻게 분배되는지에 대해서는 크게 신경 쓰지 않습니다. 공리주의자는 단지 두 경우가 같을 때, 즉 동점 상황에서만 평등을 고려합니다. 예를 들어, 두 사람이 있다고 합시다. 공리주의자는 두 사람의 이익을 같은 비중으로 고려하지만, 결국 전체 이익의 합을 최대로 만드는 분배를 더 중요하게 여깁니다.

이 그래프에서 X_1과 X_2는 각각 최대 수혜자 집단과 최소 수혜자 집단을 대표하는 사람을 나타냅니다. 그리고 원점 0에서 출발하는 45°선은 분배의 평등을 나타내고, 곡선 OP는 최대 수혜자의 이익의 증대가 최소 수혜자의 이익에 기여하는 정도를 나타냅니다. 만약 X_2가 더 많은 수의 사람을 대표한다면, 공리주의적 판단에서는 이 그룹의 이익에 더 많은 가중치를 둡니다. 따라서 공리주의적 분배선은 X_2 집단의 이익을 더 우선시하는 방향으로 기울어집니다.

반면, 롤스의 차등의 원칙은 불평등을 허용하되, 그것이 가장 불리한 사람들(최소 수혜자)에게 최대한의 이익을 주는 경우에만 정당화된다고 주장합니다. 롤스의 원칙에서는 이 분배 지점이 그래프상 b 지점에 해당합니다. 하지만 공리주의는 이보다 더 큰 불평등을 허용할 수 있으며, 최종적으로 이익 총합을 최대화하는 a 지점을 선택할 수 있습니다.

결국, 롤스는 공리주의가 최소 수혜자에게 필요한 기본적인 이익을 보장하지 못할 수 있다는 점을 비판합니다. 그는 최소 수혜자를 위한 공정한 분배를 강조하며, 사회 전체가 더 나은 방향으로 나아가야 한다고 주장합니다. 이를 통해 롤스는 정의로운 사회는 단순히 전체 이익의 합을 극대화하는 것이 아니라, 사회적 약자도 보호받을 수 있는 구조를 만들어야 함을 보여 주고 있습니다.

3장. 시장경제와 지속가능발전

사회주의와 자본주의

보통 사람들은 이렇게 생각합니다. 남들이 다 가지고 싶어 하는 물건이 있다면 그 물건의 가격은 비싼 것이 당연하다. 더 좋은 직장에서 일하기 위해서는 다른 사람들과의 치열한 경쟁을 거쳐야 하는 것이 당연하다. 그러나 이러한 생각이 자연스럽게 받아들여지게 된 것은 역사가 그리 오래되지 않았습니다.

예를 들어 여러분이 약 100년 전 사회주의 체제의 소련에서 태어났다면, 삶의 모습이 어땠을까요? 소련은 최초의 사회주의 국가로 유럽 동부와 아시아 북부에 걸쳐 있었던 연방 공화국입니다. 이런 소련에서 사람들은 국가에서 정해 주는 직업을 가져야 했습니다. 물건의 품목이나 가격도 국가에서 정했습니다. 이후 1991년 소련이 해체되면서 이와 같은 **사회주의 계획경제 체제**도 큰 전환점을 맞게 되었습니다. 점차 지금과 같은 **자본주의 시장경제 체제**로 이행하게 된 것이죠.

다시 말해 지금 우리가 경험하는 자본주의는 역사적인 변화의 산물이지 처음부터 현재의 모습으로 주어지거나 결정된 것이 아닙니다. 앞으로도 계속해서 수정되고 또 개선되어 나갈 '사회적인 약속'입니다.

그렇다면 대부분의 현대 국가에서 채택하고 있는 **자본주의 시장경제 체제**는 어떻게 해서 지금과 같은 모습을 가지게 되었을까요? 너무 많이 거슬러 올라가면 이야기의 끝이 없을 것이니, 우리의 시계를 약 500년 전, 16세기 유럽으로 돌려 보겠습니다.

상업 자본주의(16~17세기): 금과 은을 축적하라

15세기까지만 하더라도 유럽인들은 드넓은 바다를 제대로 이용하지 못했습니다. 대부분 육로를 통해 아프리카, 중동, 아시아와 교역을 했죠. 이후 대항해 시대를 거치며 유럽에는 식민지로부터 엄청난 양의 상품과 금, 은 등의 귀금속이 유입되게 됩니다. 곧 이러한 이득을 가져다 주게 된 상업과 무역이 경제 활동의 중심으로 자리 잡게 되었습니다. 이 시기 즉 16~17세기는 절대왕정 시대로, 프랑스의 태양왕 루이 14세(1638 ~1715)와 같이 절대 권력을 지닌 왕이 강력한 통치를 자랑

태양왕 루이 14세.

하던 시대였습니다. 각국의 절대왕정은 국부(나라의 부)를 축적하기 위해 당시 경제 활동의 핵심이었던 상업과 무역에 매달리게 됩니다.

당시 사람들은 경제에 대한 이해가 아주 낮은 수준이었기 때문에, 경제 활동을 일종의 제로섬 게임으로 인식하고 있었습니다. 제로섬은 사회 전체의 이익은 일정하기 때문에 한쪽이 이익을 보면 반드시 다른 한쪽은 손해를 봐서, 결국 이익의 전체 합이 제로(0)가 된다는 뜻입니다. 따라서 최대한 다른 나라로 수출은 많이 하고(그래서 많은 돈을 벌어들이고), 다른 나라로부터의 수입은 적게 하는(즉 나가는 돈은 적게 하여) 것이 가장 바람직하다고 믿었습니다. 당시는 금과 은을 화폐로 사용하였기 때문에, 그와 같은 방식으로 많은 돈을 번다는 것은 결국 나라에 금과 은이 많이 쌓이게 되는 것을 의미했습니다. 결과적으로 이러한 금과 은의 축적을 바로 국부의 증대라고 믿었던 것입니다. (이후에 잘못된 것으로 밝혀지게 되는) 경제에 대한 이와 같은 이해와 이를 국가적인 경제 정책으로 옮긴 것을 총칭하여 '중상주의'라고 부릅니다.

이처럼 중상주의적인 경제 정책이 주된 경제사상으로 등장하게 된 시기 또는 이 시기의 자본주의를 '상업 자본주의'라고 하며, 이 시기를 학자들은 자본주의의 태동기로 보고 있습니다. 상업 자본주의라는 말은 재화나 서비스를 만들어 내는 생산 활동과 직접적으로 관련이 되지 않는 '상업 활동', 즉 교환과 거래를 통해 이윤을 추구하는 경제 활동 및 경제 체제를 의미합니다.

시간이 흐른 이후 18세기에 등장한 애덤 스미스는 나라에 축적된 금과 은의 양이 늘어나는 것을 국부의 증대로 보는 중상주의의 견해를 강하게 비판하며, 국부의 증대란 다름이 아니라 '생산량의 증대' 또는 '생산 능력의 증대'로 보아야 한다고 주장했습니다. 이것은 지금의 우리가 '경제 성장'이라고 부르는 현대적인 개념에 해당합니다. 애덤 스미스의 이러한 (당시로서는) 파격적인 생각을 담고 있는 책이 바로 그 유명한 『국부론』(1776)입니다. 왜 이 책의 제목이 '국부론'인지 알겠나요? 『국부론』은 이후 경제학의 필수 도서로서 많은 이들에게 영감을 주었고, 애덤 스미스는 경제학의 아버지로 불리게 됩니다.

산업 자본주의(18세기): 생산하고, 또 생산하라

자본주의의 태동기인 상업 자본주의를 거치며 각 국가에는 자본의 축적이 상당한 수준으로 진행되었습니다. 이처럼 축적된 상업 자본은 대규모 공장제 기계 공업의 발달을 가능하게 했죠. 자본의 축적과 더불어 이 시기에는 인류 역사에 대단히 중요한 기술적인 혁신이 일어나게 됩니다. 바로 증기기관의 발명으로 상징되는 산업혁명입니다.

산업혁명의 시작은 18세기 영국으로 보는 것이 일반적이며, 이후 100여 년에 걸쳐 유럽 전역으로 확산되었습니다. 산업혁명 시기 등장한 핵심적인 기술 중 하나는 바로 석탄을 활용한 증기기관입니다. 증기기관은 육중한 기차 및 선박의 동력 수단으로 활용되며 교통의 혁신을 이끌어 냈고, 각종 기계와 공장식 기계 공업의 발전을 주도하게 됩니다.

이와 같은 산업혁명을 거치면서 전 세계는 산업(특히 제조업)을

애덤 스미스.

기반으로 많은 이윤을 창출하게 되었습니다. 이처럼 주로 산업에서의 생산을 통해 부가가치가 창출되고 자본이 축적되는 경제 체제 또는 그 시기를 '산업 자본주의'라고 부르게 되었습니다.

18세기 산업혁명을 배경으로 등장한 유명한 학자가 바로 앞서 언급한 바 있는 『국부론』의 저자 애덤 스미스입니다. 이 책에서 애덤 스미스는 다음과 같이 말합니다. "우리가 매일 저녁식사를 할 수 있는 것은 빵집 주인이나 정육점 주인의 착한 마음씨 덕분이 아니다. 그의 이기심 때문이다." 우리는 각자의 이익을 추구하지만, 그것이 다른 사람에게 이득이 된다는 것, 바로 자본주의 시장경제의 마법을 표현한 말입니다.

이것은 오늘날을 살아가는 우리에게 별로 새로운 것은 아닙니다. 하지만 당시에는 달랐을 것입니다. 사회 전체의 이익을 증대시키기 위해 별도로 노력하는 사람이나 제도(즉 정부)가 없더라도 각자의 이익을 추구하다 보면 시장이 자연스레 사회 전체의 이익을 가장 크게 만들어 줄 것이라는 주장은 당시로서는 상당히 신선하게 받아들여졌을 것입니다. 더구나 우리는 다른 사람의 복지 증진을 위해 이타적이거나 금욕적으로 행동하지 않아도 되며, 오히려 자신의 이익을 증대시키기 위해 노력할 때 다른 사람에게 더 큰 이익을 줄 수 있게 된다는 주장 역시 자본주의 시장경제에 대한 굉장한 통찰을 담고 있습니다.

　　　김밥을 만들어 팔아 이윤을 얻으려는 사람은 다른 사람을 위한 이타적인 마음이 아니라 자신의 이익을 크게 하기 위해 최대한 맛있으면서도 저렴한 김밥을 만들기 위해 노력할 것입니다. 이는 결과적으로 김밥을 사 먹는 사람에게 저렴하고 맛있는 김밥이라는 이익을 가져다줍니다. 이 과정에서 정부의 역할은 최소화되고, 시장의 역할이 전면에 부각되게 됩니다.

　　　애덤 스미스는 절대왕정의 강력한 개입을 바탕으로 보호 무역을 펼치려 했던 16, 17세기의 중상주의 사상을 비판하며 새로운 경제사상을 제시했습니다. 이것이 바로 국가와 정부의 역할을 최소화하고 시장의 기능과 역할에 경제를 맡기고자 하는 '자유방임주의'입니다. 자유방임주의는 개인의 경제 활동에 대한 자유는 최대한 보장하고, 국가에 대한 간섭은 최대한 배제하려는 사상입니다. 시장이라는 '보이지 않는 손'에 따라 가장 효율적인 자원의 배분이 이루어진다고 주장합니다. 자유방임주의는 이후 꽤 오랫동안 사람들이 경제를 이해하는 방식에 강력한 영향을 미쳤으며, 지금도 많은 사람들이 따르고 있는 사상입니다.

독점 자본주의(19세기): 거대한 독점 기업의 등장

이제 사람들은 경제 활동을 조직하는 최고의 방식이 바로 시장경제 체제라는 점에 의문을 품지 않게 되었습니다. 정부는 경제 활동에 최대한 간섭하지 않으면서 국방과 치안과 같은 최소한의 역할만 하려고 했습니다. 이렇게 정부가 시장경제에 대해 방임하는 사이, 시장에는 무서운 부작용이 생겨나게 됩니다. 바로 '독점'입니다.

독점은 사전적으로 하나의 기업이 시장 대부분을 차지하는 것을 의미합니다. 하지만 실질적으로는 몇 개의 기업이 독점적인 기업 결합을 형성하는 등의 방식으로 소수의 거대 기업에 생산과 자본이 집중되는 현상을 의미합니다.

19세기 독점 자본주의는 철강왕 앤드류 카네기(Carnegie, A.), 철도왕 코르넬리우스 밴더빌트(Vanderbilt, C.), 석유왕 존 D. 록펠러(Rockefeller, J. D.), 금융왕 J. P. 모건(Morgan, J. P.) 등 자본주의 역사에 이름을 남긴 몇몇 독점 기업가들로 상징됩니다. 이 중에서도 록펠러의 석유 사업은 시장 독점력이 엄청났습니다.

록펠러가 석유 사업에 관심을 가지게 된 것은 미국이 남북전쟁을 거치면서 석유 수요가 급증했기 때문입니다. 록펠러가 1870년 창업한 스탠더드 오일은 빠르게 시장을 확장해 나갔고, 1880년대에는 미

존 D. 록펠러.

국 시장에서 원유 공급의 90%를 차지하게 됩니다. 이 회사는 이와 같은 독점력을 바탕으로 석유 가격을 급격히 인하하였고, 이로 인해 대부분의 경쟁 회사들이 도산하게 됩니다.

이처럼 19세기는 일부 기업들이 시장을 독점하면서 엄청난 독점 이윤을 축적하던 시기로, 이를 '독점 자본주의'라고 부릅니다.

참고로 록펠러의 스탠더드 오일이 추구하던 강력한 독점 이윤은 1890년 미국에서 반독점 규제를 목적으로 '셔먼 반독점법'(약칭 반독점법)이 제정되면서 흔들리게 됩니다. '반(反)독점의 대헌장'으로도 불리는 이 법에 따라 스탠더드 오일은 1911년 34개의 기업으로 분할됩니다. 같은 해에 미국 담배 시장의 90%를 차지하던 아메리칸타바코는 16개

회사로 분할되었고, 1984년에는 미국 통신 업계를 독점한 AT&T가 7개 회사로 쪼개졌습니다. 1980년대 이후에는 IT 기업들의 독점 문제가 심각하게 대두되었고 1980년대의 IBM, 1990년대의 마이크로소프트 등이 반독점법 소송으로 홍역을 치렀습니다. 2024년에는 미국 정부가 스마트폰 시장 독점 혐의로 애플을 고소했습니다. 이 소송 결과가 어떻게 될 것인지에 전 세계의 이목이 집중되고 있습니다.

수정 자본주의(20세기 초): 정부의 개입이 필요해

20세기 초, 전 세계는 인류 역사상 유례없는 전쟁에 돌입하게 됩니다. 바로 제1차 세계 대전입니다. 이 전쟁은 유럽 곳곳에 씻을 수 없는 상처를 남겼지만, 대서양 건너 미국은 이 전쟁으로 직접적인 피해를 입지는 않았습니다. 오히려 유럽 여러 나라에 차관을 제공하며 세계 최대의 채권국 지위에 올라섰고, 군수물자의 생산 및 공급을 바탕으로 높은 경제 성장을 이룩했습니다.

이러한 배경 속에서 전후 미국은 '광란의 1920년대'를 맞이하게 됩니다. 1920년대 미국은 물질적인 풍요 속에서 문화와 예술이 꽃피었고, 초고층 빌딩이 우후죽순 세워졌으며, 사회 전반에는 방탕함과 자신감이 동시에 넘쳐흘렀습니다. 어느덧 고전이 된 스콧 피츠제럴드의 소설 『위대한 개츠비』(1925)는 이처럼 풍요로우면서도 타락한 당시 미국 사회를 잘 묘사하고 있습니다.

주식 시장도 예외가 아니었습니다. 1920년대 초반 다우존스

영화 「위대한 개츠비」(2013) 포스터.

산업 지수는 90 내외에 불과했지만, 1929년 9월에는 무려 380을 넘게 됩니다. 다우존스 산업 지수는 미국의 3대 주가지수 중 하나로 다우존스 회사가 매일 발표하는 뉴욕 주식 시장의 평균 지수입니다. 대표적인 우량 주식 30개를 표본으로 선택해, 이들 주식 가격을 평균하여 구하는 수치로, 미국 시장 전체의 흐름을 알 수 있는 대표적인 지수입니다. 당시 이 지수를 봤을 때 미국의 주식 시장은 절대 무너지지 않을 것만 같았죠.

이처럼 끝을 모르고 달려가던 광란의 1920년대는 1929년 주식 시장의 붕괴와 함께 막을 내리게 됩니다. 1929년 10월 24일 목요일 미국 주식 시장이 폭락하기 시작합니다. 이를 '검은 목요일'이라고 부르는데, 세계 경제 대공황의 서막이었습니다.

이후 미국 경제는 빠르게 얼어붙었습니다. 사람들의 소비 심리가 위축되면서 공장에는 재고가 증가하고 더불어 공급도 감소했습니다. 이는 곧 실업의 증가와 소득의 감소를 의미하는 것이었습니다. 1933년에는 미국의 실업률이 무려 20%를 넘었으며, 국내총생산(GDP)도 20% 넘게 감소했습니다. 미국의 경기 침체는 세계 각국으로 번져 나갔고, 많은 나라가 언제 끝날지 알 수 없는 대공황으로 신음해야 했습니다. 대공황은 경제 혼란 상황을 표현하는 말로, 상품의 생산과 소비의 균형이 깨지고 산업과 금융 상태가 좋지 않아 파산이 여기저기서 속출하는 상황을 말합니다.

이처럼 역사상 유래를 찾을 수 없는 대공황 앞에서 경제학자들은 어떤 해결책을 내놓았을까요? 당시 대부분의 경제학자들은 급격하고도 장기적인 경기 침체를 제대로 설명하지 못했습니다. 시장의 '보이지 않는 손'에 맡겨 두면, 가장 효율적인 자원 배분을 달성할 수 있으리라 믿었습니다. 또 잠깐의 경기 침체나 경기 과열이 있더라도 시장에 맡겨 두면 곧 균형을 찾아갈 수 있으리라 생각했습니다. 그러니 대공황과 같은 이상 현상 앞에서 대부분의 경제학자들은 당황할 수밖에 없었습니다. 정부와 국가는 최소한의 역할만 담당하고 나머지는 시장에 맡겨 두어야 한다는 '자유방임주의'가 더 이상 경제를 타당하게 설명하지도 못하고, 제대로 된 정책을 만들어 내지도 못하게 된 것이지요. 세상은 새로운 이론과 설명을 필요로 했습니다.

　　1936년, 영국의 한 경제학자가 『고용, 이자 및 화폐에 관한 일반이론』이라는 책을 펴냈습니다. 훗날 '거시경제학'이라는 새로운 분야의 기초가 되는 혁명적인 책이었습니다. 이 책의 저자는 바로 존 메이나드 케인스(Keynes, J. M., 1883~1946)였습니다. 그는 지금까지 경제 이론과 경제 체제를 뒷받침하던 '자유방임주의'를 부정하였고, 경제의 효율적인 운영을 위해서는 정부의 적극적인 개입이 필요하다고 보았습니다. 케인스의 이러한 주장은 '케인스 혁명'이라고 불릴 만큼 혁명적이었고, 당시 상황을 설명하기에 매우 설득력이 있었기에 곧 많은 사람의 지지를 얻게 됩니다. 이제 사람들은 시장에 경제를 맡겨 놓는 것은 위험

뉴딜 정책의 일환으로 추진된 본빌 댐.

하며, 정부가 더 많은 역할을 담당해야 한다고 생각하게 되었습니다.

미국은 당시 루스벨트 대통령의 리더십하에서 각종 정부 주도의 지출 사업을 펼치며 대공황을 극복하려 애썼습니다. 바로 '뉴딜 정책'입니다. 테네시강 유역에 거대한 댐을 짓는다거나, 농민이나 근로자들의 임금을 보조해 준다거나 하는 방식으로 정부가 시장에 깊이 관여했습니다.

이처럼 대공황 이후 케인스 혁명을 거치며, 시장경제의 문제를 해결하기 위해 정부가 적극적으로 시장에 개입하게 된 시기, 그리고 이러한 경제 체제를 '수정 자본주의'라고 합니다. 이전까지 자본주의 시장경제의 핵심인 자유방임주의를 '수정'했다는 의미입니다.

신자유주의: 다시 작은 정부로

케인스 혁명 이후 각국은 '큰 정부', 즉 정부가 적극적인 조정자 역할을 수행하는 것을 지향했습니다. 자유방임주의적인 시장경제 체제가 초래한 여러 가지 부작용을 해소하기 위해 정부의 개입은 불가피한 것으로 보였습니다.

하지만 이러한 생각에 균열을 가져오는 사건이 발생하게 됩니다. 바로 오일 쇼크, 즉 석유 파동입니다. 1973년 10월, 이집트와 시리아가 이스라엘을 기습 공격하면서 제4차 중동 전쟁이 발발합니다. 전쟁이 일어난 날이 이스라엘 유대인들의 안식일 중에 하나인 욤 키푸르일(속죄의 날)이어서 '욤 키푸르 전쟁'이라고도 불립니다. 이 전쟁 와중에 석유수출국기구(OPEC)에서는 미국의 이스라엘 지원을 반대하며 석유 생산량 감축에 들어가는데, 이처럼 석유가 정치 무기화하는 과정에서 석유 가격이 급등했습니다. 이것이 1차 석유 파동입니다.

1973년 시작된 석유 파동은 몇 년간 세계 경제를 강타했습니다. 그리고 그 여파가 채 가시기도 전에 2차 석유 파동이 발생합니다. 1978년 이란에서 호메이니가 주도한 이슬람 혁명(또는 이란 혁명)이 발생하는데, 팔라비 왕조가 무너진 이란에서 석유 수출을 중단하면서 석유 가격이 급등하게 된 것입니다.

이처럼 두 차례의 석유 파동을 거치며 전 세계는 물가가 계속 상승하는 인플레이션과 경기 침체(스태그플레이션)로 인해 고통을 겪게 됩니다. 각국 정부는 이러한 인플레이션에 대해 두 가지 방식으로 대응할 수 있었습니다. 첫째, 정부 지출을 증가시킴으로써 경기 침체를 벗어나는 것입니다. 그런데 이러한 방식에는 치명적인 문제가 있습니다. 그렇지 않아도 높은 인플레이션이 더욱 가속화된다는 점입니다. 둘째, 정부 지출을 감소시킴으로써 인플레이션을 낮추는 것입니다. 여기에도 치명적인 문제가 있습니다. 경기 침체가 더욱 가속화된다는 점입니다. 정부는 이와 같은 '고물가 저성장' 상황에서 이러지도 못하고 저러지도 못하는 진퇴양난에 빠지게 되었습니다.

이처럼 대공황 이후 정부의 개입이라는 '수정'을 거치게 된 '수정 자본주의'는 석유 파동을 거치며 큰 위기를 맞이합니다. 정부가 문제를 해결하기 위해 개입하면 할수록 일을 더 어렵게 만들었기 때문입니다. 이제 사람들은 정부의 역할에 의심의 눈초리를 보내게 됩니다. '큰

프리드리히 하이에크.

정부가 정말 효율적인 자원 배분에 도움이 되는 걸까?'

프리드리히 하이에크(Hayek, F., 1899~1992)는 이처럼 큰 정부를 비판하는 데 앞장선 대표적인 경제학자입니다. 시장에 대한 정보는 시장 참여자가 가장 잘 안다는 점에서 정부가 시장에 개입하는 행위는 시장을 왜곡시킬 수밖에 없다고 보았죠.

이처럼 1970년대 이후, 수정 자본주의의 실패를 지적하면서 자유시장과 경제적 방임주의로 돌아갈 것을 주장하는 관점이 크게 지지를 받게 되는데, 이를 '신자유주의'라고 합니다. 신자유주의를 받아들인 대표적인 정치인이 미국의 레이건 대통령과 영국의 대처 총리입니다. 이 두 사람의 신자유주의적인 정책을 일컬어 레이거노믹스, 대처리즘이라고 합니다. 신자유주의는 세계화, 개방화, 자유 무역 등을 뒷받침하는 이론이 되었지만, 지나치게 경쟁을 강조하고 빈부격차를 확대시킨다는 점에서 비판받기도 했습니다.

여러 가지 경제 체제: 시장이냐 정부냐

자본주의는 16세기에 태동한 이래, 지금까지 수많은 변화를 거쳐 왔습니다. 우리가 지금 살고 있는 자본주의 시장경제 체제는 이러한 역사적 변화와 시험의 결과물입니다. 시장경제 체제는 정부의 힘보다 시장의 힘을 더 신뢰하는 체제입니다. 정부는 시장에 대한 개입을 최소화하고, 경제 주체들은 자유롭게 이익을 추구하며 경쟁하는 과정에서 시장의 힘에 의해 자원이 효율적으로 배분된다고 믿는 것입니다. 애덤 스미스가 이야기했던 '보이지 않는 손'은 이러한 시장의 힘, 그중에서도 가격의 힘을 의미합니다.

계획경제 체제는 이러한 시장의 힘을 신뢰하지 않습니다. 정부가 나서서 직접 계획하고 통제하는 것이 바람직한 방법이라고 믿습니다. 시장은 빈부격차를 심화시키는 등 여러 문제를 야기한다고 생각합니다. 그래서 정부는 생산 수단을 소유하고 주요 경제 문제에 대해 직접 결정합니다. 분배의 평등을 중요시하므로 빈부격차를 줄이기 위해 노력합니다.

역사적으로 시장경제 체제와 계획경제 체제는 엎치락뒤치락했습니다. 18세기 자유방임주의 사상이 등장한 이래로 사람들은 시장

블라디미르 레닌(1870~1924)의
공산주의 혁명을 찬양하는 포스터.

이 모든 것을 해결해 주리라 믿었습니다. 그러나 경제적 불평등이 심화되면서 자유방임주의적인 시장경제 체제에 염증을 느끼는 사람들이 늘어나게 되었습니다. 이후 불어닥친 공산주의의 물결은 20세기 초중반 세계 곳곳을 휩쓸었습니다. 공산주의를 받아들인 소련, 중국, 쿠바 등에서 정부 주도하에 강력한 계획경제가 실시되었습니다.

하지만 시장도, 정부도 둘 중 어느 것도 완벽한 것은 없었습니다. 시장경제 체제는 1930년대 세계 경제 대공황을 겪으며 큰 좌절을 맛보아야 했고, 계획경제 체제는 비효율적인 자원 배분이라는 근본적인 한계를 드러내며 역사적으로 실패한 실험이 되고 말았습니다. 결국 대부분의 세계는 시장경제 체제와 계획경제 체제의 장점을 취한 **혼합 경제 체제**로 이행하게 됩니다.

현대 사회에서는 경제 체제를 형성함에 있어 시장과 정부는 상호 보완적인 역할을 담당할 필요가 있다는 것에 대체로 합의가 이루어진 상태입니다. 자유로운 이익의 추구와 경쟁을 허용하는 시장의 장점과, 공정한 경쟁을 보장하고 공공재를 생산하며 규칙과 제도를 유지하는 정부의 기능이 적절히 균형을 이루고 있는 것입니다.

삶은 선택의 연속

우리의 삶은 끊임없는 선택으로 이루어져 있습니다. 어떻게 보면 선택의 총합이 인간의 삶이라고도 볼 수 있습니다. 그러므로 우리 인생에서 합리적으로 선택하는 것은 무엇보다 중요한 일입니다. 그렇다면, 어떻게 해야 합리적으로 선택할 수 있는 것일까요? 경제학에서는 **합리적 선택**을 간단명료하게 정의합니다. 바로 편익에서 비용을 뺀 값이 가장 큰 것을 선택하는 것입니다.

편익은 선택으로부터 얻는 주관적인 만족감의 크기입니다. 예컨대 **소비의 편익**은 어떤 물건을 소비하였을 때 얻게 되는 만족감을 화폐 단위로 나타낸 것입니다. **비용**은 선택에 따라 포기해야 하는 것의 크기입니다. 예컨대 어떤 물건을 소비하기 위해 지불한 화폐는 소비의 비용이 됩니다.

학생: 초콜릿 하나 주세요.

사장님: 500원입니다.

학생: 여기 500원 드릴게요. (비용 +500원)

우리가 비용과 관련하여 유의해야 하는 것은, 진정한 비용이란 바로 '기회비용'이라는 점입니다. 기회비용은 '어떤 선택을 위해 포기해야 하는 것의 가치'로 볼 수 있습니다. 어느 날 친구가 사탕과 초콜릿을 양손에 하나씩 들고 둘 중 하나를 고르라고 합니다. 만약 사탕을 선택했다면, 사탕 선택에 따른 기회비용은 초콜릿이 됩니다.

기회비용은 다시 명시적 비용과 암묵적 비용으로 구분해 볼 수 있습니다. 명시적 비용은 어떤 선택을 위해 명시적으로 지출한 화폐의 가치이며, 암묵적 비용은 그 선택 때문에 포기한 다른 대안의 가치입니다. 예컨대 고등학교 졸업 후 대학 진학과 취업이라는 선택지 가운데 대학 진학을 선택했다면, 대학 입학을 위해 지불해야 하는 입학금과 등록금 등이 명시적 비용이며, 포기한 다른 대안인 '취업'의 가치가 암묵적 비용입니다. 그렇다면 대학 진학의 기회비용은 이 두 비용, 즉 명시적 비용과 암묵적 비용을 합한 것이 됩니다.

경제학에서 이야기하는 합리적 선택이란 바로 편익에서 이 기회비용을 뺀 값(순편익이라고 합니다)이 가장 큰 선택지를 고르는 것입니다.

합리적인 선택을 할 때 기억해야 할 중요한 점 가운데 하나는 '매몰 비용'에 대한 것입니다. 매몰 비용은 이미 지출해 버려서 다시 회수할 수 없는 비용을 말합니다. 우리가 엎질러진 물을 보고 울어 봐야 소용이 없는 것처럼, 회수할 수 없는 비용은 이후의 선택을 할 때 고려 대상에 넣지 않아야 하는 것입니다. 예컨대 10,000원을 주고 영화를 보러 갔다고 해 봅시다. 영화가 너무 재미가 없고 심지어 고통스럽기까지 하다면, 영화표 값이 아까워서 계속 영화를 보는 것은 비합리적인 선택이 될 것입니다. 이미 엎질러진 물이라면, 지나간 것은 지나간 대로 내버려 두어야 합니다.

나에게는 합리적인 선택, 우리에게는 비합리적인 선택

그런데 개인으로서는 합리적인 선택이 공동체 전체의 차원에서는 이익이 아닌 손해가 되는 선택이 될 수도 있습니다. 개개인이 합리적인 선택을 한다고 하여 그 선택의 총합이 공동체에도 가장 이익이 되는 합리적 선택이 되리라는 보장이 없기 때문입니다. 이른바 '구성의 오류'가 발생하게 되는 것입니다.

TIP!

구성의 오류

사회학에서 출발한 개념으로, 개별적인 것의 합이 전체와 같지 않음을 의미합니다. 우리 사회는 사회 구성원 개인의 총합 이상의 것입니다. 제도와 윤리, 문화 그리고 개인 사이의 상호 관계 등은 개별적인 것의 합만으로 파악할 수 없는 것입니다.

예컨대 개인이 미래의 소비를 위해 현재의 소비를 줄이고 저축을 늘리는 것은 합리적인 행위입니다. 하지만 국가 경제의 모든 경제 주체가 소비를 줄이고 저축을 늘린다면, 총수요가 줄어들어 경기는 침체에 빠지게 됩니다. 이를 '절약의 역설'이라고 합니다.

　　나에게는 합리적인 선택이지만 공동체에는 비합리적인 선택
이 되는 또 다른 사례로 공유지의 비극을 들 수 있습니다. 이 개념은 생
태학자 개릿 하딘(Hardin, G., 1915~2003)이 1968년 자신의 논문에서 처음
제시한 것으로, 개인들이 자신의 이익을 극대화하기 위해 공유 자원을
과도하게 사용함으로써 결국 그 자원이 고갈되거나 파괴되는 현상을
설명하는 말입니다. 예컨대 목축업자들이 공통으로 사용하는 목초지가
있다고 가정할 때, 각 목축업자는 자신의 소를 최대한 많이 풀어놓음으
로써 이익을 얻으려고 할 것입니다. 그러나 목초지에는 한계가 있기 때
문에 이처럼 과도하게 이용하면 황폐화되어 결국에는 누구도 목초지를
이용할 수 없게 됩니다.

　　누구나 이용할 수 있는 물이나 공기 등에 대해서도 공유지의

사막화되어 가는 사헬 지역의 모습. 사막화는 과도한 가축 방목에 따른 공유지의 비극을 잘 보여 준다.

비극과 같은 현상이 발생할 수 있습니다. 최근 미국의 콜로라도강에서는 강 하류에 도달하는 물이 거의 없어지는 사태가 발생했습니다. 그동안 이 강물이 농업, 산업, 도시의 물 공급원 등으로 과도하게 사용되었고, 급기야는 가뭄까지 겹친 데 따른 결과입니다. 중국이나 인도의 주요 도시에서는 과도한 석탄 연료 사용과 산업 활동으로 심각한 대기 오염이 발생해 주민들의 건강과 생태계가 위협받고 있습니다. 각 개인은 합리적 선택이라는 명목하에 자신의 이익을 극대화하려 했지만, 그 선택의 결과가 공동체 전체의 피해로 돌아온 것입니다.

시장이 실패하는 이유

공유지의 비극은 시장이 스스로의 힘만으로는 실패할 수밖에 없음을 잘 보여 주는 사례입니다. 정부의 개입이 없는 자유로운 시장경제하에서 가장 효율적인 자원 배분에 성공할 것이라 믿었지만, 결국에는 실패하고 마는 것입니다. 이러한 시장 실패의 원인으로 대표적인 것이 외부 효과, 공공재, 독과점 등입니다.

외부 효과 또는 외부성은 경제 주체의 경제 활동이 제3자에게 영향을 미침에도 불구하고 그에 대한 대가를 지불하지 않는 현상을 의미합니다. 공유지의 비극 사례에서도 외부 효과를 찾아볼 수 있습니다. 자신의 행동이 다른 사람들에게 피해를 발생시킴에도 불구하고 그에 대한 대가를 치르지 않는 상황에서, 개인이 자신의 이익만을 극대화하려다 보니 공유지가 황폐해지고 대기 오염과 수질 오염은 점점 더 심각해지게 되는 것입니다.

　　이러한 문제를 해결하기 위해서는 외부 효과를 '내부화'하는 과정이 필요합니다. 예컨대 공유 자원인 목초지에 사유재산권을 부여하여 시장에서 거래할 수 있게 한다면, 모두가 자신의 목초지를 윤택하게 유지하기 위해 노력하게 될 것입니다. 정부가 오염 물질을 배출하는 사람에게 교정적인 목적의 세금이나 과태료를 부과함으로써 해당 행위를 감소시킬 수도 있습니다. 이러한 세금을 경제학자 아서 세실 피구(Pigou, A. C., 1877~1959)의 이름을 따서 '피구세'라고 합니다.

　　공공재는 다수의 사람이 공동으로 소비할 수 있는 재화나 서비스를 말합니다. 국방이나 치안 서비스가 대표적입니다. 공공재는 다른 사람이 소비하더라도 내가 소비함에 있어 문제가 없고(비경합성), 내가 돈을 내지 않더라도 얼마든지 소비할 수 있다는(비배제성) 특징이 있습니다. 이러한 공공재의 특성 때문에, 공공재 생산을 시장에 맡겨 두면 누구도 생산하려 들지 않는 문제가 발생합니다. 혹시나 누군가 공공재를 생산한다고 할지라도, 사람들은 돈을 내지 않고 공공재를 누리려고만 할 것입니다. 이를 무임승차의 문제라고도 합니다.

　　공들여 생산을 했는데 소비자들이 무임승차만 하려 든다면, 그리고 이들로부터 한 푼도 받지 못한다면, 구태여 그러한 공공재를 생산하려 들 사람이 있을까요? 시장은 이처럼 안정적인 경제 생활에 반드시 필요한 공공재를 생산해 내는 것에 실패할 수밖에 없습니다. 따라서 공공재의 생산은 정부가 담당하게 됩니다. 정부가 국민으로부터 걷은 세금을 이용하여 국방이나 치안 서비스와 같은 공공재를 제공하는 것입니다.

　　시장에 상품을 공급하는 기업이 단 하나만 있는 경우를 독점
이라고 합니다. 한편 하나의 기업이 아닌 몇몇 기업이 해당 시장을 나누
어 점유하는 경우는 과점이라고 합니다.

　　독점 또는 과점은 시장경제 체제의 특징이자 장점인 자유로운
경쟁을 저해함으로써 시장의 실패를 가져오게 합니다. 독점이 발생하
게 되면 해당 기업은 독점 이윤을 누리게 되며, 다른 경쟁 기업의 시장
진입을 막아 사회 전체의 건강성을 떨어뜨리게 됩니다.

　　이와 관련해서는 1990년대 마이크로소프트의 반독점 소송
이 유명합니다. 당시 마이크로소프트는 운영 체제(OS) 시장에서의 압도
적인 점유율을 바탕으로, 자사 브라우저인 '인터넷 익스플로러'를 윈도
우 운영 체제에 기본으로 탑재했습니다. 이러한 기본 설정은 소비자들
로부터 인터넷 브라우저를 선택할 수 있는 기회를 박탈하는 결과를 가
져왔고, 경쟁 회사들은 시장 점유율을 빠르게 잃어 갔습니다. 미국 법
무부는 마이크로소프트를 독점적 지위를 남용했다는 혐의로 기소했고,
법원 역시 마이크로소프트가 반독점법을 위반했다고 판결했습니다. 이
처럼 독점은 시장경제의 건전한 운영을 위협하는 것으로, 많은 국가에

서 심각한 위법 행위로 규정하여 규제하고 있습니다.

성장하고 발전하되, 지속가능하게

개개인의 선택을 신뢰하는 시장경제가 여러 이유로 실패할 수도 있다는 사실은 우리에게 시장의 기능에 무작정 자원의 배분을 맡겨 두어서는 안 된다는 교훈을 안겨 줍니다. 또한 시장경제가 추구하는 사적 이익과 경제적인 효율성만을 추구하다 보면 빈부격차, 환경오염과 같은 문제가 발생하게 됩니다. 이러한 문제를 해결하기 위해 등장한 개념이 바로 '지속가능한 발전'입니다.

지속가능한 발전이란 현재 세대의 필요를 충족시키면서도 미래 세대가 그들의 필요를 충족시킬 수 있는 능력을 저해하지 않는 방식으로 발전하는 것을 의미합니다. 쉽게 말해 미래의 세대에도 지속이 가능할 수 있도록 유의하면서 경제 발전을 이루어야 한다는 것입니다. 그러기 위해서는 경제 발전과 더불어 환경 보호와 사회적 형평성 등을 함께 고려해야 합니다. 그렇다면 지속가능한 발전을 위해 각 경제 주체별로 어떤 일을 할 수 있을까요?

공정한 심판: 정부

먼저 정부는 공정한 심판의 역할을 담당합니다. 시장경제는 기본적으로 경제 주체의 자유로운 경제 활동을 보장하지만, 그 바탕이 되는 제도와 규칙을 마련하는 것은 정부가 해야 할 일입니다. 공정한 제도와

시장이 스스로 생산해 내기 어려운 국방과 치안 등의 공공 서비스는 정부의 몫이다.

규칙을 마련하고, 경제 주체들이 자신의 역량을 마음껏 펼칠 수 있는 바탕을 마련하는 것입니다.

특히 독과점 문제를 해결하기 위해서는 정부의 적극적인 개입이 필요합니다. 독과점이 시장에서의 건전한 경쟁에 미치는 해악은 매우 크기 때문입니다. 정부는 시장이 공정한 경쟁의 장이 될 수 있도록 노력합니다. 예를 들어 공정거래위원회는 이러한 역할을 전문적으로 담당하는 정부 기관입니다. 독점 또는 과점 기업이 시장 질서를 해치는 사례가 없는지 단속하고, 유사한 일이 재발하지 않도록 제도를 정비합니다.

정부는 공공재를 생산하는 역할도 담당합니다. 국방, 치안 등의 공공 서비스는 시장이 스스로 생산해 낼 수 없습니다. 공원, 가로등, 도서관과 같은 공공시설 역시 시장이 생산해 내길 기대하기 어렵습니다. 정부는 이러한 공공재와 공공 서비스 제공을 통해 국민이 안전하고 풍요로운 삶을 누릴 수 있도록 터전을 마련하는 역할을 담당합니다.

또한 지속가능한 발전을 위해 정부는 다양한 경제적 유인을 제공할 수 있습니다. **경제적 유인**이라는 것은 경제적으로 이로운 행동을 하도록 부추기는 정책을 펼치는 것입니다. 친환경적인 제품을 만드는 기업에 보조금을 지급한다거나, 사회적 책임을 다하는 기업에 대해 세금 혜택을 제공할 수도 있습니다. 반대로 지속가능한 발전에 위해가 되는 기업이나 행위에 대해서는 직접적인 규제를 할 수도 있고, 정부가 주도하여 지속가능성이 높은 산업을 육성할 수도 있습니다.

지속가능한 발전을 위해서는 공교육, 공공의료, 사회복지 등의 분야에서도 정부가 적극적인 역할을 다해야 합니다. 이러한 측면은 경제와 직접 관련이 없는 것처럼 보일지 모르지만, 이는 지속가능한 경제 성장과 발전의 근간을 이루는 요소들입니다. 교육의 수준이 높아지고, 국민의 건강 수준이 개선되며, 충분한 사회복지가 제공될 때에야 건전한 경제 성장과 지속가능한 발전이 가능하기 때문입니다.

창조적 파괴: 기업가 정신

기업은 '이윤의 극대화'를 목적으로 합니다. 기업이 자신의 이윤을 높이기 위해 다양한 방안을 모색하는 것은 너무나도 당연한 일입니다. 이를 위해 필요한 것이 **기업가 정신**입니다. 불확실성과 위험을 감수하면서 혁신적인 아이디어를 통해 새로운 가치를 창출하기 위해 노력하는 것을 말합니다. 기업가 정신과 관련해서는 경제학자 조지프 슘페터(Schumpeter, J. A., 1883~1950)를 빼놓을 수 없죠.

슘페터는 새로운 생산 방법과 상품 개발과 같은 기술 혁신을 통해 창조적 파괴에 앞장서는 기업가의 역할을 높게 평가했습니다. 이윤이라는 것은 혁신에서 발생하고, 기업가는 혁신 즉 '창조적 파괴' 행위를 통해 생산 요소를 새롭게 결합함으로써 이윤을 얻을 수 있다는 것입니다. 낡은 것은 파괴하고 도태시키고, 새로운 것을 창조하고 변혁을 일으키는 창조적 파괴가 중요하다는 슘페터의 주장이 100년도 넘었지만 오늘날까지도 기업가들에게 중요한 영감을 주고 있습니다.

"늘 갈망하고, 우직하게 나아가라."

창조적 파괴와 같은 기업가 정신을 대표하는 현대 기업가로 스티브 잡스 (Jobs, S.)를 꼽을 수 있습니다. 21세기 세계 최대 기업으로 성장한 애플을 창업한 잡스는 창의적이고 혁신적인, 그리고 전 세계 사람들로부터 사랑받는 많은 제품을 만들어 냈습니다. 스티브 잡스가 스탠퍼드 대학교 졸업식 축사에서 인용한 다음 문구는 창조와 혁신을 향한 그의 집념을 잘 보여 줍니다.

"Stay hungry, Stay foolish.(늘 갈망하고, 우직하게 나아가라)."

'나'의 이익에서 '우리'의 이익으로

최근 지속가능한 발전을 위한 기업의 사회적 책임에 대한 요구가 점차 높아지고 있습니다. 기업의 사회적 책임이란 기업이 기업 활동의 영향을 받는 사람들에 대해 법적·경제적·윤리적 책임을 지고, 중장기적인 시각에서 기업의 가치를 제고할 수 있도록 추진하는 것을 말합니다. 기업이 자신의 이익에만 집중할 것이 아니라, 소비자, 노동자, 사회 복지, 환경과 자원 보호 등에 이르기까지 다양한 사람들의 이익도 충족시켜야 한다는 것입니다. 이제 기업의 사회적 책임은 기업의 성과를 평가하는 새로운 글로벌 기준이 되어 가고 있습니다.

이러한 기업의 사회적 책임을 실천하는 대표적인 기업으로 파타고니아가 있습니다. 의류 회사인 파타고니아는 환경 보호와 지속가능성을 핵심적인 경영 전략으로 삼고 있습니다. 제품을 만들 때 유기농 면, 재활용 폴리에스터, 동물 복지 기준을 준수한 소재를 사용하며, 생산 공장에서 근로자의 권리를 보호하고 공정한 임금을 제공하여 공정 무역 인증을 받았습니다. 특히 책임 있는 소비를 촉진하기 위한 마케팅인 "Worn Wear(수선해서 입기)", "Don't buy this jacket(이 옷 사지 마세

파타고니아의 캠페인. "이 옷 사지 마세요."

톰스의 캠페인. "한 켤레 사고, 한 켤레 기부"

요)" 캠페인 등은 사회적 책임을 다하기 위한 파타고니아의 노력을 잘 보여 주는 대목입니다.

한편 신발을 만들어 파는 톰스라는 기업은 독특한 판매 구조를 가지고 있습니다. 한 켤레의 신발을 팔면, 한 켤레의 신발을 필요한 지역에 기부하는 방식입니다. 이 "One for One(일대일)" 캠페인은 톰스의 핵심 가치 중 하나로, 제품 판매와 기부를 직접적으로 연결시킨 혁신적인 방법입니다.

노동자의 권리와 책임을 함께

노동자는 기업에 노동력을 제공하고 임금을 받습니다. 생산 과정에서 핵심적인 역할을 담당하는 주체입니다. 하지만 노동자는 기업에 비해 상대적으로 취약한 사회적 위치를 가지고 있기 때문에, 나라에서는 법과 제도를 통해 노동자의 권리를 보호하고 있습니다. 노동권을 규정하고 있는 헌법이나 최저임금제 등이 대표적인 사례라고 할 수 있습니다.

노동권 또는 노동삼권은 단결권, 단체교섭권, 단체행동권으로 나누어 살펴볼 수 있습니다. 단결권은 노동조합을 결성할 수 있는 권리를, 단체교섭권은 노동조합이 근로 조건에 관해 기업과 교섭할 수 있는 권리를, 단체행동권은 교섭이 원활하게 이루어지지 않을 때 파업 등을 할 수 있는 권리를 말합니다. 노동자는 자신의 권리가 무엇인지 잘 알고 이를 보장받기 위해 스스로 노력해야 합니다. 법은 권리 위에 잠자는 자를 보호하지 않기 때문입니다.

한편 노동자들도 사회적인 책임을 다할 필요가 있습니다. 노동자는 기업의 구성원으로서 협력적인 노동 환경을 구성하거나, 창의적인 아이디어를 제공하거나, 효율적인 업무 방식을 제안하는 등 보다 적극적인 역할을 수행할 수 있습니다. 주어진 노동만 수동적으로 하기보다, 지속가능한 발전을 위한 노동자의 역할이 무엇인지 고민해 나가야 합니다.

난 아무것이나 사서 쓰지 않아: 윤리적 소비

오늘날 소비자들은 그저 기업이 만들어 파는 물건을 사서 쓰는 존재에 머물지 않습니다. 윤리적인 소비자는 상품이나 서비스를 구매할 때, 원재료로부터 생산과 유통, 최종 제품 소비에 이르기까지 모든 과정에 관심을 가집니다. 동물이나 환경에 해를 끼치는 상품은 아닌지, 환경이나 지역사회에 도움이 되는 제품인지, 공정무역을 통해 만들어진 제품인지 등을 고려한 소비를 합니다.

윤리적 소비는 일상에서 쉽게 실천할 수 있습니다. 일회용 플

라스틱을 사용하지 않은 다회용 제품을 선택하거나, 사회적 기업의 상
품 구매를 우선적으로 고려하거나, 비윤리적인 기업의 제품을 적극적
으로 불매할 수도 있습니다.

윤리적 소비를 하고 싶다면?

윤리적 소비를 위해 몇 가지 정보를 활용할 수 있는데, 그중에서 인증 여
부를 확인하는 것은 쉬우면서도 확실한 방법일 수 있습니다. 동물실험을
하지 않았음을 보여 주는 크루얼티 프리(cruelty-free) 인증, 학대를 최
소화한 달걀에 부여되는 케이지 프리(cage-
free) 인증, 생산자에게 공정한 대가가 지급되었
는지를 알 수 있는 공정무역(fair trade) 인증, 화
학 비료나 유전자 변형 기술(GMO)을 사용하지
않았다는 친환경 · 유기농 인증, 에너지 효율이
높은 가전 제품에 부여하는 에너지스타, 근로 조
건에 대한 인증인 SA8000 등이 대표적입니다.

동물실험을 하지 않았음을
인증하는 크루얼티 프리 마크.

'금융'이 주식이나 채권 같은 건가요?

금융이라는 말을 들으면 사람들은 대체로 은행 예금이나 적금, 또는 주식이나 채권 등을 떠올립니다. 왜 그럴까요? 금융은 '자금의 융통'을 줄인 말입니다. 즉 자금이 풍부한 곳으로부터 필요한 곳으로 흘러 들어가는 과정 모두를 금융(金融, finance)이라고 합니다. 주식이나 채권은 자금을 융통하는 대표적인 방법입니다. 그러니 우리가 '금융'이라고 하면 이 두 가지를 떠올리는 것은 자연스러운 일이라 하겠습니다.

채권: 돈을 빌려주었다는 증표

먼저 채권입니다. A라는 사람이 B라는 사람으로부터 돈을 빌리는 경우를 생각해 볼까요?

B는 A에게 돈을 빌려줄 생각은 있지만, 혹시라도 돈을 빌려간 A가 나중에 모른 척할 것을 대비하여 차용증을 쓰자고 이야기합니다. 차용증은 남의 돈이나 물건을 빌린 것을 증명해 주는 문서입니다. 돈이 필요한 A는 흔쾌히 차용증을 씁니다. 얼마를 빌렸는지(원금), 언제까지 갚을 것인지(만기), 갚을 때 이자는 얼마나 줄 것인지(금리) 등을 적습니

다. 이제 A는 작성한 차용증을 B에게 건네고, B는 A에게 100만 원을 빌려줍니다.

채권(債券, Bond)이란 바로 이와 같은 차용증을 표준화하여 시장에서 거래할 수 있도록 만든 것입니다. 채권을 발행한 사람은 돈이 필요해서 자금을 빌리는 사람, 즉 채무자가 되는 것이고, 채권을 사는 사람은 돈을 빌려주는 사람, 즉 채권자가 됩니다(반대가 아니에요!). 정부와 기업의 대규모 자금 조달이 이루어지는 채권 시장은 가장 대표적인 금융 시장 중 하나입니다. 정부가 돈을 빌리기 위해 발행하는 채권이 국채, 기업이 발행하는 채권이 회사채입니다.

혹시 여러분이 국채나 회사채를 시장에서 매입하였다면, 해당 국가나 회사에 돈을 빌려준 것입니다. 그리고 그 대가로 정해진 이자를 받을 수 있을 것이며, 만기에는 원금을 돌려받게 될 것입니다. 이처럼 채권을 매입한다는 것은 상대방에게 돈을 '빌려주는 것'이 되기 때문에, 채권자 입장에서는 채무자의 신용이 신경 쓰일 수밖에 없습니다. 갚을 능력이 있는지 따져 보는 것입니다. 따라서 신용 등급이 낮은 국가나 회사가 발행하는 채권은 높은 이자를 제시합니다. 그만큼 빚을 못 갚을 수도 있는 위험성이 높다고 판단하기 때문입니다. 반면 신용 등급이 높은 국가나 회사의 채권은 상대적으로 낮은 이자를 제시합니다.

지구상에서 가장 안전한 채권 가운데 하나는 미국 정부가 발행한 채권, 즉 미 국채입니다. 이 채권을 가지고 있는 사람은 빌려준 돈을 돌려받지 못하는 상황(채무 불이행, default)을 별로 걱정하지 않겠지만, 대신 금리는 상대적으로 아주 낮은 편입니다. 반면 신용이 낮은 회사가 발행한 높은 이자의 채권도 있을 것입니다. 이를 흔히 정크 본드라고 하는데, 금리는 높은 편이겠지만 돈을 떼일 위험도 덩달아 높습니다. 신용 등급이 낮은 채권을 매입할 때에는 보다 더 신중해야 합니다.

주식: 회사의 주인임을 보여 주는 증표

그런데 A라는 사람이 B라는 사람으로부터 돈을 빌리지 않고도 자금을 마련하는 방법이 있습니다. '주식'을 발행하는 것입니다.

A는 B에게 자신의 사업에 대해 설명하면서, 100만 원을 투자할 것을 권유합니다. 이익이 나면 배당금을 나누어 줄 것이라고도 이야기합니다. B는 A의 사업에 장래성이 있어 보여서 그렇게 하기로 합니다. 이제 A는 100만 원만큼의 주식을 발행하여 B에게 넘깁니다. B는 주식을 사면서 100만 원을 A에게 건넵니다. 이제 B는 A 회사에 투자하여 100만 원만큼의 지분을 획득한 주주가 되었습니다. 쉽게 말해 B는 주식을 사면서 이 회사의 주인이 된 것이고, 그것을 보여 주는 증표가 바로 '주식'인 것입니다.

주식(株式, stock)을 가진 사람은 회사의 주주가 된 만큼 경영에 참여할 권리가 있고, 이익이 나면 배당금을 요구할 권리도 있습니다. 하지만 주식에는 채권과 달리 만기가 없고, 돈을 빌려준 것도 아니기 때문에 채권-채무 관계는 성립하지 않습니다. 이러한 주식은 시장에서 활발히 거래되면서 가격에도 급격한 변동이 발생하게 됩니다. 이 과정에서 주식의 가치가 100만 원에서 0원으로 떨어질 수도 있습니다. 그러나

주주는 채권자의 지위를 가지는 것이 아니므로, 원금을 다시 돌려달라고 할 수 없습니다. 주식 투자가 위험하다고 하는 대표적인 이유입니다. 하지만 내가 투자한 회사가 크게 성공한다면, 주식의 가치가 100만 원에서 1000만 원으로 뛰어오르는 것도 얼마든지 가능합니다.

주식 투자를 통해 얻을 수 있는 이익은 크게 2가지입니다. 회사의 이익을 분배해 주는 배당금, 그리고 주식 자체의 가격이 오르는 시세 차익입니다. 채권을 매입할 때 중요했던 것이 금리와 신용 등급이었다면, 주식을 매입할 때 중요한 것은 회사가 얼마나 많은 이익을 올리고 있는지, 그리고 앞으로 회사가 얼마나 성장할 것인지입니다.

이러한 주식이 거래되는 주식 시장은 채권 시장과 함께 기업이 자금을 융통하는 대표적인 금융 시장 가운데 하나입니다.

은행 예금: 가장 안전한 금융 상품

은행은 자금의 융통을 담당하는 가장 오래되고 가장 대표적인 금융 기관입니다. 예컨대 여윳돈이 생긴 사람들이 은행에 예금을 했다고 합시다. 은행은 이러한 예금을 모아 자금을 형성하고, 그 일부를 자금이 필요한 사람들에게 대출을 해 줍니다. 은행이 자금의 융통을 담당하는 금융 기관이라고 할 수 있는 이유입니다. 은행에서 취급하는 '예금'이나 '적금' 등은 금융 상품의 가장 대표적인 사례입니다.

은행 예금은 「예금자 보호법」에 따라 보호되고 있기 때문에, 대단히 안전한 금융 상품이라고 할 수 있습니다. 내가 예금 또는 적금을 든 은행이 망하는 일이 발생하더라도, 1인당 1억 원까지 정부에서 보호해 주기 때문에 안심하고 돈을 맡길 수 있습니다.

내 자산을 지키는 3가지 원칙

예금·주식·채권과 같은 금융 상품, 토지·건물·기계와 같이 구체적인 형체가 있는 실물 자산 등 경제적 가치를 가지는 재산을 '자산'이라고 합니다.

우리가 힘들여 마련한 자산은 공들여 관리하지 않으면 언제든 사라질 수 있습니다. 잘 알지 못하는 금융 상품에 투자하거나, 변화하는 시대 흐름을 놓치거나, 노후 대비를 제때 하지 못하는 등 자산 관리에 실패한다면 우리의 삶은 큰 곤란에 직면하게 될 수도 있습니다. 그렇다면 자산을 잘 관리하려면 어떻게 해야 할까요? 다음의 세 가지 원칙을 기억할 필요가 있습니다.

유동성: 자산의 현금화 가능성

유동성은 자산을 쉽게 현금화할 수 있는 가능성, 즉 환금성을 의미합니다. 자신이 보유한 자산이 어느 정도의 유동성을 가지는지, 자산의 유동성을 어느 정도 수준에서 유지할 것인지는 자산 관리의 중요한 측면입니다.

요즘 미술품 시장에 대한 사람들의 관심이 점차 높아지고 있습니다. 미술 작품은 그 자체로 예술적인 가치를 지니지만, 동시에 경제적인 가치도 가져 높은 가격에 거래되는 '상품'이기도 합니다. 따라서

미술품 경매 현장 모습.

고가의 미술품은 '자산'으로서의 성격도 가집니다. 그런데 **자산으로서 미술품**은 유동성의 측면에서 그리 좋은 점수를 받을 수 없습니다. 미술 작품을 현금화하는 데에는 상당한 시간이 소요될 것이기 때문입니다. 대체로 미술품은 경매 시장에서 거래되는데, 경매 시장에 작품을 내어 놓고, 경매가 이루어지고, 판매한 금액을 전달받고 하는 과정은 짧은 시간에 이루어지기 어려운 과정입니다.

'현금화 가능성'을 의미하는 유동성이 가장 큰 것은 당연히 **현금**이겠죠? 그래서 현금을 그냥 '유동성(fluidity)'이라고 부르기도 합니다. 유동성이 풍부하다는 것은 돈, 특히 현금이 풍부하다는 의미가 됩니다. 부동산, 주식, 채권, 금 등 다양한 자산들 중에 어떤 것이 유동성이 높을지 평가해 보는 것도 재미있을 것입니다. 항상 성립하는 것은 아니지만, 일반적으로 부동산과 같은 실물 자산의 유동성은 주식과 같은 금융 자산에 비해 떨어지는 것으로 평가됩니다.

안전성: 자산 가치가 유지될 가능성

힘들게 모은 돈을 잘못된 투자 선택으로 모두 날려 버린다면? 이런 일은 상상하고 싶지도 않을 것입니다. 그런 악몽 같은 상황을 맞지 않으려면 내가 투자하려고 하는 상품의 안전성을 잘 살펴보아야 합니다. 안전성은 금융 자산에 손실이 발생하지 않고 그 가치가 유지될 수 있는 정도를 의미합니다.

예금자 보호 제도를 통해 보호받는 예금은 상당히 안전성이 높은 금융 상품이라고 할 수 있겠죠? 하지만 언제든지 원금 손실 가능성이 있는 주식은 그에 비해 안전성이 낮은 상품일 것입니다. 국채나 회사채 중 신용 등급이 높은 경우 등은 상대적으로 안전성이 높은 반면, 신용 등급이 낮은 국가나 기업의 채권은 상대적으로 안전성이 낮을 것입니다.

요즘 투자자들의 큰 관심을 받고 있는 가상자산의 경우 변동성이 매우 큽니다. 이런 경우 단기간에 큰 이익을 얻을 가능성이 있는 반면, 투자 원금에도 그만큼 큰 손실이 발생할 가능성도 매우 높습니다. 안전성 측면에서는 매우 낮은 점수를 받을 수밖에 없습니다.

수익성: 이익을 기대할 수 있는 정도

예금을 보유한 사람은 이자 수익을 기대할 수 있고, 주식을 보유한 사

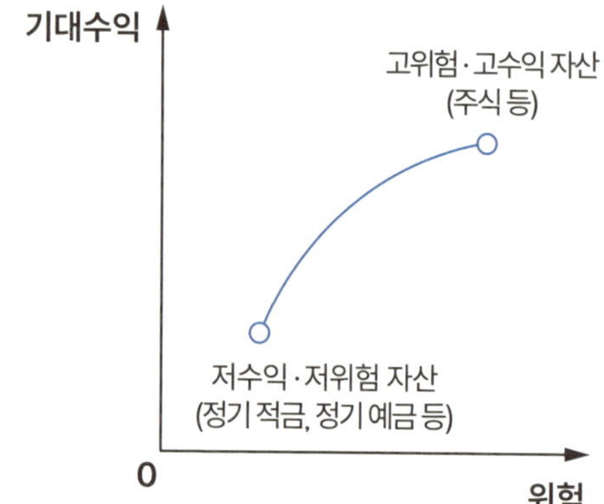

람은 배당과 시세 차익을 기대할 수 있으며, 채권을 보유한 사람은 이자와 시세 차익을 모두 기대할 수 있습니다. 이처럼 금융 상품을 통해 이익을 기대할 수 있는 정도를 수익성이라고 합니다.

일반적으로 예금보다는 주식이나 채권의 수익성이 높다고 이야기할 수 있습니다. 다만 수익성이 높은 상품은 그만큼 안전성이 낮을 수 있습니다["고위험, 고수익(High Risk, High Return)"]. 예컨대 정크 본드는 위험도가 높지만 그에 상응하는 높은 이자율을 인센티브로 제공합니다. 반대로 안정성이 높은 예금은 상대적으로 이자율이 낮습니다.

꼭, 알아야 할 금융 지표

이제 금융 상품의 종류도 알았고, 자산을 관리하는 원칙도 알았으니, 합리적인 금융 의사 결정을 위한 모든 준비를 갖추게 되었을까요? 아직 한 가지가 남아 있습니다. 우리를 둘러싼 경제와 금융 환경의 변화

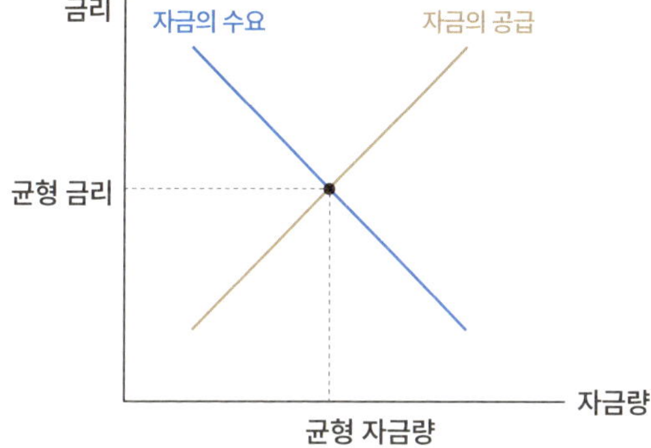

자금 시장 _ 자금에 대한 수요와 공급이 균형을 이루는 곳에서 금리가 결정된다.

에 대해 이해할 필요가 있습니다. 금리, 환율, 인플레이션이 우리가 알아야 하는 대표적인 금융 지표입니다.

금리: 돈의 가격

흔히 이자율이라고 부르는 금리는 바로 '돈의 가격'입니다. 돈에도 가격이 있냐고요? 물론입니다. 그럼 돈의 가격은 어디에서 결정이 될까요? 시장경제 체제에서 모든 가격은 시장에서 결정됩니다. 돈의 가격 역시 돈을 빌리고 빌려주는 시장, 바로 자금 시장에서 결정됩니다. 다시 말해 금리는 자금 시장에서 수요와 공급이 만나 균형을 이루는 곳에서 결정되는 돈의 가격인 것이지요. 따라서 자금의 공급이 늘어나면 금리가 하락할 것이고, 자금 수요가 늘어나면 금리가 상승할 것입니다.

　　　　금리가 변화하면 그것이 경제 주체의 금융 의사 결정에 영향을 미치기도 합니다. 예를 들어 금리가 상승하면 소비의 기회비용(=저

축 이자)이 커지게 된 가계는 소비를 줄이고 저축을 늘릴 가능성이 높습니다. 기업은 자금 조달 비용이 커지게 되어 신규 투자를 줄일 가능성이 높습니다. 소비도 줄고 투자도 줄어드니, 경기는 하강 국면으로 접어들 가능성이 큽니다.

이러한 금리의 영향력을 활용하는 것이 중앙은행(우리나라는 한국은행)의 통화 정책입니다. 시장 금리의 기준이 되는 정책 금리인 기준금리를 높이는 것(또는 통화량을 줄이는 것)은 **긴축적 통화 정책**에 해당하고, 그 반대는 **완화적 통화 정책**이라고 합니다. 예컨대 경제 상황이 침체되어 있어 경기 활성화가 필요하다면, 금리 인하와 같은 완화적 통화 정책을 통해 가계 소비와 기업 투자를 활성화시킬 수 있습니다.

환율: 외국 돈의 가격

화폐 간 교환 비율을 의미하는 환율 역시 돈의 가격입니다. 다만 **환율**은 '외국 돈의 가격', 즉 **외환(또는 외화)의 가격**입니다. 환율 역시 가격이니 시장에서 결정될 것입니다. 바로 외환 시장입니다. 외환 시장에서 외화의 공급과 수요가 만나서 환율이 결정됩니다. 따라서 외화의 공급이 늘어나면 환율이 하락할 것이고, 외화의 수요가 늘어나면 환율이 상승할 것입니다.

어떤 이유로 외환 시장에서 외환의 수요가 갑자기 늘어났다고 생각해 봅시다. 외환의 수요 곡선이 우측으로 이동하면서 균형 환율이 상승할 것입니다. 환율이 상승한다(예: 1달러=1,000원 → 1달러=2,000원)는 것은 외국 돈의 가격이 비싸진다는 것입니다. 이는 원화의 가격은 반대

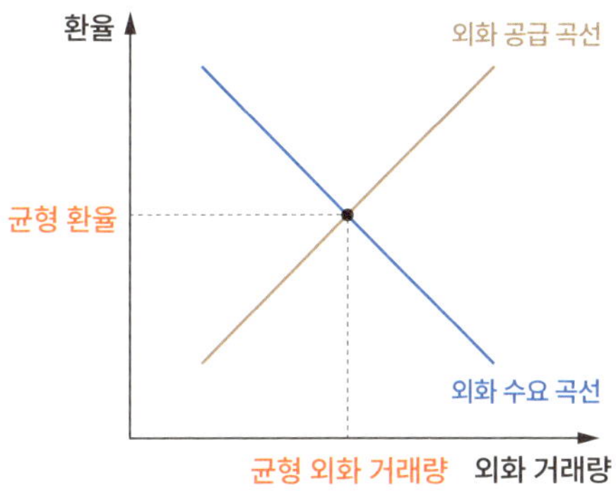

외환 시장 _ 외환에 대한 수요와 공급이 균형을 이루는 곳에서 환율이 결정된다.

로 하락한다는 의미이기도 합니다. 그러므로 환율의 상승은 곧 원화 약세 또는 원화 가치 하락을 의미합니다. 원화 값 하락이라고도 합니다. 반대로 환율이 하락하는 경우는 '원화 강세' 또는 '원화 가치 상승'을 의미합니다. 원화 값 상승이라고도 합니다.

미국 소비자: 원 달러 환율이 두 배나 오르는 바람에 한국산 제품 가격은 반값이 되었네, 더 많이 사야겠어!

한국 소비자: 원 달러 환율이 두 배나 오르는 바람에 미국산 제품 가격도 두 배나 되었어. 아무래도 비싸서 못 살 것 같아.

환율이 변화하면 그것이 경제 주체의 금융 의사 결정에 영향을 미치기도 합니다. 예를 들어 환율이 상승하면, 우리나라 제품을 수출할 때 가격 경쟁력이 좋아집니다. 미국으로 수출하는 1,000원짜리 지우개를 생각해 봅시다. 환율이 1달러=1,000원일 경우에 미국 소비자들은 우리나라 지우개를 1달러에 살 수 있습니다. 그런데 환율이 1달러=2,000원으로 상승하면, 이제 미국 소비자들은 우리나라 지우개를 0.5달러에 살 수 있습니다(또는 1달러로 1,000원짜리 지우개 2개를 살 수도 있습니다). 이처럼 환율이 상승하면 우리나라 수출품의 가격이 해외 소비자의 입장에서 상대적으로 저렴해집니다. 가격 경쟁력이 높아지는 것이지요. 이에 따라 수출이 늘어나게 될 가능성이 높습니다. 한편 환율이 상승하면 수입품의 가격은 상대적으로 비싸질 것입니다. 그러면 우리나라 소비자들은 수입품의 소비를 줄이게 될 가능성이 높습니다.

그러나 환율이 상승하는 것이 우리나라 경제에 좋은 것만은 아닙니다. 우리나라는 원유와 원자재 등의 상당 부분을 수입에 의존하고 있습니다. 환율이 상승하면 기업의 생산 비용이 전반적으로 높아질 수밖에 없습니다. 또한 수입품 가격의 상승에 따라 물가의 상승이 유발될 가능성도 높습니다. 따라서 외환 당국에서는 환율이 너무 높지도 낮지도 않은 수준에서 안정적으로 유지되도록 노력합니다.

인플레이션: 물가의 지속적인 상승

재화와 서비스의 전반적인 가격인 물가가 지속적으로 상승하는 현상을 인플레이션이라고 부릅니다. 인플레이션이 금융 의사 결정에 중요한 이유는 그것이 '화폐 가치의 하락' 또는 '화폐의 구매력 하락'을 의미하기 때문입니다.

예를 들어, 오늘 아침 갑작스럽게 모든 상품의 가격이 어제의

2배가 되었다고 가정해 봅시다. 인플레이션이 급격히 일어난 것이지요. 회사원 A 씨는 그러한 사실을 모른 채 오늘 아침에도 커피를 사러 카페에 들어갔습니다. 평소와 마찬가지로 5,000원짜리를 내밀며 커피를 한 잔 주문했는데, 아니 글쎄 사장님이 오늘부터 커피 가격이 10,000원이 되었다고 하는 겁니다. 주머니에 5,000원밖에 없던 회사원 A 씨가 울상을 짓자, 사장님이 이렇게 얘기합니다. '그럼, 커피 반 잔만 드릴게요.' 물가가 2배로 오르자, 동일한 화폐 5,000원으로 구매할 수 있는 물건의 양이 졸지에 2분의 1로 줄어든 것입니다. 이럴 때 화폐의 구매력이 하락했다고 합니다. 이처럼 물가의 상승은 화폐 가치의 하락과 동일한 의미를 가집니다.

소비자: 물가가 2배로 오르니 같은 돈을 가지고도 기존의 절반밖에 살 수가 없어!

　　　　이러한 물가의 상승은 경제 주체의 금융 의사 결정에 영향을 미치게 됩니다. 물가가 오른다는 것은 화폐의 가치가 하락하는 것과 같기 때문에, 현금을 많이 가지고 있으면 보유한 자산의 가치가 떨어지는 것을 그대로 앉아서 보고 있어야 합니다. 따라서 사람들은 현금의 보유는 줄이고 실물 자산 보유는 늘리려고 할 것입니다. 이에 따라 실물 자산에 대한 수요, 예컨대 금이나 부동산에 대한 수요가 늘어날 수 있습니다. 나아가 이러한 수요의 증가는 금이나 부동산의 가격을 상승시키는 힘으로 작용할 수 있습니다. 반대로 물가가 하락하는 경우에는 보유한 화폐의 가치가 상승하게 되므로 현금(또는 현금과 같이 유동성이 높은 자산)을 더 많이 보유하려는 경향이 나타날 것입니다.

금리, 환율, 물가 등의 금융 지표의 변화 이외에도 정치적·사회적 환경의 변화가 우리의 금융 의사 결정에 영향을 미치기도 합니다. 예를 들어 전쟁이 발생하면 물자가 귀해지고 물류 비용이 높아져 인플레이션이 유발될 수 있습니다. 사람들은 금융 자산보다는 실물 자산을 선호하게 될 것입니다. 자연재해가 발생하거나 감염병이 유행하는 경우도 있을 것입니다. 이렇게 되면 소비와 투자가 급감하면서 경기가 크게 위축될 수 있습니다. 중앙은행은 이에 대응하기 위해 금리 인하와 같은 완화적인 통화 정책을 펼칠 수도 있습니다.

지금까지 금융의 의미, 금융 상품의 종류, 금융 상품의 특성과 자산 관리의 원칙, 그리고 우리가 알아야 하는 금융 지표와 사회 환경의 변화에 대해 알아보았습니다. 합리적인 금융 생활을 위해서는 지금까지 우리가 이야기한 내용들을 반드시 이해하고 또 실천해야 합니다. 소중한 자산은 만들기도 어렵고, 지키는 것은 더욱 어렵기 때문입니다.

4. 국제 무역과 지속가능발전

나라와 나라가 무역을 하는 이유

우리나라는 반도체, 자동차, 석유 화학 제품 등을 대표적인 수출 품목으로 하는 제조업 강국입니다. 태평양 건너 미국은 항공기, 석유와 천연가스, 의약품 등을 수출합니다. 남반구의 오스트레일리아는 철광석과 석탄 등 광물 자원과 소고기나 양모 등 농축산물을 여러 나라로 수출합니다. 오늘날 전 세계는 활발한 무역 활동을 통하여 각자 생산한 상품과 서비스를 수출하고, 동시에 필요한 것을 수입하여 사용하고 있습니다.

만약 이러한 상황에서 무역이 이루어지지 못한다면 우리의 모든 경제 활동은 그대로 멈추어 버리고 말 것입니다. 석유가 나지 않는 나라에서는 자동차를 타지 못하게 되고, 의약품을 만들지 못하는 나라에서는 많은 사람이 질병으로 고통 받게 될 것입니다. 이처럼 무역은 전 세계에 고르게 분포하지 않는 자원, 상품, 서비스를 각국에서 소비하고 또 이를 활용해 생산할 수 있게 해 줌으로써 우리의 경제생활을 더욱 풍요롭게 합니다.

따라서 무역이 발생하는 가장 기본적인 이유는 바로 각 나라나 지역이 처한 생산 환경이 서로 다르기 때문이라고 할 수 있습니다. 예컨대 우리나라는 매장된 천연 광물 자원이나 넓은 농지 등은 부족한 반면, 우수한 인력과 기술을 보유하고 있습니다. 미국은 세계 최고 수준의 첨단 기술력을 갖추고 있으며, 오스트레일리아는 자연 자원이 풍부합니다. 이처럼 재화와 서비스를 생산하기 위해 필요한 생산 요소들이 지역과 나라별로 다르게 분포하기 때문에, 각자가 잘 생산할 수 있는 상품이 다를 수밖에 없는 것입니다.

결국 국제 무역이 꼭 필요한 것은, 우리 삶에 '거래'가 필요한 것과 동일한 이유에서입니다. 거래는 모든 사람에게 이익을 가져다주기 때문입니다.

노동 시간을 늘리지 않았는데 어떻게 더 많이 소비할 수 있을까?

세계의 무역 현황을 보면 한 가지 의문이 생기는 부분이 있습니다. 어떤 나라들은 생산 기술, 인적 자원, 천연자원 등 생산의 거의 모든 면에서 우월함에도, 왜 굳이 다른 나라와 무역을 하는 것일까요? 미국처럼 기술도 뛰어나고 자원도 풍부한 나라라면 굳이 무역을 하지 않고 스스로 모든 제품을 만들어서 쓰면 될 것 같은데 말입니다. 결론적으로 말하자면, 생산의 모든 면에서 어떤 나라가 다른 나라보다 절대적으로 우월하다고 하더라도, 무역을 하는 것이 모두에게 이득이 되기 때문입니다. 이러한 미스터리를 풀어 줄 열쇠가 바로 '비교 우위' 개념입니다. 가상의 두 나라, A와 B의 이야기를 들어 설명해 보겠습니다.

와플과 커피만 생산하는 A와 B라는 나라가 있습니다. A나라는 와플 1개 생산에 60분이 걸리고, 커피 1잔 생산에는 15분이 걸립니다. B나라는 와플 1개 생산에 20분이 걸리고, 커피 1잔 생산에 10분이 걸립니다. 누가 보더라도 B가 A보다 와플과 커피를 보다 효율적으로 생산하고 있습니다. 동일한 물건을 더 적은 시간을 들여 생산할 수 있기 때문입니다. 그렇다면 B는 무역을 해야 할까요? 와플 생산과 커피 생산 둘 다 본인이 더 잘하는데도? 이것이 첫 번째 퀴즈입니다.

1단위 생산에 소요되는 시간(분)

	와플	커피
A나라	60	15
B나라	20	10

퀴즈 1: B가 굳이 A와 무역을 해야 할까?

현재 A나라는 위의 표와 같은 생산 여건을 바탕으로 4시간 일을 해서 와플 4개를, 또 4시간을 일해서 커피 16잔을 생산하고 있다고 합시다. 총 8시간을 일하고 있습니다. B나라는 4시간을 일해서 와플 12개를, 또 4시간을 일해서 커피 24잔을 생산하고 있다고 합시다. 역시 총 8시간을 일하고 있습니다. 두 나라는 현재 서로 무역을 하지 않고 생산한 것은 각자의 나라에서 모두 소비한다고 합시다.

현재 생산 및 소비량

	와플	커피
A나라	4	16
B나라	12	24

역시 B가 많이 생산하고 많이 소비하네요.

여기서 문제를 내겠습니다. 두 나라는 지금 일하는 시간인 8시간을 더 늘리지 않고도, 지금보다 더 많은 와플과 커피를 소비할 수 있을까요? 이것이 두 번째 퀴즈입니다.

현재 노동 시간	와플	커피	총 시간
A나라	4시간	4시간	8시간
B나라	4시간	4시간	8시간

퀴즈 2: 노동 시간을 그대로 유지하면서, 지금보다 더 많이 소비할 수 있을까?

어느 날 A나라와 B나라가 자급자족 경제를 벗어나기로 결심하고, 서로 교역을 하기로 약속을 합니다. 이것이 서로에게 이득이 될지는 아직 모르는 상태입니다.

A나라는 8시간을 모두 커피 생산에만 활용해서 총 커피 32잔을 만들기로 했습니다. B나라는 6시간 일을 해서 와플을 18개 만들고, 또 2시간 동안 일을 해서 커피를 12잔 만들기로 했습니다. 그리고 나서 A나라는 커피 15잔을 B나라에게 주고, 와플 5개를 가져왔습니다. B나라는 반대로 와플 5개를 주고 커피 15잔을 가져왔습니다.

	생산	교역	교역 이후 소비	교역 이전 소비
A나라 (8시간 노동)	와플 0개 커피 32잔	와플 5개와 커피 15잔을 거래함	와플 5개 커피 17잔	와플 4개 커피 16잔
B나라 (8시간 노동)	와플 18개 커피 12잔		와플 13개 커피 27잔	와플 12개 커피 24잔

자, 이제 두 나라는 각각 몇 개의 와플과 커피를 소비하게 되었나요? A나라는 와플 5개와 커피 17잔을, B나라는 와플 13개와 커피 27잔을 소비하게 되었습니다. 무역을 하기 전에 비해 두 나라 모두 더 많은 와플과 커피를 소비하게 된 것입니다. 구체적으로 A나라는 무역을 하기 전에 와플 4개, 커피 16잔을 소비하고 있었기 때문에 와플은 1개 더, 커피도 1잔 더 소비하게 되었네요. B나라는 무역을 하기 전에 와플 12개, 커피 24잔을 소비하고 있었기 때문에 와플은 1개 더, 커피는 3잔 더 소비하게 되었습니다. 이제 앞서 던졌던 2가지 퀴즈에 답을 해 보도록 할까요?

퀴즈 1: B가 굳이 A와 무역을 해야 할까?

B는 A보다 와플과 커피 생산 두 측면 모두에서 우월했습니다. 굳이 A와 무역을 해야 할지 의문이었죠. 하지만 무역을 통해 이전보다 더 많은 와플과 커피를 소비하게 되었습니다. 무역을 하는 것이 B에게도 이득이 된다는 것입니다.

퀴즈 2: 노동 시간을 그대로 유지하면서, 지금보다 더 많이 소비할 수 있을까?

두 번째, 두 나라는 모두 똑같이 8시간을 일했음에도 교역 이전에 비해 더 많은 와플과 커피를 소비할 수 있게 되었습니다. 일하는 시간을 늘리지 않았지만, 교역을 통해 이득이 발생한 것입니다. 정리하면, 무역을 하면 노동 시간을 그대로 유지하면서도 지금보다 더 많이 소비할 수 있게 됨을 알 수 있습니다.

마법 같은 무역 이론, 비교 우위론

얼핏 말이 되지 않는 것 같은 이 미스터리를 설명하는 것이 바로 마법 같은 무역 이론인 비교 우위론입니다. 비교 우위는 같은 상품을 더 적은 '기회비용' 투입으로 생산해 낼 수 있는 경우를 이야기합니다. 결론부터 이야기하자면, 각자 비교 우위가 있는 상품에 특화하여 더 많이 생산하고, 이렇게 생산된 상품을 서로 교역하는 것이 바로 이 미스터리를 해결하는 열쇠입니다.

그럼 앞 사례에서 '같은 상품을 더 적은 기회비용으로 생산하는' 비교 우위를 가려 보도록 합시다. A나라의 와플 1개 생산의 기회비용은 커피 4잔, 커피 1잔 생산의 기회비용은 와플 4분의 1개입니다. B나라의 와플 1개 생산의 기회비용은 커피 2잔, 커피 1잔 생산의 기회비용은 와플 2분의 1개입니다.

계산을 해 보니, 와플 생산의 기회비용은 B나라가 A나라보다 적습니다. 즉 와플 생산의 비교 우위는 B나라에게 있습니다. 커피 생산의 기회비용은 A나라가 B나라보다 적습니다. 즉 커피 생산의 비교 우위는 A나라에게 있습니다.

	와플(단위: 커피)	커피(단위: 와플)
A나라	4	1/4
B나라	2	1/2

생산의 기회비용이 적은 나라가 비교 우위를 가진다.

비교 우위를 가렸으니, 이제 특화 생산을 하면 됩니다. 특화 생산이란 기술이나 생산 조건 등 경쟁력 면에서 다른 국가에 비해 유리한 위치에 있는 사업에 집중하여 생산을 하는 것입니다. A나라는 커피 생산에 비교 우위가 있으니 커피를 이전보다 더 많이 생산하고, B나라는 와플 생산에 비교 우위가 있으니 와플을 이전보다 더 많이 생산합니다. 이렇게 특화 생산된 와플과 커피를 적절한 비율로 서로 교환하기로 하면, 양국은 모두 이전보다 더 많은 와플과 커피를 소비할 수 있게 됩니다. 이것이 바로 '교역의 이익'입니다.

참고로 위 사례에서 와플 생산 없이 커피만 생산한 A나라의 경우를 '완전 특화', 둘 다 생산하되 생산 비중을 조율한 B나라의 경우를 '부분 특화'라고 합니다.

무역의 이익이 발생할 수 있었던 것은 비교 우위를 따라 특화 및 생산을 하고, 이것을 적절히 교환하였기 때문입니다. 경제학자 데이비드 리카도(Ricardo, D., 1772~1823)는 1817년 자신의 저서 『정치경제학 및 과세의 원리에 대하여』에서 이러한 비교 우위 원리를 제시하여, 자유 무역의 이론적 기틀을 세웠습니다. 200년도 더 전에 이러한 무역의 비밀을 밝혀냈다니, 지금 생각해도 놀라울 따름입니다.

리카도의 비교 우위론이 제안되기 이전의 무역 이론은 매우

데이비드 리카도.

단순했습니다. 동일한 물건을 생산하는 데 들어가는 생산 비용이 절대적으로 적은 쪽에서(즉, '절대 우위'를 가지는 쪽에서) 해당 상품을 특화해서 생산하면 된다는 것이었습니다. 절대 우위론이라고도 불리는 이 무역 이론은 애덤 스미스가 제안한 것이었는데, 한 가지 치명적인 문제점이 있었습니다. 바로 모든 재화에 절대 우위가 있는 나라의 무역을 설명하지 못한다는 점이었습니다. 이 한계를 극복한 것이 데이비드 리카도였습니다.

생산의 기회비용은 어떤 재화를 1단위 생산하기 위해 다른 재화 생산을 몇 단위 포기해야 하느냐를 계산하여 구할 수 있습니다.

‘A나라의 와플 1개 생산의 기회비용이 커피 4잔’이라는 말은, A나라가 와플을 1단위 더 생산하기 위해서는 커피 4잔의 생산을 포기해야 한다는 말과 같습니다.

따라서 A나라의 ‘와플 생산의 기회비용’이 궁금하다면, A나라가 와플 1개를 더 생산하기 위해서 커피 생산을 몇 잔 포기해야 하는지를 따져 보면 됩니다. 지금 A나라의 생산 여건을 보면, 와플 1개를 더 생산하기 위해서는 60분을 써야 하죠. 이러면 커피 생산을 4잔 포기해야 합니다. 커피는 15분에 1잔씩 생산할 수 있으니까요. 따라서 A나라의 ‘와플 1개 생산의 기회비용’은 커피 4잔이 되는 것입니다. 그럼 커피 1잔 생산의 기회비용도 생각해 볼 수 있겠죠? 네, 결과적으로 커피 생산의 기회비용은 와플 생산 기회비용의 역수가 됩니다.

국제 무역의 어두운 그림자

비교 우위론은 무역을 통해 무역의 당사자 모두가 이득을 보게 되리라는 점을 이야기하고 있습니다. 그런데 실제 국가 간 무역의 과정에는 이러한 장밋빛 이론이 미처 들여다보지 못한 문제들이 상당히 많습니다.

자유로운 국제 무역은 국가 간 **무한한 경쟁**의 장을 열어 두고 있습니다. 모든 국가는 국제 무역 시장에서 더 높은 경쟁력을 갖추기 위해 치열하게 경쟁합니다. 기술력으로 승부를 보고자 하는 나라에서는 끊임없는 기술 개발을, 천연자원으로 승부를 보고자 하는 나라는 끊임없는 자원 개발을 시도할 것입니다. 그런데 만약 저렴한 노동력으로 승부를 보고자 한다면? 노동자의 인권이 침해받기 쉬울 것입니다. 실제 대다수의 저개발 국가들이 변변한 기술력이 없는 상태에서 값싼 노동력을 활용해서 국제 무역 시장에 참여하고 있습니다.

방글라데시는 전 세계에서 의류를 가장 많이 수출하는 나라 중 하나입니다. 방글라데시 노동자들은 유명 패션 브랜드의 의류 제품을 제조하고 있습니다. 방글라데시에 의류 제조 공장이 많은 데는 저렴한 노동력, 즉 낮은 임금이 한몫하고 있습니다. 하지만 이 말을 뒤집어서 생각해 보면 방글라데시 노동자의 상당수가 저임금과 열악한 작업 환경 속에서 생명과 안전을 위협받고 있다는 의미이기도 합니다. 방글라데시에서는 최저 임금에도 미치지 못하는 임금을 받고 하루 12시간 이상 일하는 경우도 많으며, 2013년에는 의류 공장들이 입점해 있는 건물이 붕괴하여 1,000명이 넘는 노동자가 사망하는 비극적인 사건도 있었습니다.

아동 노동도 문제입니다. 글로벌 공급망에 포함되기 위해, 그리고 저비용을 추구하는 다국적 기업의 요구에 부합하기 위해, 저개발 국가에서는 아동 노동 및 아동 노동 착취가 공공연하게 이루어지고 있습니다. 많은 아동들이 위험한 환경에서 노동을 강요받거나 외부로 노출되지 않는 가내 노동 등을 통해 인권을 위협받고 있습니다. 아동 노동은 적절한 교육기회의 상실을 의미할 뿐 아니라 신체적, 정신적 건강의 악화로 이어져 장기적으로는 사회적인 비용을 증가시키게 됩니다.

2013년 4월 방글라데시의 의류 공장들이 입점해 있던 라나플라자 붕괴 현장.

나라별 **부의 격차** 문제도 점점 심각해지고 있습니다. 국제 무역은 분명 참여자 모두에게 이득을 가져다주지만, 이득을 동일하게 나누어 갖는 것은 아닙니다. 부유한 국가는 더 많은 이득을, 개발도상국이나 경제가 취약한 국가는 상대적으로 적은 이득을 가져가는 경우가 많습니다. 이러한 현상이 오랜 시간 지속되면, **경제적인 불균형**과 부의 격차가 심각한 수준에 이를 수 있습니다. 특히 북반구에 위치한 북미, 유럽, 동아시아 국가들과 남반구에 위치한 아프리카, 남미, 동남아시아 국가들 사이의 부와 소득의 격차는 갈수록 크게 벌어지고 있습니다.

이러한 불균형이 발생하는 것은 선진국들이 그들이 가진 자본력과 기술력을 동원하여 국제 경쟁에서 우위를 점하고 있는 반면, 개발도상국은 값싼 원자재 수출이나 노동집약적인 산업에 의존하는 경우가 많아 결과적으로 고부가가치 산업으로의 전환이 쉽지 않기 때문입니다. 더구나 개발도상국은 부족한 기술력으로 인해 선진국과의 경쟁에서 경쟁력이 떨어질 수밖에 없습니다. **경제적인 종속성**이 심화되는 것입니다.

전 세계적인 부의 양극화는 국가 간 불평등의 문제를 넘어, 다국적 기업의 독점적 지배력 강화라는 문제로도 이어지고 있습니다. 다국적 기업은 자유로운 국제 무역 체제 아래에서 글로벌 공급망을 지배하고, 첨단 기술을 독점하면서 막대한 이윤을 누리고 있습니다. 특히 구글과 같은 다국적 IT 기업들은 기술적 우위를 바탕으로 독점적 지위를 더욱 공고히 유지하기 위해 애쓰고 있습니다.

무한 경쟁의 국제 무역은 환경 문제를 일으키기도 합니다. 희소한 천연자원을 가진 나라에서 이루어지는 무분별한 자원 개발이 큰 문제로 대두되고 있는 상황입니다. 오늘날 국가들은 비록 국경으로 나뉘어져 경쟁하고 있지만, 지구라는 공간에 함께 모여 사는 공동체이기도 합니다. 하지만 국제 경쟁에서 살아남아야 하는 각국에서는 자원 고갈과 환경 파괴를 서슴지 않고 있습니다.

예컨대 브라질은 전 세계 산소의 20%를 생산하는 아마존 열대 우림을 가진 나라입니다. 동시에 소고기 등 축산물과 대두 같은 농산물 수출 대국이기도 합니다. 아마존 삼림의 큰 부분이 목축지와 대두 재배지로 전환되고 있습니다. 특히 대규모의 소 사육은 열대 우림 파괴의 중요한 요인 중 하나입니다. 이는 전 세계 육류 및 사료 수요 증가와 관련되어 있습니다. 세계적인 육류 수요에 대응하는 과정에서 우리는 지구의 허파를 조금씩 잃어 가는 중입니다.

지속가능한 무역을 향해

무역의 과정에서 나타나는 노동 인권 문제, 경제적 불평등 문제, 환경 문제 등은 한두 명의 노력으로 해결할 수 있는 것이 아닙니다. 국가 단위 노력은 물론이고, 국제기구와 비정부 기구 등이 협력하여 국제적 차원의 방안을 마련할 필요가 있습니다.

먼저 공정무역을 활성화하고 촉진하는 것은 지속가능한 발전을 위해 중요한 노력입니다. 공정무역이란 개발도상국의 생산자와 노동자들에게 더 나은 무역 조건을 제공하고, 지속가능한 발전을 촉진하는 무역 방식을 말합니다. 공정무역을 통해 전통적인 무역 체계에서 소외되고 착취되는 소규모 생산자들이 정당한 대가를 받고, 더 나은 작업 환경에게 일할 수 있게 됩니다. 또한 공정무역은 환경을 보호하고 지속가능성을 중시하며, 소비자들에게 윤리적인 선택을 제공하고자 노력합니다.

공정무역 커피는 공정무역 운동의 상징적인 제품입니다. 공정무역 인증을 받은 커피는 생산자들이 정당한 대가를 받고, 지속가능한 방식으로 재배됩니다. 이외에도 초콜릿, 바나나, 설탕, 면화 등이 공정무역을 통해 거래되는 대표적인 제품들입니다.

친환경 무역, 탄소 중립 무역 등도 지속가능한 발전을 위한

공정무역 제품임을 인증하는 마크.

무역 방식으로 주목 받고 있습니다.

공정무역의 활성화를 통한 장기적이고 간접적인 노동 인권 보호의 달성도 중요한 과제이지만, 보다 효과적인 해결 방안 모색도 요청되고 있습니다. 대표적으로 국제 노동 기구(ILO)는 글로벌 공급망에서 노동자의 권리를 보호하기 위한 '국제 노동 기준'을 강화한 바 있습니다. 아동 노동을 근절하기 위한 국제적인 협력도 강화되고 있으며, 기업에 대한 사회적 책임(CSR)이 강화됨에 따라 다국적 기업 스스로 윤리적이고 공정한 노동 관행을 따를 수 있도록 유도하고 있습니다.

국제 연합(UN)은 '지속가능한 발전을 위한 2030 의제'를 통해 2030년까지 세계가 함께 실천해야 할 17개의 '지속가능한 발전 목표(SDGs)'를 채택했습니다. 지속가능한 발전이란, 미래 세대의 필요를 충족시킬 능력을 저해하지 않으면서 지금 우리의 필요를 충족시킬 수 있는 발전을 의미합니다. 여기에는 빈곤 퇴치, 기아 종식과 같은 문제는 물론, 기후 변화에 대한 대응, 생태계 보전과 같은 환경 문제에 대한 목표도 명시되어 있습니다.

　　국제 무역이 지향해야 하는 방향 역시 지속가능한 발전이라고 볼 수 있습니다. 오랜 시간 국제 무역의 패러다임으로 자리 잡아 온 무한 경쟁의 자유 무역 체제는 앞으로 불평등, 환경, 인권 문제에 대한 관심을 바탕으로 한 지속가능한 무역으로 거듭나야 할 것입니다.

1. 금융의 본질이 시간이라고요?

금융의 핵심은 시간에 대한 관리입니다. 금융의 본질이 시간이라니, 다소 낯설게 느껴지나요? 결론부터 이야기하자면, 금융의 근본적인 힘은 경제적 가치를 현재로 가져오거나 미래로 보낼 수 있다는 점에 있습니다.

금융의 가장 기본적인 기능은 미래와 현재의 가치를 조정하는 것입니다. 앞서 우리는 **이자율(=금리)**은 돈 시장에서 결정되는 돈의 가격이라고 이해했습니다. 하지만 이자의 본질이 무엇인지에 대해서는 이야기하지 않았습니다. 다소 어려운 이야기일 수 있지만, 금융에서 가장 중요한 개념 가운데 하나인 이자는 본질적으로 **'시간의 가격'**이라고 할 수 있습니다. 은행으로부터 대출을 받을 때나, 가까운 사람으로부터 돈을 빌릴 때 우리가 지불하는 이자는 사실 미래의 돈을 현재로 끌어오는 대가입니다. 반대로 우리가 저축을 할 때 받는 이자는 현재의 소비를 미래로 유보한 것에 대한 보상인 셈입니다. 이러한 구조는 금융이 시간과 직결된 개념임을 직관적으로 드러냅니다.

금융에서 시간이 가장 강력하게 작용하는 분야는 **투자**와 **복리 효과**입니다. 일정한 이율로 투자된 자산은 시간이 지나면서 기하급수적으로 성장하는데, 이를 흔히 **복리의 마법**이라고 부릅니다. 예를 들어, 여러분이 용돈을 모아 100만 원이라는 종잣돈을 마련했다고 합시다. 매년 이 종잣돈을 딱 2배씩 늘려 나간다면, 10년 후에는 얼마가 되어 있을 것 같나요? 100만 원, 200만 원, 400만 원, 800만 원… 놀라지 마세요. 10년 후 이 돈은 10억 2,400만 원이 됩니다.

$$\text{간단한 복리 계산식 : [원금}(1+\text{수익률})^{\text{시간}}]$$

$$100\text{만}(1+1)^{10}=10\text{억 }2{,}400\text{만}$$

금융의 핵심 원리는 시간이 흐름에 따라 자산의 가치가 변화한다는 점에 있음을 잘 보여 주는 사례입니다.

금융을 이해하는 열쇠는 다름이 아닌 '시간'입니다. 따라서 금융을 잘 이해하고 활용하는 것은 곧 시간을 효과적으로 관리하는 능력과 직결됩니다. 금융을 단순한 돈의 흐름이 아니라 시간의 조정 과정으로 바라볼 때, 우리는 더 나은 경제적 결정을 내릴 수 있게 될 것입니다. 이제 우리에겐 시간이 중요한 이유가 하나 더 생겼네요!

2. 다시 보호 무역주의로 돌아갈까요?

우리는 교역 또는 무역에 참여하는 국가 모두가 이익을 얻게 되는 마법, '교역의 이익'에 대해 배웠습니다. 세계 대전 이후 20세기는 이처럼 탄탄한 무역 이론을 바탕으로 한 **자유 무역**이 꽃핀 시대, **세계화의 시대**로 정의할 수 있을 것입니다.

하지만 21세기 들어 세계 경제는 미국과 중국이라는 두 거대 경제 대국의 경쟁 속에서 재편되고 있습니다. 미국은 전통적으로 자유 무역과 시장경제를 주도해 왔지만, 최근 **보호 무역주의**를 강화하며 자국 중심의 경제 정책을 펼치고 있습니다. 한편 중국은 세계 경제의 중심으로 부상하며 자체적인 **무역 블록**과 경제권을 형성하려는 움직임을 보이고 있죠. 세계 경제의 패권을 둘러싼 역사적인 대결이 펼쳐지고 있는 것입니다.

이러한 격렬한 패권 다툼 속에서 **자유 무역주의**의 이상은 후퇴하고, 자국의 이익만을 중요시하는 보호 무역주의가 심화되면서 국제 무역 질서는 매우 새로운 변화를 맞이하고 있습니다. 특히 2018년을 기점으로 하여 시작된 **미·중 무역 전쟁**은 보호 무역주의의 확산을 직접적으로 보여 주는 상징적인 사례라고 할 수 있습니다.

미국은 중국의 불공정한 무역 관행, 첨단 기술 탈취 행위, 중국 정부의 과도한 보조금 지원 등을 이유로 고율 관세 부과, 중국 기업에 대한 투자 제한, 기술 수출 규제 등의 조치로 중국 경제에 압박을 가했습니다. 중국도 가만히 보고 있지 않았습니다. 중국은 이에 맞서 **'쌍순환 전략'**이라는 자국 중심의 정책과 미국 중심의 기술 패권으로부터의 독립을 추진하며 미국의 압박에 대응해 나가고 있습니다. 최근 중국은 미국의 첨단 반도체 수출 통제에도 불구하고 저사양 연산 장비를 활용하여 고성능 인공지능(AI) 모델 개발에 성공함으로써 세계에 충격을 안기기도 했습니다.

미·중 **패권 경쟁**으로 인한 보호 무역주의 강화는 글로벌 경제에 여러 가지 부정적 영향을 미치고 있습니다. 공급망 교란으로 생산 비용이 증가하고, 이는 기업과 소비자에게 부담으로 작용합니다. 높은 무역 장벽은 양국뿐만 아니라 세계 경제의 성장을 저해하며, 신흥국들에게도 불확실성을 증가시키는 요인이 됩니다. 특히 미국과 중국을 주요 수출 시장으로 삼고 있는 국가들은 '누구 편을 들 것이냐?' 하는 곤란한 선택을 강요받는 상황에 처하며, 경제적으로 더욱 복잡한 외교 전략을 펼쳐야 하는 입장에 놓였습니다. 우리나라 역시 마찬가지입니다.

보호 무역주의는 자유 무역과 세계화로 대표되던 20세기의 세계 경제 질서를 대체하려고 하고 있습니다. 하지만 경제학자들은 이러한 보호 무역주의의 그림자가 미·중 양국은 물론 세계 모든 국가에 파국적인 결과를 가져올 것이라며 우려를 표하고 있습니다. 보호 무역주의가 과도하게 확산되는 것을 방지하고, 다자간 협력을 통해 지속가능한 세계 경제 체제를 다시금 구축하는 것, 이것이 향후 우리가 함께 풀어 나가야 할 과제가 될 것입니다.

피와 석유로 그린 독점 자본주의의 초상

영화 「데어 윌 비 블러드」 포스터.

19세기 말 미국. 광활한 대지 아래 묻힌 석유는 단순한 자원이 아닌, 부와 권력, 지배의 상징이 됩니다. 영화 「데어 윌 비 블러드(There Will Be Blood)」(2007)는 이 시대를 살아간 석유 개발자 '다니엘 플레인뷰'의 이야기를 통해 독점 자본주의 시대의 본질을 날카롭게 파헤칩니다. 그는 석유를 찾아 서부를 떠돌며, 작은 마을에서 대지주가 되고, 경쟁자를 배제하며 지역의 유전을 장악해 나갑니다. 목적을 위해서라면 공동체와 가족, 심지어 자신의 양심까지도 철저히 배제하는 플레인뷰의 모습은 독점 자본주의하에서 나타나는 극단적인 자본의 집중을 상징적으로 보여 줍니다.

존 D. 록펠러와 스탠더드 오일의 사례처럼, 당시 미국은 자본주의가 급격히 팽창하며 소수의 거대 기업이 시장을 지배하던 시대였습니다. 경쟁은 점점 사라지고, 효율과 이윤만이 최고의 가치가 되었죠. 플레인뷰가 석유를 독점하며 부를 축적하는 과정은 록펠러가 가격 덤핑과 인수 합병을 통해 경쟁자를 제거하던 모습을 자연스레 떠올리게 합니다.

「데어 윌 비 블러드」는 자본과 종교, 가족이라는 주제를 교차시키며 우리에게 묵직한 질문을 던집니다. 과연 자본주의는 인간을 성장시키는가, 아니면 파괴하는가? 극단적인 이익 추구만을 목표로 살아온 플레인뷰에게 남은 것은 막대한 부가 아니라, 깊은 고립과 파멸이었습니다.

우리는 어느덧 자본주의의 냉혹한 경쟁 시스템과 승자독식의 구조에 익숙해져 버린 것 같습니다. 한 번쯤 이 영화와 함께 자본주의의 심연을 들여다보는 용기를 내어 보는 건 어떨까요?

4장. 세계화와 평화

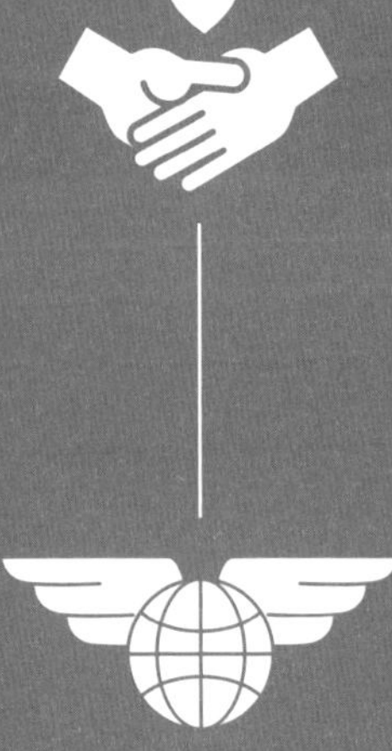

1. 세계화의 문제와 해결 방안

상호 얽힘의 시대, 세계화를 보다

우리는 스마트폰 하나로 전 세계와 연결된 초고속 정보통신망이 구축된 세상에 살고 있습니다. 공간이 달라도 시간을 공유하는 것이 가능해진 시대에서 새로운 정보를 어디에서나 생산, 소비, 유통함에 따라 인간의 활동은 물리적 한계를 넘어선 시공간 압축과 함께 세계적인 범위에서 이루어지고 있습니다. 지리학자 데이비드 하비(Harvey, D., 1935~)는 공간의 한계를 상대적으로 극복한다는 의미로 시공간 압축을 정의한 바 있습니다. 교통과 통신 기술의 발달에 따라 인간 생활의 공간적 범위가 확장되고 시간적 속도도 빨라졌음을 의미합니다.

세계화는 기업의 다국적, 초국적 이윤 추구 활동이 확대되면서 생산과 유통 등에서 국가 간의 경제, 문화 통합 등의 현상을 지칭하는 데 사용됩니다. 특히 미디어의 급속한 발달로 세계가 하나로 통합된다는 의미가 있습니다. 교통과 통신의 발달과 세계화의 영향으로 우리 주변에서 변화된 것은 어떤 것이 있을까요?

먼저 세계가 거대 단일 시장으로서 통합되고 상품, 서비스, 자본, 노동, 정보 등이 자유롭게 이동되면서 개인, 기업, 국가 간의 경쟁이

미국《타임》지의 표지를 장식한 BTS.

심해졌습니다. 더불어 지구적 규모의 상호 의존도도 증가해 국경을 초
월한 교류가 확대되었고, 자연스럽게 각 지역의 정치, 경제, 사회, 문화
의 연계성이 증가하고 지역 간 교류의 강도는 더욱 강해졌습니다. 특히
문화적 교류는 세계화를 선도하는 핵심 영역이기도 합니다.

　　세계적인 그룹으로 우뚝 선 가수 BTS(방탄소년단)를 생각해 봅
시다. BTS로 대표되는 한류는 코로나19로 인한 비대면 사회와 디지털
플랫폼의 확산 속에서 '온라인 한류'라는 새로운 양상을 보여 주고 있
습니다. 과거에는 다른 지역, 국가의 음악이나 문화를 수동적으로 접하
였다면 이제는 SNS를 포함한 개방된 가상 환경에서 케이팝(K-POP), 쇼
츠, 드라마 및 영화 등의 콘텐츠가 능동적으로 창출되는 세계화가 이뤄

지고 있습니다.

　　한편, 세계화와 지역화가 동시에 진행되면서 국경의 개념이 약해지고 다양한 차원의 지역들이 세계를 움직이는 중요한 단위가 되어 갑니다. 지역화란 지역을 국가의 하위 구성 요소로 보던 국가 중심적 사고를 넘어서 국가들로부터 독립된 공간으로서의 지역의 정체성을 강조하는 현상을 의미합니다.

　　세계화와 지역화는 상호 병렬적이면서 동시에 상호 보완의 관계에 있습니다. 다양한 유형의 지역은 독립적으로 존재하면서도 때로는 상호 연계되고, 통합을 이뤄 나갑니다. 공간적 규모의 측면에서도 지역 경쟁력은 연합을 통한 성장 과정을 거쳐 국가 경쟁력으로 전환되기 때문에 기존의 전통적 경계의 의미는 점차 희석되고 있습니다. 결국 세계화는 지역화를 기반으로 진행됩니다. 지역은 고유한 위상을 높이는 지역화 과정을 거쳐 세계에 지역을 드러내는 세계화 과정을 통해 지속해서 발전하게 됩니다. 또한 세계적 범위의 경쟁에서 살아남기 위해 고유한 정체성을 기반으로 경제를 활성화하고, 지역 경쟁력을 갖추기 위한 다양한 노력을 끊임없이 전개해 나가는 것입니다.

지역으로 조각된 세계, 지역화를 그리다

지역화 전략으로는 장소 마케팅, 지역 브랜딩, 지리적 표시제 등이 있습니다. 장소 마케팅이란 특정 장소를 지역의 공공기관과 민간 단체가 협력하여 기업, 주민, 관광객이 선호하는 이미지를 만들고 제도와 시설을 개발하여 장소의 상품적 가치를 상승시켜 지역 경제를 활성화하는 전략입니다. 장소의 가치가 상승하면 그 장소의 자연, 문화, 관광 등의 분야에서 수익을 창출하게 되면서 지역 자체가 하나의 브랜드가 됩니다. 더불어 특정 지역의 기후, 지형, 토양 등 지리적 특성에 기반한 상품에 대해 지리적 표시제를 할 수 있습니다. 어떤 지역에서 생산, 제조된 상품이라는 표시를 하는 것입니다. 이는 곧 지역의 위상을 높이

K-지역 브랜드와 슬로 시티

슬로 시티(Slow City)는 빠르게 변화하는 현대 사회에서 벗어나 여유롭고 인간적인 삶을 추구하는 도시나 마을을 의미합니다. 이 개념은 이탈리아어인 '치따슬로(cittaslow)'에서 유래한 것으로, '느긋한 도시, 풍요로운 마을'이라는 뜻입니다.

슬로 시티의 핵심은 빠르게 변화하는 도시 생활에서 벗어나 여유롭고 조용한 삶을 추구하며, 지역 특산물을 생산하고 소비하는 것에 중점을 둡니다. 이를 통해 지역 경제를 활성화하고, 지속가능한 삶을 다양하게 이어 가려는 목표를 가지고 있습니다.

여유롭고 인간적인 삶의 가치를 강조하는 지역들이 한류와 결합해 세계로 뻗어 나가고 있습니다. 제주도는 많은 드라마와 영화를 통해 아름다운 자연 경관과 느린 삶의 모습들을 세계에 알리면서, 많은 해외 여행객이 '제주에서 머물며 살아 보기'를 꿈꾸게 만들었습니다. '빠르게 소비하는 여행'이 아닌, 자연 속에서 천천히 머무는 여행 문화를 하나의 상품으로 개발해 지역만의 매력을 세계에 알리는 것은 물론, 새로운 경제적 기회를 만들어 가고 있습니다.

면서 지역 경제 발전에도 이바지할 것입니다.

세계무역기구(WTO)의 출현과 더불어 세계화가 진행되면서 자유 무역의 범위는 더욱 확장되고 있습니다. 이런 추세 속에서 국가 사이에 정치적, 사회적인 이해관계가 부딪히는 일들이 나타나게 되고 갈등과 분쟁으로 이어지기도 합니다. 이는 각국의 경제 발전 수준과 무역 구조가 다르고, 국가별로 추구하는 이익이 상충하기 때문입니다. 따라서 이해관계를 비슷하게 가져가는 국가들의 협력은 자유 무역을 추진하게 되고 이해관계에 상충하는 국가는 보호 무역을 추진하게 되는 것입니다.

교통과 통신의 발달로 시공간 수렴 현상이 강화되고 국가 간의 경쟁도 치열해졌습니다. 전 세계의 국가들은 무역을 통해 이익을 창출하기 위해 적극적으로 경제 개방을 하고 있습니다. 특히 공간적으로 인접해 접근성이 뛰어나고 시너지 효과를 통해 서로의 이익을 극대화할 수 있는 국가끼리 거대한 경제 공동체를 형성하여 협력하고 있습니다. 대표적인 경제 공동체로는 유럽 연합(EU), 미국-멕시코-캐나다 협정(USMCA), 동남아시아 국가 연합(ASEAN), 아프리카 대륙 자유 무역 지대(AfCFTA) 등이 있습니다.

TIP!

시공간 수렴 현상

교통과 통신의 발달로 인해 상대적인 시간 거리가 단축되고, 이동 시간이 줄어들어 단위 시간당 도달할 수 있는 거리가 증가하는 현상을 말합니다.

경제 공동체를 국가 간 협력을 기반으로 구성하는 데는 다음과 같은 이유가 있습니다. 첫째, 넓은 공간을 기반으로 하는 시장을 통합하게 되면 역내의 무역뿐만 아니라 무역 장벽을 철폐함으로써 자본과 노동력, 기술의 자유로운 교환이 가능해지면서 교역량을 증가시킬 수 있습니다. 둘째, 자원에 대한 효율적인 배분이 이루어지고 투자처의 확대로 본국의 투자 한계를 극복하고 경제 성장을 도모할 수 있습니다. 셋째, 경제 공동체 전체는 하나의 결속력을 갖게 되고 다른 블록과는 차별화된 대책과 전략을 가지고 동반자적 경제 성장과 경쟁력 강화를 할 수 있게 됩니다.

세계를 품은 최상위 플랫폼, 세계 도시의 등장

오늘날 교통과 정보 통신이 발달하면서 국가들의 경제 개방이 활발해지고 자유 무역이 확대되면서 국가의 경계를 넘어 세계적인 중심지 역할을 하는 도시가 중요해졌습니다. 특히 경제적 세계화는 다국적 기업의 확대와 자본의 국제적인 이동을 촉진했습니다. 경제 체제의 세계화가 강화되면서 국가 간의 경쟁은 물론이고 도시 간의 경쟁과 연계가 강화되고 있습니다. 한편, 세계적 차원에서 중심지 역할을 하는 세계 도시들이 등장하였는데, 이들 도시에는 세계적인 영향력을 가진 금융 기관, 다국적(초국적) 기업의 본사, 국제기구 등이 자리하고 있습니다. 이는 이들 도시가 세계의 경제 활동을 조절하고 통제하는 중심지 기능을 수행한다는 것을 의미합니다.

이들 세계 도시에는 전 세계의 자본과 정보가 모이고, 범세계적인 관리와 통제 기능을 수행하는 데 필요한 생산자 서비스업이 발달하게 됩니다. 다양한 기능을 수행하기 위해서 자연스럽게 고도의 정보 통신 네트워크와 최신 교통 체계가 다른 도시들에 비해 아주 우수한 편입니다. 결국 다른 도시에 비해 핵심 역할을 하고 있기에 '세계 경제를 엮는 고정핀', '세계 도시 체계의 최상위 중심지' 등으로 표현하기도 합니다.

모이고 만나고, 떠나는 곳, 도시들의 결절점

미국의 도시계획가 케빈 린치(Lynch, K.)는 도시의 이미지를 구성하는 요소 중 하나로 결절점(Node)을 제시했습니다. **결절점**은 길들이 서로 만나는 도시 내부의 주요 지점인데, 통로들의 교점을 의미합니다. 도로와 도로가 서로 만나는 교차로를 떠올리면 됩니다. 복잡한 교차로, 유명한 도시의 터미널, 광장을 사례로 들 수 있습니다. 그런데 이러한 결절점은 도시의 내부에서만 나타나는 것이 아닌 도시를 넘어선 세계적 차원에서도 나타날 수 있습니다. 세계 각 국가를 연결하는 네트워크 관점에서 세계 도시는 공간적인 결절점입니다. 미국 뉴욕, 영국 런던, 프랑스 파리, 일본 도쿄는 경제·사회·문화의 중심지이자, 세계적 교통 및 통신 네트워크의 결절점이라고 할 수 있습니다.

TIP!

생산자 서비스업

서비스업 중에서도 금융 보험업, 부동산·임대업, 사업 서비스업, 통신 및 정보 서비스업을 포괄하는 개념입니다.

전 세계 경제의 중심인 뉴욕.

핵심적인 세계 도시에는 구체적으로 어떤 도시들이 있을까요? 미국 경제의 중심인 뉴욕은 전 세계의 경제 중심지이기도 합니다. 뉴욕은 국제적인 기업들과 세계 자본을 통제하고 관리하는 기능이 집중되어 있습니다. 생산자 서비스업의 종합 기지라고 불릴 만큼 거대 경제 자본의 중추적 역할을 합니다. 런던은 국제 자본의 순환을 위해 운용하는 정보 제공 회사와 신용 기관이 자리 잡고 있습니다. 역사적 유산과 현대적 창조성이 공존하는 파리 또한 세계 도시 브랜드 측면에서 가장 강력한 상징성을 지닌 도시 중 하나입니다. 2025년 발표된 세계 도시 지수(Global Cities Index)에 따르면, 미국 뉴욕이 1위, 영국 런던 2위,

프랑스 파리 3위를 차지했습니다. 이들 도시는 세계의 경제, 문화, 정치 등 각 영역의 강력한 지식과 정보가 교차하는 독보적 거점이라고 볼 수 있습니다.

세계 경제 지도를 그리는 다국적 기업

전 세계적인 교통과 통신의 발달과 지역 간의 상호 의존성이 증대되면서 경제적 세계화가 이루어졌습니다. 그 결과로 다국적 기업이 급속하게 성장하고 있습니다. **다국적 기업**은 한 국가 내에서 생산과 판매, 유통하는 기존의 단일 기업과는 다르게 세계 각지에 지사, 생산 공장 등 자회사를 운영하면서 전 세계를 무대로 생산과 판매 활동을 하는 기업을 의미합니다. 초기 다국적 기업은 제조업 제품의 생산, 판매에 한정되었지만, 최근에는 금융, 관광 서비스, 유통, 자원 산업 등 다양한 분야에 진출하면서 영역을 점차 확대해 가고 있습니다.

기업은 이윤의 추구가 목적인 경우가 많기에, 운영의 효율성을 중요하게 생각합니다. 따라서 기업의 규모가 커지면 조직이 점차 복잡해지고 기업은 기능을 공간적으로 분리하게 됩니다. 관리 기능 및 의사 결정 기능을 하는 본사, 생산 기능을 담당하는 공장, 연구 및 개발을 하는 연구소 등을 분리하면서 기업 내 분업이 이루어집니다. 따라서 각 기능이 효율적으로 운영될 수 있는 최적의 공간에 각 지점이 분산됩니다.

일반적으로 업무를 관리하고 중추적인 의사 결정을 하는 본사는 기업 운영 특성상 정보 교환이 편리하고 자본과 우수 인력 확보가 필요한 대도시나 중심 도시에 주로 자리합니다. 연구소는 우수한 교육 시설이 잘 구축되어 있고 전문 인력을 확보할 수 있는 지역이 유리합니다. 단순 생산이나 조립이 필요한 공장은 생산 비용을 최대한 절감하기 위해 저임금 노동력 확보가 유리한 개발도상국에 입지를 하고, 항공기 산업과 같이 핵심 기술이 해외로 유출되는 것을 방지할 필요가 있는 분야는 본국에 제조 공장을 두기도 합니다. 또한 일부 기업들은 무역 장벽이나 높은 관세를 피하기 위해 주요 소비 시장이 형성된 선진국에 직접 공장을 세우기도 합니다. 이처럼 각각의 기능이 수행되는 데 적합한 지역을 찾아 세계 각지로 분리하여 위치하게 되는데, 이를 **공간적 분업**이라 합니다.

다국적 기업이 들어서면 공간적 변화뿐만 아니라 경제적 변화도 따라서 일어납니다. 다국적 기업들은 해외에서 얻은 이익으로 본국에 다른 투자를 해 새로운 이익을 창출합니다. 기능이 분리되면서 본사의 효율적인 관리 기능이 더욱 강화되어 매출액이 증가합니다. 하지만 공장의 해외 이전으로 저임금 노동자들의 실업률이 증가하고 이와 함께 경기 침체를 불러올 수 있습니다. 투자 유치국은 고용 창출 효과와 다국적 기업의 기술과 경영 전략을 제공받을 수 있지만 자국 내 토착 기업들의 경쟁력이 약화될 수도 있습니다. 다국적 기업에 대한 지나친

TIP!
산업 공동화
제조업의 생산 공장이 해외로 이전함에 따라 국내 고용이 감소하고 중장기적으로 국가 경쟁력이 약화되는 현상을 말합니다.

의존으로 그들의 상황에 따라 경제가 좌지우지될 수 있고, 사회적 양극화가 심해질 수도 있습니다.

세계화로 얽힌 복잡한 문제, 그 해결을 위하여

서울에서 한 학생이 먹는 햄버거와 미국 뉴욕의 어느 직장인이 먹는 햄버거가 거의 똑같은 맛이라는 건, 이제는 놀라운 일은 아닙니다. 재료의 유통, 레시피, 기업의 공급망, 그리고 마케팅까지, 국경은 오래전에 흐릿해졌고, 우리는 익숙하게 같은 것을 먹고, 입고, 보고 살아갑니다. 명실상부 '세계화의 시대'입니다. 그런데 이 익숙함, 이 편리함의 뒷면은 과연 어떤 얼굴을 하고 있을까요?

세계화는 누군가에겐 기회지만, 다른 누군가에겐 부담입니다. 초콜릿을 예로 들어 볼까요? 우리가 무심코 먹는 고급 초콜릿 한 조각에는 코트디부아르 농민의 하루 품삯이 들어 있습니다. 하루 1달러 남짓을 받고, 몇 시간이고 뜨거운 태양 아래에서 카카오 열매를 따는 노동자의 손에서부터 초콜릿의 여정은 시작됩니다. 하지만 초콜릿이 고급 상표를 달고 도시의 백화점에 진열되는 순간, 그 농민의 삶은 완전히 지워집니다. 소비자의 미각은 즐겁지만, 생산자의 삶은 달라지지 않습니다. 이런 **경제적 불평등**으로 인한 **빈부격차**를 만드는 구조는 단순한 우연이 아닙니다.

세계화는 상호 의존과 협력을 통해 이익을 창출하는 과정일 수 있지만, 분배의 불균형으로 '제로섬 게임'처럼 체감되는 경우도 있습니다. 누군가가 더 많이 얻는다면, 그만큼 누군가는 더 적게 가질 수밖에 없는 시스템. 그리고 우리는 그 게임의 중심에 있습니다. 미국의 디트로이트 역시 같은 맥락에서 무너졌습니다. 한때 '자동차의 도시'라 불리던 지역은 세계화의 파고에 밀려 대규모 실업과 함께 쇠락을 맞았습니다. 공장이 멕시코로, 중국으로 빠져나가면서 도시는 급격한 쇠퇴를 겪었습니다. 기술은 발전했지만, 사람은 밀려난 것입니다.

유튜브 알고리즘은 언제나 비슷한 것을 추천합니다. 전 세계 청소년들이 똑같은 댄스 챌린지를 따라 하고, 같은 OTT 드라마에 몰입합니다. 문화가 다양해진 것 같지만, 사실은 소수의 문화가 전 세계를 획일화하는 방식으로 세계화는 작동하고 있습니다.

몽골의 초원에서도 이런 변화를 볼 수 있습니다. 청년들은 더 나은 교육과 일자리를 찾아 전통적 유목 생활을 떠나 울란바토르로 몰려들고 있습니다. 도시의 삶은 스마트폰과 인터넷, 세계적 트렌드로 가득하지만, 초원의 정체성과 생활 방식은 점차 희미해지고 있습니다. 그 결과, 유목 문화는 세대 간 단절을 겪으며 소멸의 위기에 놓여 있습니다. 몽골의 수도인 울란바토르로 떠나는 청년들은 초원의 삶을 이제는 멋진 삶으로 여기지 않습니다.

우리나라에서도 비슷한 상황이 나타나고 있습니다. 설날에 한복을 입은 가족사진은 점점 줄고, 사람들은 명절 음식보다 명절 할인 쿠폰을 더 반깁니다. 문화는 흐르는 것이지만, 한꺼번에 쓸려 나가는 건 다른 이야기입니다. 세계화는 때때로 그 지역이 간직해 온 삶의 방식을 무색하게 만듭니다. 좋은 가치는 언제나 좋은 걸까요? 세계화는 물건만

보편 윤리와 특수 윤리의 경계에서: 브렉시트를 바라보는 시선.

퍼뜨리는 게 아닙니다. 가치도 함께 흐릅니다. 인권, 성평등, 환경 보호 같은 보편 윤리는 당연히 좋은 것처럼 들리지만, 그것이 모든 문화에서 똑같이 받아들여지지는 않습니다.

라나플라자 참사는 그 교차점에서 벌어진 비극이었습니다. 방글라데시의 한 의류 공장이 붕괴되어 1,100명 넘는 노동자가 목숨을 잃었습니다. 라나플라자 붕괴는 값싼 의류를 생산하기 위한 세계화의 이면을 드러낸 사건입니다. 패스트 패션 브랜드들은 값싼 제품을 대량으로 생산하기 위해 개발도상국 노동자들의 열악한 작업 환경과 안전 문제를 외면했습니다. 소비자는 가격에 만족했지만, 그 이면에는 무너진 건물과 저임금 노동자의 현실이 있었습니다. 이것이 세계화의 도덕적

딜레마입니다.

브렉시트(Brexit)는 이 정치적 결정으로 이어진 대표적인 사례입니다. 브렉시트는 영국의 유럽연합 탈퇴를 의미하는 용어로 유럽 연합은 인권, 이동의 자유, 연대와 같은 보편적 가치를 강조한 반면, 영국은 특정 사회의 고유한 가치와 자국민의 권리를 중시하는 특수 윤리를 내세웠습니다. 특히 이민 문제와 복지 부담을 둘러싼 논쟁은 유럽 연합이 강조해 온 공동체 규범과 영국의 국민 주권 사이의 균열을 드러냈습니다. 결국 브렉시트는 함께라는 규칙과 각 사회의 특정한 방식이 충돌할 때, 세계화 속에서 국가가 어떤 선택을 하게 되는지를 보여 줍니다.

그럼, 이 연결은 누구에게 유리하고, 누구에게 불리한 걸까요?

그 답을 찾는 데 필요한 건 세계시민 의식입니다. 세계시민은 국적과 관계없이 서로의 삶에 영향을 주고받는 존재로서 자신을 자각하는 사람입니다. 공정무역 커피를 마시고, 재활용 제품을 구매하며, 타인의 문화에 귀를 기울이는 실천은 그 시작입니다. 무거운 의무가 아니라, 조금 더 생각하는 삶입니다. 분배 정의 역시 중요한 키워드입니다. 더 많은 이익이 더 많은 사람에게 돌아가게 하려면, 기업은 책임을 져야 하고, 국가는 그 책임을 제도화해야 합니다. 유럽 연합은 이미 다국적 기업이 하청 업체의 노동 환경을 감시하고, 인권 기준을 지키도록 법으로 규정하고 있습니다. 공정무역은 우리가 가장 손쉽게 동참할 수 있는 연결의 방식입니다. 커피 한 잔, 초콜릿 한 조각을 소비할 때 그 배경에 있는 사람을 떠올릴 수 있다면, 세계는 조금 더 공정해질 수 있을 것입니다. 착한 소비는 단순히 양심적인 게 아니라, 세계 구조를 바꾸는 아주 구체적인 행동입니다.

그리고 무엇보다 중요한 건 **문화 존중**입니다. 서로 다른 문화가 만나 충돌할 때, 옳고 그름을 따지기보다는 '왜 그런가'를 이해하려는 태도. 내 기준에서 낯설고 불편하더라도, 그것이 그들에게 어떤 의미인지 묻는 감수성. 바로 그 지점에서 공존이 시작됩니다.

세계화는 멈추지 않는 시대적 요청입니다. 다만 그 방향은 우리가 정할 수 있습니다. 더 많은 이익을 소수만이 가져가는 구조를 당연하게 여기지 않을 때, 더 많은 문화가 존중받는 세상을 꿈꿀 때, 그리고 다른 이의 고통이 나의 편의를 가능하게 했음을 직시할 때 우리는 진정한 '세계시민'이 될 수 있습니다. 이제는 연결을 소비하는 시대가 아니라, 연결을 다시 설계해야 할 시대입니다.

2. 국제 사회와 세계 평화

평화, 그것이 알고 싶다

인간이라면 누구나 평화를 바라며 소중히 여긴다는 점에서 평화를 보편적 가치라고 합니다. 하지만 그럼에도 인간의 오랜 역사 속에서 전쟁과 폭력, 갈등과 분쟁이 끊이지 않았다는 것은 인류 역사의 아이러니라고 할 만합니다. 지금도 우크라이나와 러시아, 이스라엘과 팔레스타인 사이에는 전쟁의 비극이 계속되고 있고, 한반도에서도 남과 북 사이에 적대적 비평화 상태가 이어지고 있습니다. 이는 보편적 가치라는 이상이 복잡한 이해관계로 얽힌 현실 속에서는 실현되기 어렵다는 반증이 아닐까 싶습니다. 또 복잡한 현실을 잠시 제쳐 두더라도 도대체 보편적 가치로서의 평화란 무엇인지 정확히 이해하거나 설명하는 일도 쉬운 일은 아닙니다. 왜 그럴까요?

평화는 한 사람의 마음속에 존재하기도 하고, 가족이나 이웃, 학교, 마을이나 지역 공동체에서도 찾을 수 있습니다. 또 우리는 한 국가 차원, 동아시아 지역, 나아가 세계 차원에서도 평화를 이야기할 수 있습니다. 여기서 끝이 아닙니다. 상상력이 좀 더 풍부한 학생이라면 인간과 자연 생태계의 관계 속에서 평화를 논할 수 있고, SF 영화의 상상력을 빌리면 지구인과 외계인 사이의 평화도 상상해 볼 수 있으며, 나아가 우주 차원의 평화도 그려 볼 수 있을 것입니다. 이처럼 평화는 다양한 스케일과 여러 차원에서 존재할 수 있는 복잡한 개념입니다.

'재즈의 황제' 루이 암스트롱은 "재즈란 무엇인가?"라는 질문에 이렇게 대답했습니다. "우리가 무엇인지 알지만 막상 질문을 받으면 대답할 수 없는 것." "평화란 무엇인가?"라는 질문을 받으면 우리도 평소에는 그 답을 잘 안다고 생각하다가도 막상 똑 부러지게 대답하기는 어려울 것입니다. 단어의 뜻을 잘 모르면 사전이라도 찾아봐야겠지요?

'평화'의 사전적 의미를 국립국어원 표준국어대사전(https://stdict.korean.go.kr)에서 찾아보면, 크게 두 가지로 그 뜻을 정의합니다. 첫째, 평온하고 화목함. 둘째, 전쟁, 분쟁 또는 일체의 갈등이 없이 평온함 또는 그런 상태. 하지만 이러한 사전적 의미는 너무 추상적이고 한편으로는 너무 좁아서 "평화란 무엇인가?"라는 근본적인 의문을 해소하기에는 부족해 보입니다. 그렇기에 우리는 평화에 대한 학문 즉 평화학의 도움을 받을 필요가 있습니다.

평화학의 선구자이자 평화 운동가인 요한 갈퉁(Galtung, J., 1930~2024)은 『평화적 수단에 의한 평화』(1996)에서 평화학의 체계를 확립한 것으로 알려져 있습니다. 갈퉁은 1930년 노르웨이 오슬로에서 태어났습니다. 그는 어린 시절 노르웨이가 나치 독일에 점령당하며 전쟁이 낳은 폭력을 경험하였고, 청년 시절 국가의 폭력에 저항하는 의미로 병역을 거부해 투옥되기도 했습니다. 이렇듯 갈퉁은 자신이 살아가던 시대적 배경 속에서 눈에 보이는 폭력뿐만 아니라 보이지 않는 폭력을

평화학자 요한 갈퉁.

조명함으로써 더 폭넓은 평화를 모색하는 현대 평화학의 기틀을 구상했습니다. 그는 평생을 갈등과 폭력의 문제를 연구하고, 세계 각지에서 평화 구축을 위해 힘썼습니다. 특히 갈퉁은 우리나라와도 깊은 인연이 있습니다. 그는 한반도의 평화 통일을 위해 1970년대 이후 남북한을 여러 차례 방문했고, 1990년대 후반에는 남북한의 평화학자들을 노르웨이로 초청해 남북한 평화 회담을 추진하려 노력하기도 했습니다.

폭력에서 평화로

이제 갈퉁이 제시한 평화 이론의 기본적 개념들을 살펴보겠습니다.

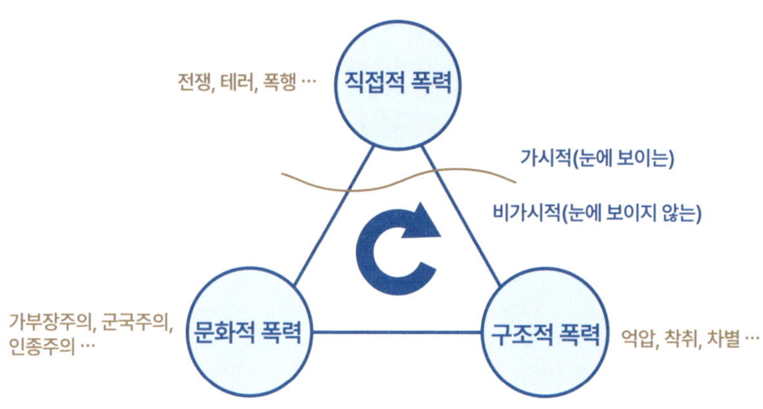

폭력의 삼각형

기본적으로 그는 평화를 '모든 종류의 폭력이 없는 상태'로 규정하였습니다. 그리고 '폭력'을 "인간의 가장 기본적인 욕구(필요)를 모독하는 것"으로 폭넓게 정의했습니다. 갈퉁에 의하면 인간의 가장 기본적인 욕구를 모독하는 행위인 폭력의 세 가지 유형이 삼각형의 꼭짓점에 위치하는데 이 삼각형을 그는 '폭력의 삼각형'이라 불렀습니다.

'폭력의 삼각형' 그림에서 보듯이, 폭력은 전쟁, 테러 등과 물리적 피해가 발생하는 직접적 폭력뿐만 아니라 간접적 폭력, 즉 구조적 폭력과 문화적 폭력이라는 눈에 보이지 않는 폭력 개념을 포함합니다. 갈퉁은 직접적 폭력은 제도적, 문화적 측면의 간접적 폭력 없이는 성립이 불가능하다고 보았습니다. 그는 폭력의 세 꼭짓점이 악순환 관계를 형성하며 억압과 차별을 일상화한다고 설명합니다.

직접적 폭력은 흔히 폭력을 '사람 및 재물에 물리적 피해를 가하는 공격적 행위'라고 규정하는 경우에 해당합니다. 키아누 리브스 주연의 영화 「존 윅 3」의 부제는 '파라 벨룸'입니다. 이 말은 로마 제국의 플라비우스 베게티우스 레나투스가 저술한 『군사학 논고』에서 유래한 전쟁과 평화에 관한 라틴어 격언 "시 위스 파켐, 파라 벨룸(Si vis pacem, para bellum)", 즉 "평화를 원한다면 전쟁을 준비하라."에서 따온 것입니다. 갈퉁은 이처럼 평화를 전쟁의 반대로 보는 관점을 비판하면서 다음과 같이 말했습니다.

구조적 폭력은 부정의한 법이나 정책, 제도 등 사회 구조에 내재한 비가시적인 폭력을 의미합니다. 예컨대 오늘날 팬데믹 시대에 빈곤으로 인해 의료 혜택을 받지 못하는 상황도 구조적 폭력에 해당합니다. 나아가 **문화적 폭력**은 언어나 사상 등 문화 영역 내에서 혐오나 차별을 정당화하는 폭력입니다. 문화적 폭력은 다른 종류의 폭력, 즉 직접적 폭력과 구조적 폭력을 자연스럽게 느낄 정도로 정당한 것으로 인식하게 합니다.

갈퉁의 평화 연구는 단순히 전쟁을 멈추는 것에 그치지 않고, 더 깊은 차원의 평화를 추구합니다. 이는 그가 제시한 '적극적 평화'와 '소극적 평화'라는 개념에서 잘 드러납니다. 먼저, 갈퉁은 소극적 평화를 단순히 물리적 폭력이나 전쟁이 없는 상태로 정의합니다. 이 상태는 전쟁이 끝난 후에는 평화를 이룬 것처럼 보일 수 있지만, 사회 구조 속에 여전히 존재하는 억압, 불평등, 차별 같은 폭력은 사라지지 않은 상태입니다. 이런 숨겨진 폭력을 갈퉁은 '구조적 폭력'이라 불렀습니다. 다시 말해, 눈에 보이지 않는 사회적, 경제적 불평등과 부당함이 평화를 저해하는 요소로 작용하고 있다는 것입니다. 이로 인해 소극적 평화만으로는 진정한 평화를 이룰 수 없다고 보았습니다.

반면, 갈퉁이 강조한 적극적 평화는 단순히 전쟁이나 폭력의 부재를 넘어, 사회의 모든 구성원이 공정하고 평등하게 살아가는 상태를 의미합니다. 이는 정의와 협력에 기반한 평화로, 단순히 폭력의 억제에 그치지 않고, 사회적, 경제적, 정치적 조건이 모두 개선되는 상태를 말합니다. 그는 이러한 적극적 평화를 달성하기 위해 갈등 해결을 위한 비폭력적 방법론을 연구하고, 이를 현실에 적용하고자 했습니다.

갈퉁의 평화 이론은 찬사와 비판을 동시에 받으며 평화 연구의 지평을 넓히는 데 크게 기여했습니다. 찬사란 평화를 소극적 평화로만 생각해 온 고정관념을 깨고 폭넓게 생각할 개념을 제시한 점입니다. 비판이란 세상의 좋은 모든 것을 '평화'라는 말로 모두 담았다는 지적입니다. 갈퉁은 노르웨이에서 태어나 제2차 세계 대전의 혼란 속에서 성장하면서 전쟁과 폭력의 참상을 직접 경험했습니다. 이런 개인적 경험이 그가 평생에 걸쳐 평화 운동에 헌신하게 만든 원동력이었습니다. 그는 단순한 학자에 그치지 않고, 세계 각지에서 평화 협상에 참여하며 실제로 분쟁 해결을 위해 노력했습니다.

국제 사회의 갈등과 그 해결

2024년 세계 경제평화 연구소(Institute for Economics & Peace)의 보고서에 따르면, 현재 전 세계 163개국 중 92개국이 국제 분쟁에 휘말려 있습니다. 폭력으로 인한 전 세계의 경제적 피해는 2023년에 19조 1,000억 달러에 이르러 세계 국내총생산(GDP)의 약 13.5%를 차지하고 있습니다. 이 수치는 국제 갈등이 해당 국가뿐만 아니라 세계 경제에도 심대한 영향을 미치고 있음을 보여 줍니다.

최근 국제 사회의 가장 큰 관심사 중 하나는 러시아와 우크라이나 사이의 갈등입니다. 이 갈등은 2014년 러시아의 크림반도 합병으로 시작되었으며, 2022년 2월 러시아의 전면적인 군사 행동으로 다시 한번 국제적 분쟁의 중심에 서게 되었습니다. 러시아와 우크라이나 간의 갈등은 단순한 국가 간의 영토 분쟁을 넘어서, 전 세계의 경제 및 정치에 큰 영향을 미치고 있습니다. 러시아는 자국의 군사적 우위를 바탕으로 우크라이나를 강압하는 반면, 서방 국가들은 북대서양조약기구(NATO)와 유럽 연합을 중심으로 우크라이나를 적극 지원하며 러시아에

러시아에게 공격당한 우크라이나의 도시 모습.

대한 경제 제재를 강화했습니다. 이에 따라 에너지 가격이 급등하고, 세계 밀 수출의 30%가량을 차지하던 두 나라의 밀 공급이 어려워지면서 세계적인 식량 위기가 심화되는 등 경제적 충격파가 전 세계로 확산하고 있습니다.

오늘날 국제 사회는 다차원적인 복잡성을 지닌 사회 구조로 인해 다양한 갈등과 협력이 공존합니다. 국가 간의 갈등은 경제적, 정치적, 종교적, 그리고 민족적 차원에서 발생하며, 그 영향력은 한 국가에 국한되지 않고 국제 사회 전반에 걸쳐 나타납니다. 그러나 이러한 갈등

속에서도 국제 사회는 평화적 해결을 위한 다양한 협력 기구와 제도를 통해 중재 역할을 수행하고 있습니다.

국제 사회의 갈등을 촉발하는 요인은 매우 다양합니다. 크게 경제적 요인으로는 자원 분쟁, 무역 갈등, 경제 제재 등이 있으며, 정치적 요인으로는 국가 간의 권력 경쟁, 영토 분쟁, 이념 갈등 등이 있습니다. 종교적 갈등 역시 국제 사회의 분쟁을 촉발하는 주요 요인 중 하나이며, 민족 간의 차별과 인권 문제가 갈등의 불씨가 되기도 합니다.

그렇다면 이러한 국제 갈등을 해결하기 위해 국제 사회는 어떤 기구나 협력 메커니즘을 마련해야 할까요? 정치철학자 존 롤스는 그의 저서 『만민법』(1999)에서 국제 협력을 위한 3가지 국제기구를 제안합니다. 롤스에게 '만민법'이란 국제 정의의 원칙이고, '만민'은 도덕적 성격을 지닌 '국가'라고 볼 수 있습니다.

• **만민 간의 공정한 무역을 보장하는 기구** : '관세 무역 일반 협정(GATT)'의 이상적 형태.
• **만민이 협력적 은행 제도를 통해 융자를 받을 수 있는 기구** : '세계은행'의 이상적 형태.
• **만민의 연합에 해당하는 기구** : '국제 연합'의 이상적 형태.

실제로, 국제 사회는 다양한 기구와 협력 메커니즘을 통해 국제 갈등을 해결하고자 노력하고 있습니다. 국제 연합(UN), 국제 통화 기금(IMF), 세계 은행(World Bank) 등의 국제기구는 평화 유지를 위한 중재

롤스는 국제 관계의 규범적 행위 주체로서 '국가'가 아닌 '만민'이라는 용어를 제안합니다. 그는 전통적인 주권의 두 권력인 '전쟁권'과 '무제한적 국내 자율성'을 지닌 국가(states) 개념을 거부하고, 일정한 도덕적 성격을 지니는 만민(peoples) 개념을 사용합니다. 그래서 롤스는 국제 정의의 원칙을 '만민법(Law of peoples)'이라 부릅니다.

역할을 수행하며, 경제적 지원을 통해 취약국들의 안정을 돕고 있습니다. 이 기구들은 단순한 경제적 지원을 넘어, 갈등이 발생한 국가들 간의 대화를 촉진하고 평화적 해결을 위한 외교적 협상을 주도하는 역할을 합니다.

특히, 국제 연합은 1945년 창설 이후 전 세계의 평화와 안정을 유지하기 위한 가장 중요한 국제기구로 자리 잡았습니다. 국제 연합 안전보장이사회는 군사적 충돌을 예방하고 평화적 해결을 도모하기 위해 국제 사회에서 중요한 결정을 내립니다. 우크라이나 사태에서도 국제 연합은 주요한 중재자 역할을 하며, 인도적 지원과 평화 유지 임무를 수행하고 있습니다. 그러나 상임이사국 간의 이해관계 충돌로 인해 국제 연합의 개입이 제한되는 경우도 있습니다.

국제 사회는 군사적 개입을 피하기 위해 주로 경제 제재와 외교적 협상을 사용하여 갈등을 해결하고자 합니다. 경제 제재는 특정 국가에 대한 경제적 압박을 통해 그들의 정책을 변화시키고, 더 큰 갈등으로 번지는 것을 막는 수단으로 사용됩니다. 우크라이나 사태에서 서방 국가들은 러시아에 대해 강력한 경제 제재를 부과하였으며, 이는 러시아 경제에 큰 타격을 입히는 동시에 국제 사회에서 러시아의 고립이 심화되는 결과를 낳았습니다.

국제 사회는 갈등 해결뿐만 아니라 다양한 분야에서 협력을 통해 평화와 번영을 도모하고 있습니다. 경제 협력, 환경 문제, 인도적 지원 등 여러 분야에서 국제 협력의 필요성은 나날이 커지고 있습니다. 특히, 기후 변화와 같은 글로벌 문제는 한 국가의 노력만으로는 해결될 수 없으며, 전 세계적인 협력이 필수적입니다. 기후 변화 문제는 국제 사회가 직면한 가장 중요한 협력 과제 중 하나입니다. 2015년 체결된 파리 기후 변화 협약은 전 세계 국가들이 함께 기후 변화에 대응하기 위한 국제 협력의 상징적 사례입니다. 이 협약은 지구의 평균 온도가 산업화 이전에 비해 2℃ 이상 상승하지 않도록 억제하기 위한 목표를 설정하고, 각국이 자발적으로 탄소 배출 감축 계획을 제출하도록 요구하고 있습니다. 이러한 국제적 협력은 기후 변화로 인한 재앙을 막기 위한 필수적인 노력이자, 국가 간의 이해관계 충돌을 조율하는 중요한 과정입니다.

국제 사회의 갈등과 협력은 불가분의 관계에 있습니다. 갈등은 국제 사회의 불안정을 초래하지만, 동시에 협력의 중요성을 일깨워 줍니다. 국가 간의 갈등을 해결하기 위해서는 국제기구와 협력 관계를 구축하는 것이 더욱 중요합니다. 외교적 대화와 경제적 제재 등의 다양한 수단을 통해 평화를 유지하려는 노력이 필요합니다. 국제 사회의 협력

파리 기후 변화 협약이 성사되자 환호하는 2015년 당시 반기문 유엔 사무총장과 각국 정상들.

은 단순히 특정 지역의 분쟁을 해결하는 것을 넘어서, 글로벌 문제를 해결하고 지속가능한 미래를 만드는 데 중요한 기여를 할 것입니다.

세계 평화를 위한 행위 주체들의 역할

국제 사회는 다양한 사건과 행위 주체들로 이루어진 복잡한 공간입니다. 국가, 국제기구, 비정부 기구(NGO), 다국적 기업, 개인 등 국제 사회의 행위 주체는 저마다의 목표와 이해관계를 바탕으로 국제 사회를 형성해 나가고 있습니다. 이들 주체는 국제 사회에서 어떤 역할을 할까요?

첫째, 국가는 국제 사회에서 가장 기본적이고 중요한 행위 주체입니다. 주권을 바탕으로 외교 정책을 통해 자국의 이익을 추구하며, 국제 관계의 중심에 서 있습니다. 강대국인 미국, 중국, 러시아는 세계 정치의 흐름을 좌우하며, 그들의 정책은 국제 평화와 안보에 직접적인 영향을 미칩니다. 국가 간 협력과 갈등은 국제 사회의 역동성을 만들어 내는 핵심 요소입니다.

둘째, 국제기구는 국가 간 협력을 증진하고, 글로벌 문제를 해결하기 위해 설립된 조직입니다. 국제 연합은 국제 평화 유지와 인권 증진을 대표적으로 수행하며, 회원국들이 기후 변화 같은 글로벌 문제에 공동 대응할 수 있도록 돕습니다. 국제기구는 단독으로 해결하기 어려운 문제를 공동으로 다룰 기회를 제공하고 있습니다.

셋째, 비정부 기구(NGO)는 국가와는 독립적으로 활동하며, 인권, 환경, 빈곤 문제 등 다양한 분야에서 공익을 위해 노력합니다. 국제 사면위원회나 그린피스 같은 단체는 사회적 경각심을 일깨우고 변화를 촉구하며, 정부나 기업의 감시자로서 공정하고 지속가능한 국제 사회를 만드는 데 기여하고 있습니다.

넷째, 다국적 기업은 경제적 영향력과 글로벌 네트워크를 통해 국제 사회에 큰 영향을 미칩니다. 이들은 환경 보호, 사회적 책임 같은 분야에서도 중요한 역할을 하며, 지속가능한 경영 방식은 글로벌 공급

2023년 노벨 평화상을 수상한 이란의 나르게스 모하마디.

망 전체에 긍정적 변화를 가져올 수 있습니다.

끝으로, 개인은 국제 사회에서 점점 더 중요한 역할을 하고 있습니다. 세계시민으로서의 개인은 인권, 환경, 빈곤과 같은 글로벌 이슈에 관심을 가지며, 행동을 통해 변화를 만들어 갑니다. 예를 들어, 기후변화에 대응하기 위해 생활 습관을 바꾸거나, 공정 무역 제품을 구매하고, 국제 캠페인에 참여하는 등의 활동이 있습니다. 2023년 노벨 평화상을 옥중에서 수상한 나르게스 모하마디(Narges Mohammadi, 1972~)의 활동도 그러한 예입니다. 노벨 위원회는 그녀를 수상자로 선정하며 "이란의 여성 억압에 맞선 투쟁, 우리 모두의 인권과 자유를 신장하기 위한 투쟁"을 한 인물로 소개했습니다. 이러한 개인의 행동은 사회적 연대 의식을 확산시키고, 나아가 국제 사회의 변화를 이끌어 낼 수 있습니다.

결국, 국제 사회는 국가, 국제기구, NGO, 다국적 기업, 그리고 세계시민으로서의 개인들이 협력하며 만들어 가는 공간입니다. 각 주체가 자신의 역할을 다하면서, 협력과 공존을 통해 더 나은 미래를 만들어 가기 위한 지혜를 모아야 합니다.

남북 분단이 쏘아 올린 전쟁

"연극 1막에서 총이 등장한다면, 2막이나 3막에서 반드시 발사되어야 한다."

러시아의 극작가 안톤 체호프(Chekhov, A., 1860~1904)가 남긴 말입니다. 체호프는 서사 구조에서 모든 요소가 필연성과 긴밀성을 가져야 하며, 만약 불필요한 요소라면 과감하게 배제해야 한다고 말했습니다. 이를 체호프의 법칙이라고 부릅니다. 연극 대본이나 소설 작성에서 따라야 할 매우 중요한 법칙이지요. 그런데 체호프의 법칙을 조금 비틀어 이해해 볼 수도 있습니다. 특정한 긴장 요소가 발생하면 반드시 그로 인한 사건이 뒤따르게 된다는 해석입니다. 우리에게 남북 분단은 체호프가 언급했던 총과 같았습니다. 제2차 세계 대전 이후 민족의 열망과 달리 우리는 남북으로 분단되었습니다. '남북 분단'이라는 총은 '6·25 전쟁'이라는 형태로 발사되었고 말로 표현할 수 없는 비극적 역사가 우리 민족에게 드리우게 됩니다. 우리는 왜 남북으로 분단

될 수밖에 없었던 걸까요?

1945년 8월 15일, 일본의 패망으로 한반도는 36년간의 식민 지배를 끝내고 해방을 맞이했습니다. 하지만 우리 손으로 자주독립 국가를 건설할 수 있으리라는 열망과 달리, 한반도 관리 문제는 제2차 세계 대전 승전 연합국 간 논의로 이어지게 됩니다. 미군이 38도선 이남 지역을, 소련군이 38도선 이북 지역을 각각 점령하는 것이 논의의 결과였습니다. 일본군의 무장 해제와 전쟁의 완전한 종식을 위한 단기적 행정 조치에 불과했지만, 우리 민족과 한반도에 드리운 비극의 서막이 시작되는 순간이었습니다.

점령 초기 양국은 협력을 통해 한반도 문제를 해결하려 시도하였으나 그리 오래 이어지진 못했습니다. 미국과 소련을 중심으로 이념 대립이 본격화하면서 냉전(cold war)이 시작되었기 때문입니다. 동북아시아로 세력을 확장하고자 하는 소련, 이를 저지하려는 미국. 어쩌면 남북 분단의 비극은 피할 수 없는 기획이었는지도 모릅니다. 두 국가 모두 한반도를 동아시아 지역의 핵심적 전략 요충지로 여겼기 때문입니다. 유럽에서는 전쟁을 일으킨 독일이 분단되었으나 아시아에서는 피해국인 우리가 분단되었습니다. 역사의 아이러니가 아닐 수 없습니다.

미국과 소련을 중심으로 하는 이념 대결, 즉 냉전이 본격화하는 것과 마찬가지로 당시 국내 상황도 무척 혼란스러웠습니다. 한반도 내부에서는 좌익과 우익 세력이 정치적 대립을 이어 가고 있었습니다. 신탁 통치란 다른 나라가 한 나라나 지역을 일정 기간 대신 관리하고 통치하는 제도입니다. 좌익은 신탁 통치에 찬성하며 공산주의 국가인

돌아오지 않는 다리 남쪽에 있는 군사분계선 표지판.

소련과 협력을 강조하고 나섭니다. 우익은 이를 반대하며 조기 독립을 주장했습니다. 한반도에 하나의 정부 수립을 위한 노력이 모두 결실을 맺지 못한 채 정치적 대립은 더욱 심화되고 있었습니다.

1948년 5월, 남한에서는 국제 연합의 감독하에 **총선거**를 치르고 **제헌 국회**가 꾸려지게 됩니다. 이를 바탕으로 제헌 헌법을 만들고 8월 15일에는 **대한민국 정부**를 수립하고, 연달아 9월에는 소련의 지원을 받은 북한이 조선민주주의인민공화국을 건국했습니다. 우리 민족의 터전 한반도에 다른 이념과 체제에 기반한 정권이 수립된 것입니다. 그 결과 양측은 서로를 부정하면서 끊임없이 대립을 반복하게 됩니다. 38선에서의 무력 충돌이 점점 빈번해지던 그때, 시간은 1950

년 6월 25일에 이르게 됩니다.

새벽 4시를 기해 북한 인민군이 38도선을 넘어 전면적으로 공격을 가하면서 6·25 전쟁이 시작됩니다. 변변한 무기조차 없을 정도로 전쟁 준비가 되어 있지 않던 국군은 후퇴를 거듭할 수밖에 없었습니다. 소련과 공산권 국가의 지원 아래 오랫동안 전쟁 준비를 해 온 북한과는 대조적이었습니다. 당시 국제 연합은 북한의 공격을 '평화를 파괴하는 침략 행위'로 규정하고, 미국을 중심으로 16개국이 연합한 국제 연합군을 파병하여 남한을 돕게 됩니다. 같은 해 9월 인천상륙작전이 성공하면서 국제 연합군과 남한군은 38도선을 넘어 북진을 합니다. 공세도 잠시 10월에는 중국군이 북한을 도와 참전하면서 전세는 교착 상태에 빠지게 됩니다. 많은 인명과 재산 피해를 남긴 채 1953년 7월, 판문점에서 정전협정이 체결되고 휴전에 이르렀습니다.

남북 분단이라는 총은 6·25 전쟁이라는 형태로 발사되었습니다. 불행하게도 이 전쟁은 아직 끝나지 않았고, 남북 분단이라는 총은 여전히 긴장을 유발하고 있습니다. 우리는 여전히 남북한으로 갈라져 군사적으로 대치하고 있고, 몇 차례 도발 사건을 겪으며 안보 불안에서 완전히 빠져나오지 못하고 있습니다. 전쟁을 완전히 끝내고 평화적으로 통일을 달성하는 게 언제쯤 가능할까요?

평화로 가는 길, 통일을 위한 노력

서울대학교 통일평화연구원은 매년 국민들을 대상으로 통일에 관한 인식을 조사하고 있습니다. 2023년 발표한 자료는 통일의 필요성에 대한 인식 변화 추세를 보여 줍니다. 2007년부터 2023년까지의 자료를 살펴보면 통일이 필요하다는 인식은 대체로 감소하고 있으며, 반대로 통일이 필요하지 않다는 인식이 지속적으로 증가하고 있음을 알 수 있습니다. 2007년과 2023년을 비교할 때, 통일이 필요하다고 생각하는 사람은 63.8%에서 43.8%로 줄어들었습니다. 통일이 필요없다고 생각하는 사람은 15.1%에서 29.8%로 늘어났습니다. 과거에는 남북 분단을 극복하고 통일을 이루어 내는 것이 반드시 필요하다는 생각이 대세였지만, 이제는 절반에도 미치지 못합니다.

통일이란 남한과 북한이 하나의 공동체를 이루는 것을 말합니다. 진정한 통일을 위해서는 정치적 단위의 통합뿐 아니라, 경제적 통합과 사회적 통합도 중요합니다. 우리 헌법 제3조를 보면 한반도 전체가 대한민국의 영토임을 알 수 있습니다. 헌법에 따르면 북한 정권이 불법적으로 우리 영토의 이북 지역을 점령하고 있는 셈입니다. 나아가 제4조에서는 자유민주주의에 입각한 평화 통일에 대해 언급하고 있습니다. 지난 80여 년 동안 분단된 이래 남북 통일은 우리 민족과 정치 공동체의 숙명적 과제였습니다. 그런데 최근에는 남한과 북한을 별도의 국가로 보거나 통일이 반드시 필요하다고 여기지 않는 사람이 늘고 있습니다. 신문 기사나 뉴스에서는 통일이 필요하다고 생각하는 사람이 줄고 있다는 점을 문제로 지적합니다. 하지만 이들은 반대로 묻습니다. "도대체 통일을 해야만 하는 이유가 있나요?" 질문에 답하기 위해 통일이 왜 필요한가에 대해 살펴봅시다.

대한민국 헌법

제3조 대한민국의 영토는 한반도와 그 부속도서로 한다.

제4조 대한민국은 통일을 지향하며, 자유민주적 기본 질서에 입각한 평화적 통일정책을 수립하고 이를 추진한다.

통일은 여러 가지 측면에서 필요합니다. 첫째, 가장 먼저 문화 동질성과 역사적 정통성 회복을 이유로 꼽을 수 있습니다. 우리는 수천 년 동안 동일한 언어와 문화를 공유해 온 공동체입니다. 분단은 이러한 민족적, 문화적 동질성을 끊고 전쟁과 대립을 통해 역사적 상처를 안겨 주었습니다. 그러니 원래의 모습대로 돌아가 동질성을 회복하고 평화와 상생의 문화 공동체를 재건하는 게 필요합니다.

둘째, 인도적 측면에서 통일의 필요성을 생각해 봅니다. 분단과 전쟁은 이산가족 문제를 낳았습니다. 갑자기 그어진 38도선으로 고향으로 돌아가지 못하고 남과 북으로 흩어진 가족들이 수도 없이 생겨났습니다. 과거 남북 이산가족 상봉 행사 등이 개최되어 많은 사람들이 짧으나마 재회의 기쁨을 누렸지만, 현재는 이마저도 여의치 않은 상황입니다.

셋째, 평화와 안보 측면에서도 통일은 꼭 필요합니다. 분단 상태로 인해 남북한은 계속 군사적 긴장 상태에 놓여 있습니다. 북한은 핵무기를 개발하여 우리나라뿐 아니라 전 세계의 평화를 위협하고 있습니다. 통일은 끊임없는 군사적 긴장과 전쟁 위협을 해소하고 평화를 안

착시킬 수 있는 길입니다. 이는 동북아시아, 나아가 전 세계 평화에도 기여할 수 있는 중요한 여정입니다.

넷째, 통일을 통한 **실리적 이익**에도 주목해야 합니다. 2024년 기준 우리나라가 분단 이후 지금까지 국방에 쏟아부은 예산은 자그마치 59조 원에 달합니다. 우리나라 전체 예산의 약 9%에 해당하는 돈입니다. 이 돈을 경제 발전과 복지 증진에 온전히 투자할 수 있다면 상상 이상의 긍정적 효과를 기대해 볼 수 있을 것입니다. 마찬가지로 남한의 경제력과 북한의 자원, 노동력을 결합하여 경제적 시너지를 크게 창출할 수도 있습니다. 대륙으로의 진출도 용이해져 새로운 시장을 개척하거나 물류 비용도 크게 절감할 수 있습니다. 새로운 성장 동력 확보가 가능해진다는 점만으로도 통일이 필요한 강력한 이유가 됩니다.

통일의 필요성이 이렇게 다양하고 많습니다. 그런데 통일을 우려하는 목소리도 있습니다. 통일에는 막대한 경제적 비용이 들어갑니다. 독일의 통일 과정을 살펴보면 1990년 통일 당시 서독은 세계적으로 손에 꼽히는 경제 규모를 가진 나라였습니다. 그럼에도 통일 이후 동독의 경제를 재건하는 데 막대한 돈을 사용했고, 이후 10여 년간 '유럽의 병자'라고 불릴 정도로 침체기를 겪게 됩니다. 우리나라의 통일 과정에는 이보다 더 큰 비용이 소요될 것이라는 예상도 있습니다. 나아가 80여 년의 시간 동안 정치 체제와 경제 체제는 물론, 언어나 문화마저도 이질성이 심화되어 통일 이후 심각한 사회적 혼란을 피할 수 없다는 예측도 많습니다. 통일이 숙명적 과제라는 점을 이해하더라도 우려의 목소리에 귀를 기울일 필요는 있습니다.

남북 간 상호 신뢰를 회복하고 협력을 확대해 나가는 방식으로 점진적 통일을 달성해야 합니다. 통일 이후의 막대한 경제적 비용을 어떻게 감당할 것인지, 남북 간의 격차와 이질성을 어떻게 극복할 것인지 장기적이고 구체적인 계획을 세워야 합니다. 과거 국제 정세의 급변 속에서 남북이 분단되었기 때문에, 통일 과정에서도 국제적 협력과 연대가 필요합니다. 미국, 일본, 중국, 러시아 등 주변 국가와 외교적으로 협력해야 합니다. 여러분도 통일의 필요성과 우려에 대한 정확한 이해를 바탕으로 깊은 관심을 가지면 좋겠습니다.

동아시아의 갈등과 공존

한국, 중국, 일본은 동아시아 지역에 위치한 국가들입니다. 역사적으로 오랜 기간 이웃 국가로서 지내 오면서 경제, 문화, 외교적으로 많은 교류를 해 왔습니다. 동아시아의 대표 종교 가운데 하나인 불교를 예로 들어 볼까요? 우리나라에 불교가 전파된 것은 4세기 중국으로부터였습니다. 이후 6세기에 백제에서 일본으로 불교가 다시 전파됩니다. 불교는 동아시아 3국의 정치, 문화에 많은 영향을 미치게 됩니다. 이를테면 중국 명나라 때에는 『서유기』라는 소설이 나오게 됩니다. 우리에게도 너무 친숙한 이 소설은 당나라 시대를 배경으로 삼장법사, 손오공 일행이 서역(인도)으로 불경을 구하러 가면서 겪게 되는 모험을 재미나게 그려 내고 있습니다. 우리나라에서는 KBS에서 『서유기』를 현대적이고 코믹한 느낌으로 각색하여 「날아라, 슈퍼보드」라는 애니메이션으로 방송하여 많은 사랑을 받기도 했습니다. 일본에서는 『서유기』를 각색하여 손오공을 중심으로 무술 대결을 펼치는 「드래곤볼」이라는 만화가 탄생하여 전 세계에서 유명세를 떨치기도 했습니다. 이처럼 동아시아 3국은 활발한 교류와 협력을 이어 가며 한자, 유교, 차 문화, 서예, 전통 의학 등 다양한 문화를 공유하면서도 각자의 개성을 더해 왔습니다. 하지만 지리적으로 인접한 국가라는 이유로 역사적으로 많은 갈등과 분쟁 또한 겪어 왔고 현재까지 세 나라 사이에는 많은 갈등 요소가 복잡하게 얽혀 있습니다.

　　　몇 가지 중요한 역사적 사건들을 살펴볼까요? 1592년 임진왜란이 발발합니다. 일본의 도요토미 히데요시는 명나라 정벌을 위한 길을 빌려달라는 명분으로 조선을 침략했습니다. 이순신 장군의 수군과 의병 등이 활약하였고, 명나라가 파병한 군대가 조선을 도와 함께 싸우기도 했습니다. 그야말로 3개국이 뒤얽힌 국제전이었습니다. 1894년의 청일전쟁은 어떤가요? 청나라와 일본이 조선을 두고 벌인 힘겨루기 전쟁이었습니다. 청과 일본의 다툼이었지만 우리 영토 내에서 많은 전투가 일어났고 그 피해는 오롯이 조선에 남겨졌습니다. 청의 패배는 곧 일본의 식민 지배로 이어지는 결과를 낳았습니다. 일제 강점기에는 일본이 36년간 우리나라를 강제 지배하면서 우리 민족은 말할 수 없는 고통과 억압을 당하게 됩니다. 1937년부터는 중국과 일본 사이에도 전쟁이 본격화되어 난징 대학살과 같은 반인륜적 전쟁 범죄가 자행되기도 합니다. 수천 년 역사 속에서 한·중·일 3국이 협력해 온 사례만큼이나 갈등도 끊이지 않았음을 알 수 있습니다.

현재에도 동아시아 3국은 역사 문제로 여전히 갈등을 겪고 있습니다. 중국은 지난 2002년부터 대규모 국가 프로젝트의 일환으로 동북 공정을 추진했습니다. 현재의 중국 국경 안에서 전개된 모든 역사를 중국의 역사로 만들기 위해 추진하고 있는 국가적인 연구 사업입니다. 이들은 고조선, 부여, 고구려, 발해와 같은 우리의 역사를 중국사의 일부라고 주장합니다. 중국은 현재의 영토를 기준으로 과거 역사를 왜곡하고 자신들의 역사로 편입하려 합니다. 학술 연구를 표방하고 있긴 하지만 실제로는 중국 내 소수민족 통합과 한반도를 향한 영향력 확대의 의도가 숨겨져 있습니다. 우리의 역사와 문화, 정체성을 위협하는 대표적인 역사 갈등 문제입니다.

일본과도 역사 갈등도 끊이질 않습니다. 일본은 학생들이 배우는 역사 교과서에 일제 강점기의 침략을 '진출'로, 조선의 외교권 박탈을 '접수'로 표현하고 있습니다. 조선의 근대화에 일본이 주도적인 역할을 한 것으로 미화하고, 위안부 문제에 대해서도 언급을 축소하거나 강제성을 부인하고 있습니다. 역사 왜곡을 통해 자신들이 저지른 침략 전쟁과 식민지 지배를 정당화하고 잘못된 인식을 심어 주고 있습니다. 과거 잘못에 대한 반성도 없이 독도 영유권을 주장하거나 제2차 세계 대전의 A급 전범을 한데 모아 제사 지내는 야스쿠니 신사 참배를 반복하고 있습니다.

중국과 일본 사이에서도 비슷한 역사 갈등이 존재합니다. 난징 대학살을 포함한 일본의 침략 전쟁에 대한 인식 차이, 야스쿠니 신사 참배 문제 등을 둘러싸고 갈등을 빚고 있습니다. 센카쿠 열도(중국명 댜오

위다오)의 영유권 문제로 갈등을 겪는 모습도 우리와 비슷합니다.

　　한·중·일 3국의 갈등은 그 역사가 매우 길고 복잡하게 얽혀 있어 해결이 쉽지 않습니다. 그렇다고 마냥 반목하고 지낼 수는 없습니다. 가장 가까운 이웃으로 함께 번영할 수 있는 역사를 만들어 가기 위해 우리는 어떤 노력을 할 수 있을까요? 우선 학술 분야의 협력이 있습니다. 실제로 한·중·일 공동 역사 편찬 사업을 통해 3개국의 역사학자들이 역사 갈등을 해소하고 공동의 역사 인식을 형성하기 위해 작업을 진행했습니다. 그 결과물은 『미래를 여는 역사』(2005), 『한중일이 함께 쓴 동아시아 근현대사』(2012)와 같은 책으로 발간되기도 했습니다. 지난 2002년부터는 한일 역사공동연구위원회가 활동을 시작하여 양국 간 역사 인식 차이에 대해 논의하고 연구하는 활동을 이어 오고 있습니다.

제2차 세계 대전의 A급 전범을 한데 모아 제사 지내는 야스쿠니 신사.

시민 사회나 정부 차원에서도 역사 갈등 해소를 위한 노력을 해야 할 것입니다. 한·중·일 청소년들이 연대하여 서로의 문화를 이해하고 갈등을 해소하는 교류 프로그램이 운영되고 있습니다. 지난 2011년에 설립된 한·중·일 3국 협력사무국(TCS: Trilateral Cooperation Secretariat)이라는 국제기구는 매년 한·중·일 청소년 문화예술 캠프를 개최하여 다양한 문화 교류와 상호 이해 활동을 추진하고 있습니다. 나아가 일본군의 위안부 문제를 해결하기 위한 시민단체의 활동도 있습니다. 정부 차원에서도 정상회담에서 역사 문제를 주요 의제로 다루기도 하면서, 공동 선언을 통해 역사 갈등을 평화적으로 해결하려는 노력을 이어 가고 있습니다. 동아시아의 역사 갈등과 이에 대한 해결 노력은 현재 진행형임을 알 수 있습니다.

TIP!

A급 전범

제2차 세계 대전 이후 연합국의 국제군사재판에서는 독일과 일본의 전쟁범죄자를 A·B·C급으로 분류했는데, 이 중 A급 전범은 '국제조약을 위반하여 침략전쟁을 기획, 시작, 수행한 지휘부 사람들'을 가리킵니다.

우리가 디자인하는 세계 평화

우리나라는 국제 개발 협력의 역사에서 매우 특수한 사례로 손꼽힙니다. 1945년 광복, 1950년대 6·25 전쟁을 거치며 손꼽히는 최빈국이었던 우리나라는 국제 사회의 원조를 통해 경제 개발을 시작했습니다. 국제 사회의 도움은 우리나라의 경제 개발과 민주화의 토대가 되었습니다. 놀라운 점은 이제는 우리가 원조를 하는 국가(원조 공여국)가 되었다는 점입니다. 2010년 대한민국이 **OECD 개발원조위원회**에 정식 멤버로 가입하였고, 매년 수십억 달러 규모의 원조를 제공하여 국제 사회의 일원으로 기여하고 있습니다. 불과 한 세대 만에 원조를 받던 나라에서 원조를 하는 나라로 변모한 경우는 우리나라가 유일합니다. 세계의 평화와 번영을 위해 우리나라가 할 수 있는 노력에는 무엇이 있는지 살펴보겠습니다.

우리나라는 국제 사회 속에서 역사적으로나 지정학적으로나 매우 특수한 지위를 가집니다. 먼저 **지정학적 위치**란 한 국가나 지역의 지리적 위치가 정치, 경제, 군사적으로 갖는 의미와 중요성을 말합니다. 우리나라는 한반도에 위치해 있습니다. 유라시아 대륙의 동쪽 끝인 동시에 태평양을 접하고 있는 관문이자, 중국, 러시아와 같은 대륙 세력과 미국, 일본과 같은 해양 세력이 만나는 교차점이기도 합니다. 주요 강대국의 이해관계가 우리 한반도를 중심으로 첨예하게 대립할 수밖에 없어 우리 역사는 조용할 틈이 없었습니다. 중국은 물론 아시아로 세력을 확장하려는 러시아에게는 늘 한반도가 주요 대상이 되어 왔습니다. 대륙으로 진출하려는 일본에게도 한반도는 핵심 관심사가 될 수밖에 없으며, 대륙 세력을 견제하려는 미국 역시 한반도를 중심으로 보루를 쌓고 있습니다. 강대국들의 이해관계를 고려하면서 **균형 외교**를 펼칠 수밖에 없는 숙명을 타고난 것입니다.

우리나라가 겪어 온 **역사적 상황**은 어떠한가요? 우리나라와 민족이 경험한 역사는 외세의 반복된 침략과 간섭, 그리고 분단의 아품으로 요약할 수 있습니다. 고대부터 중국으로부터 반복된 침략과 간섭을 당한 것은 물론, 몽골, 일본으로부터도 침략을 당해 왔습니다. 20세기 초에는 나라의 주권을 완전히 상실하기도 했고, 일제 식민 지배를 자력으로 청산하지 못한 역사는 6·25 전쟁과 남북 분단으로 이어졌습니다.

하지만 우리의 지정학적 위치나 역사적 상황이 기회가 될 수도 있습니다. 한반도의 위치는 곧 육상과 해상을 연결 짓는 주요 교통로로 기능할 수 있습니다. 유라시아 대륙과 태평양을 연결하는 다리 역할을 하게 되는 셈입니다. 균형 외교를 통해 동북아시아와 세계 평화를 주도하는 중재자 역할을 할 수도 있습니다. 역사적 경험도 마찬가지입니다. 역사적 상처와 갈등을 극복하는 과정에서 우리는 더 큰 교훈과 발전의 원동력을 얻어 왔습니다. 우리 공동체의 바람직한 정체성을 형성하고, 미래를 설계하는 데 역사적 경험은 큰 힘이 되었습니다. 6·25 전쟁의 아픔은 한강의 기적이라는 경제 성장으로 이어졌고, 군사 독재에 맞서 싸우며 세계적으로 손꼽히는 성숙한 민주주의 국가를 단기간에 만들어 냈습니다. 과거 우리가 봉착했던 정치, 사회, 경제 문제를 해결한 경험이 우리의 성숙한 역량으로 체화된 것입니다.

우리가 처한 어려움과 그것을 극복했던 경험은 오늘날 우리나라의 국제적 위상을 떠받드는 근간입니다. 지금 대한민국은 세계가 주목하는 나라입니다. 전쟁의 폐허를 딛고 세계 10위권의 경제 대국으로 성장했습니다. 성숙한 민주 시민 의식을 바탕으로 군사 독재를 종식시키고 평화적인 정권 교체를 수차례 이루어 냈습니다. 선진적인 집회·시

2024년 12월 3일 윤석렬 전 대통령의 비상계엄 시도를 저지한 한국의 민주 시민들.

위 문화는 해외 뉴스에 등장할 정도입니다. 케이팝, 영화, 드라마 등이 세계인의 사랑을 받으면서 한류(K-wave)는 세계에서 문화 대세가 되었습니다.

성숙하고 발전한 국제적 위상에 걸맞게 우리나라도 세계 평화와 안정에 기여하는 노력을 펼치고 있습니다. 전쟁과 가난의 아픔을 잘 아는 나라인 만큼, 개발도상국 지원, 평화 유지 활동 등에 적극 참여하고 있습니다. 국제 연합의 회원국으로서 세계 평화, 인권 증진, 민주

주의 보호에도 기여하고 있습니다. 여러 나라가 힘을 모아야 하는 기후 위기와 같은 전 지구적 문제 해결에도 적극적으로 앞장서고 있습니다. 지난 2015년 우리나라는 파리 기후 변화 협약에 가입하여 온실가스 감축을 위한 목표를 성실히 이행 중입니다. 또한 우리 정부는 지난 2018년 2050 탄소 중립 선언을 하고, 탄소 배출 감축을 위한 다양한 정책을 실시하고 있습니다.

한 가지 빠뜨릴 수 없는 것이 있습니다. 바로 한반도 평화입니다. 한반도 평화는 세계 평화와 직결되어 있습니다. 남북 간에 긴장이 고조되면 세계 정세에도 악영향을 미칩니다. 남북 간의 신뢰를 회복하고 상호 이해를 높이려는 노력이 뒤따를 때, 한반도와 세계의 평화를 기약해 볼 수 있을 것입니다.

1. 팔레스타인과 이스라엘은 왜 싸우나요?

2023년 10월 7일, 팔레스타인의 무장 정파 하마스가 이스라엘을 기습 공격했습니다. 하마스와 무장 단체들이 이스라엘 남부 지역에 대규모 로켓 공격과 지상 공격을 감행한 것입니다. 이 공격으로 1,000명이 넘는 사람이 사망하고 200명 이상이 인질로 붙잡혔습니다. 이스라엘은 곧장 대규모 반격을 가했습니다. 팔레스타인 가자지구에 대한 공습과 포격을 하고 연달아 지상 작전을 펼치면서 걷잡을 수 없는 전쟁 상태로 들어가게 되었습니다. 이들이 싸우는 것은 이번이 처음은 아닙니다. 양측이 어떤 이유로 오랜 기간 싸우게 된 것인지 이유를 살펴봅시다.

이스라엘 – 팔레스타인 간 분쟁의 근원적인 이유는 뿌리 깊은 역사적 갈등에 있습니다. 서로 민족과 종교가 다른 두 집단이 동일한 지역에 대한 권리를 동시에 주장하면서 갈등이 시작되었습니다. 중동에 위치한 이 지역은 이스라엘 민족인 유대인들에게는 신이 약속한 '약속의 땅'이자 유대교의 성전이 있던 곳으로 매우 신성한 곳으로 여겨집니다. 2천 년 전 로마제국에 의해 유대인들은 자신들의 땅에서 강제 추방됩니다. 그후 약 2천 년 동안 유대인들은 전 세계에 뿔뿔이 흩어져 살게 된 것입니다. 마찬가지로 아랍인들에게도 팔레스타인 지역은 2천 년 넘게 살아온 삶의 터전입니다. 조상 대대로 살아온 곳이자, 이들이 믿는 이슬람교의 예언자 무함마드가 하늘로 올라갔다고 믿는 장소가 바로 팔레스타인 지역에 있는 예루살렘입니다. 예루살렘은 기독교에서도 예수의 죽음과 부활의

예루살렘의 성전산(Temple Mount)과 그 정상에 위치한 이슬람 사원의 모습. 예루살렘은 유대교, 기독교, 이슬람교 모두 성지로 여기는 곳이다.

장소로 여겨지고 있으니, 세 종교가 모두 중요한 의미를 부여하는 곳입니다.

본격적인 갈등은 19세기 말에 시작됩니다. 유럽에 흩어져 살던 유대인들이 유럽인들로부터의 차별과 억압으로부터 벗어나기 위해 고향인 팔레스타인 지역으로 모여들었습니다. 당시에는 아랍인들이 주로 거주하고 있었습니다. 제1차 세계 대전 이후 이 지역은 영국의 관리하에 들어가게 되는데, 영국이 유대인의 독립 국가 건설을 약속하면서 상황이 복잡해져 버립니다. 팔레스타인 지역에 유대인 국가를 건설하는 것을 지지한 이 선언을 '**벨푸어 선언**'이라고 합니다. 제2차 세계 대전이 연합국의 승리로 끝난 이후, 국제 연합은 팔레스타인 분할 결의안을 통과시키고 1948년 이 지역에 이스라엘이 건국됩니다.

그러나 이 과정에서 수많은 팔레스타인 사람들이 살던 곳에서 쫓겨났습니다. 중동의 아랍 국가들은 이스라엘을 인정하지 않았고 이스라엘과 아랍 국가 사이에 수차례의 전쟁이 일어나게 됩니다. 이 과정에서 팔레스타인 사람들은 더 큰 피해를 입게 되어 갈등은 더욱 깊어졌고, 이 지역은 중동의 화약고가 되었습니다. 현재도 이스라엘은 정착촌을 계속 확장하면서 팔레스타인 사람들의 영토를 침범하고 있습니다. 팔레스타인 사람들은 독립된 국가로 인정받길 원하지만 이스라엘의 반대로 무산되고 있습니다. 역사, 종교, 정치 문제로 복잡하게 얽혀 있는 이곳에 부디 평화가 안착되길 빌어 봅니다.

2. BTS의 성공이 세계화 덕분이라고요?

세계화란 국경을 뛰어넘어 정치, 경제, 사회, 문화 등 다양한 분야에서의 상호 의존과 교류가 국가를 넘어 세계적 수준으로 확대되는 것을 말합니다. 한류로 인해 우리의 음악, 드라마, 영화 등 문화 콘텐츠가 전 세계인들의 사랑을 받고 있습니다. BTS(방탄소년단)와 같은 글로벌 아이돌의 등장과 성공이 세계화와 깊이 맞물려 있다는 사실을 알고 있나요?

세계화 결과 스마트폰 하나만 있으면 전 세계 사람들과 소통하고, 다른 나라의 뉴스를 실시간으로 볼 수 있습니다. 교통과 통신, 디지털 기술의 발달로 인해 세계화의 속도는 더 빨라지고 있습니다. 그야말로 인류는 물리적 공간의 제약을 뛰어넘어 하나의 지구 공동체에서 살아가는 일원이 된 것입니다.

BTS와 같은 K-문화의 성공은 세계화의 바람을 타고 이루어졌습니다. BTS는 전 세계 100개 이상의 국가에 팬이 있고, 그 숫자만도 수천만 명이 넘을 것으로 추측하고 있습니다. 그야말로 세계적 영향력과 규모를 갖춘 팬덤이라고 할 수 있습니다. 이러한 막강한 힘을 바탕으로 BTS는 전 세계 팬들과 소통하며 한국 문화 전도사 역할을 하고 있습니다. 수많은 외국인이 한국어를 배우고 있으며, 한국 문화 체험을 위해 우리나라를 방문하기도 합니다. 세계화가 한류를 이끈 것처럼, 이제는 한류가 세계화를 촉진하고 있는 모습입니다.

다만 세계화가 가져온 일상의 변화에는 어두운 면도 존재하기 마련입니다. 국가 단위로 존재하던 경제적 불평등이 세계화의 바람을 타고 더 넓고 빠르게 퍼져 가는 문제가 있습니다. 선진국과 개발도상국 간의 경제 격차는 과거와 비교가 되지 않을 정도로 커지고 있습니다. 다국적 기업들이 앞다투어 개발도상국에 공장을 세우지만, 현지 노동자들은 적은 임금을 받고 열악한 노동 환경에 처해지는 경우가 많습니다. 다국적 기업은 막대한 이익을 거두면서도 현지 노동자들의 인권과 생활에 대해서는 관심을 가지지 않습니다. 전자 상거래의 발달로 해외 플랫폼을 통해 저렴한 상품을 사는 일도 흔해졌습니다. 소비자들은 저렴하게 상품을 구매할 수 있어 좋을 수 있지만, 지역 상인이나 소상공인 들은 치명적인 타격을 입고 있습니다.

　　　세계화의 긍정적 효과를 살리면서 부정적 영향을 최소화하려면 어떻게 해야 할까요? 지구 사회의 모든 구성원이 함께 인권을 보장받고, 안정적인 생활을 누리려면 어떻게 해야 할까요? 윤리적인 생산과 소비, 환경 보호와 지속가능한 발전을 위해 우리가 어떤 세상을 만들어 가면 좋을까요?

왜 세계의 절반은 굶주리는가?

기적의 비만 치료제로 불리는 덴마크 N사의 치료제가 2024년 국내에 출시되었습니다. 테슬라 창업자인 일론 머스크가 다이어트에 활용한 비만 약으로 알려져 많은 사람들의 관심을 끌었던 치료제입니다. 국내 출시 기사가 언론을 도배할 정도였으니 사람들이 얼마나 비만 문제에 시달리는지 생각해 보게 됩니다. 매년 새해 목표 가운데 하나가 다이어트가 되어 버린 우리의 삶에서 어느덧 잊힌 단어가 있습니다. 바로 '굶주림'입니다.

장 지글러(Ziegler, J., 1934~)는 『왜 세계의 절반은 굶주리는가?』(1999)라는 책을 통해 우리가 외면하고 살았던 불편한 진실을 들춰 내었습니다. 냉장고에 음식이 가득 차 있는 모습이 우리에게는 너무도 당연하지만, 지금 이 순간에도 지구 어딘가에서는 기아로 허덕이는 사람들이 함께 살아가고 있습니다.

저자는 굶주림의 원인에 대해 목소리를 높입니다. 많은 사람들의 굶주림이 단순히 식량이 부족해서 생기는 문제가 아니라는 것입니다. 우리가 살아가는 지구에는 이미 모든 사람들이 충분히 먹고도 남을 만큼의 충분한 식량이 생산되고 있다는 것입니다. 식량이 남아도는데도 왜 수많은 사람들이 굶주려야 하는 것일까요?

그것은 바로 인간의 '욕심'과 욕심이 만들어 낸 '불평등한 구조' 때문입니다. 이 책은 인간이 만들어 낸 불평등한 구조가 어떤 식으로 작동하는지 추

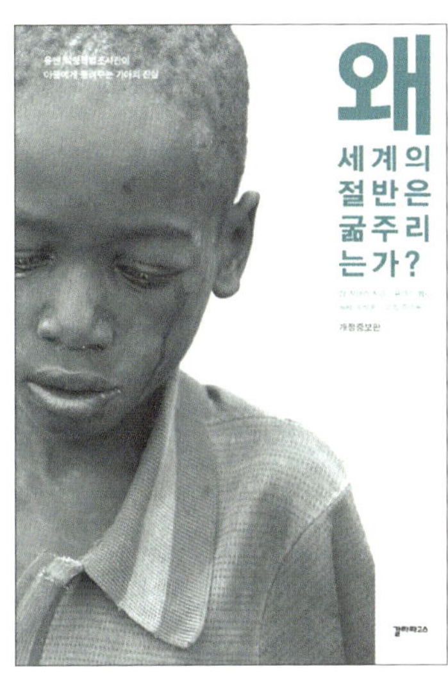

『왜 세계의 절반은 굶주리는가?』 표지.

적하듯이 보여 주고 있습니다. 세계를 호령하는 거대 다국적 기업이 식량 생산과 유통을 장악하여 이익을 추구하면서, 농민들은 자신의 땅에서 쫓겨나고 식량을 빼앗기기도 합니다. 강대국들은 식량을 자원화하여 약소국을 통제하려 하거나, 식량 가격 조정을 통해 과도한 이익을 얻기도 합니다. 이 책은 구체적인 사례를 제시하며 인간 탐욕의 추악함을 차분하게 고발하고 있습니다. 이러한 탐욕이 수많은 사람들을 굶주림으로 내몰고 있는 불행한 현실도 드러내 보여 줍니다.

이 책을 읽는 우리가 할 수 있는 일은 무엇일까요? 장 지글러는 우리에게 호소합니다. 단순히 동정심을 가질 것이 아니라, 근본적인 원인을 제거해야 한다고 말합니다. 바로 우리 모두가 책임감을 가지고 이 불평등한 구조 자체를 바꾸어야 한다는 사실입니다. 우리의 작은 실천이 불평등 구조를 변화시키는 데에 힘이 될 수 있습니다. 공정무역 상품을 구매하거나, 식량을 낭비하지 않는 것도 큰 실천입니다. 이 책을 통해 세계 문제와 해결을 위한 노력에 대해 같이 고민해 보면 좋겠습니다.

지구에 어떤 사람들이 얼마나 살고 있을까?

한번쯤 이런 상상을 해 보면 어떨까요? 지구를 하나의 거대한 집이라고 했을 때, 그 안에는 어떤 사람들이, 어느 방에, 얼마나 살고 있을까요?

2022년 인류는 새로운 이정표를 지나왔습니다. "세계 인구 80억 명 돌파", 한마디로 같은 시대를 살아가는 우리가 무려 80억 명이나 된다는 뜻입니다. 그런데 이 인구는 균등하게 퍼져 살고 있을까요? 정답은 '전혀 그렇지 않다'입니다.

지구본을 돌려 보면 금세 알 수 있습니다. 사람들은 마치 규칙이라도 정한 듯, 북반구의 중위도 지역, 그중에서도 기온이 적당하고 물이 풍부한 평야와 해안가에 몰려 살고 있습니다. 실제로 세계 인구의 90% 이상이 북반구에 집중되어 있고, 사막이나 고산 지대, 극지방엔 상대적으로 사람이 거의 살지 않습니다. 왜일까요?

그 배경에는 단지 기후만 있는 게 아닙니다. 기후를 넘어선 다양한 자연적 요인과 역사, 경제, 정치 등 인문적 요인까지 얽히고설킨 복합적인 이야기들이 지금의 인구 분포를 만든 보이지 않는 손이라고 할 수 있습니다.

만약 전 세계 사람들을 단지 100명이 사는 작은 마을로 줄여 본다면, 그 마을의 모습은 어떨까요? 이 마을에는 아시아에서 온 사람이 59명으로 가장 많아 마을 주민의 절반을 훌쩍 넘습니다. 아프리카에서 온 주민은 17명, 유럽에서 온 주민은 10명이며, 중남미에서 온 사람은 8명, 북미에서 온 사람은 5명 정도 됩니다. 그리고 오세아니아에서 온 주민은 단 1명에 불과합니다. 이렇게 한눈에 보면, 우리 세계는 아시아 사람들이 중심을 이루는 마을이라는 것을 쉽게 알 수 있습니다.

세계에서 가장 많은 인구를 가진 두 나라는 중국과 인도입니다. 이 두 나라만 합쳐도 전체 세계 인구의 약 36%를 차지합니다. 2023년 기준 중국은 약 14억 1,000만 명, 인도는 약 14억 2,000만 명으로, 이들 두 나라의 인구가 세계에 미치는 영향은 매우 큽니다. 이는 주로 두 나라의 풍부한 농경지와 역사적 조건에서 비롯되었으며, 특히 인도는 최근의 경제 성장이 인구 집중을 가속화하고 있습니다. 이 외에도 아시아와 아프리카 대륙에 많은 인구가 분포하고, 특히 아프리카는 인구 증가율이 가장 빠르게 나타나는 지역입니다. 아프리카 대륙의 인구는 1950년대 초반에 비해 3배 이상 증가했으며, 이는 향후 수십 년은 지속될 전망입니다. 서아프리카 국가들이 인구 증가의 중심에 있으며, 이는 출생률이 높은 농촌 지역에서 특히 두드러집니다. 특히 나이지리아는 2030년까지 세계에서 세 번째로 많은 인구를 가질 것으로 예측하고 있습니다.

반면, 앵글로아메리카와 유럽 대륙은 상대적으로 낮은 인구 증가율을 보입니다. 유럽은 인구 밀도가 높은 지역이지만, 여러 국가가 저출생과 고령화로 인해 인구 증가율이 매우 낮습니다. 특히 독일, 이탈리아 등은 인구 감소와 고령화 문제에 직면해 있으며, 이는 경제 성장의 주요 장애물로 작용하고 있습니다. 이러한 나라들은 과거에 비해 출생률이 급격히 낮아졌기 때문에, 노동력 부족 문제와 사회 복지 비용 증가 등의 어려움을 겪고 있습니다. 인구가 상대적으로 적은 오세아니아는 오스트레일리아와 뉴질랜드를 중심으로 경제적, 문화적 중심지가 형성되어 있으며, 그 외의 지역은 인구 밀도가 매우 낮습니다.

각 대륙의 인구 분포의 차이는 기후, 지형, 자원, 역사적 배경과 관련이 있으며, 이는 각 지역의 경제적, 사회적 특성을 반영하는 중요한 요소입니다.

인구 구조는 특정 인구 집단의 성별, 연령, 사회적 특성 등을 의미하며, 사회의 여러 양상을 보여 주는 중요한 지표입니다. 각 지역의 인구 구조는 그들의 경제적·사회적 상태를 나타내며, 여러 가지 패턴을 띠고 있습니다.

세계적으로 인구 구조는 빠르게 변화하고 있습니다. 인구 피라미드는 인구 구조를 시각적으로 나타내어 각 나라의 인구 구조를 한눈에 파악할 수 있게 해 줍니다. 예를 들어, 나이지리아와 같은 국가들은 '피라미드'를, 일본과 같은 고령화 국가는 '역피라미드' 형태를 보입니다. 선진국들은 점차 고령화 사회로 접어들고 있으며, 개발도상국들은 여전히 유소년층과 청장년층 인구가 많다는 것을 그래프로 보면 더 확실하게 알 수 있습니다.

선진국은 출생률은 낮지만 높은 수준의 의료 기술로 인해 기

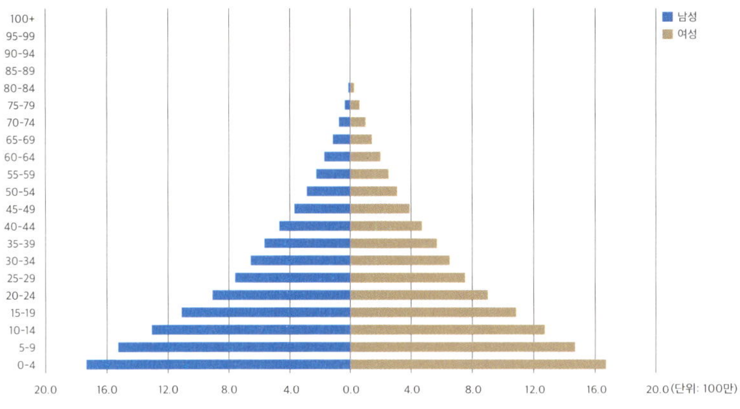

2020 나이지리아 인구 피라미드.

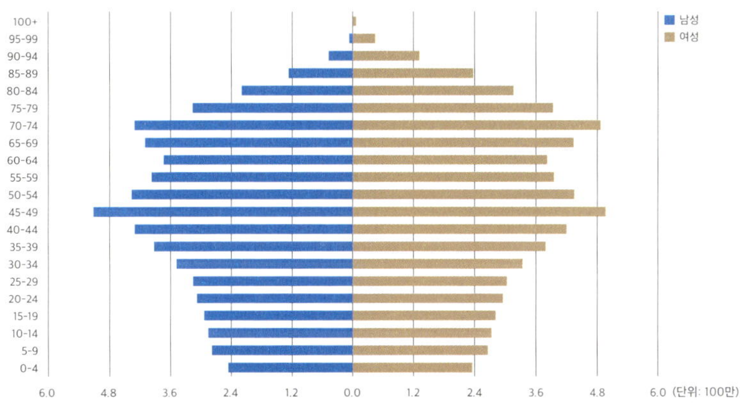

2020 일본 인구 피라미드.

대 수명은 높습니다. 그러다 보니 유소년층 인구 비율이 낮고, 노년층 인구 비율은 상대적으로 높습니다. 일본은 세계에서 가장 빠르게 고령화가 진행되는 나라로, 65세 이상의 고령 인구 비율이 2024년 기준으로 30%에 육박하는 수준입니다. 그로 인해 사회보장 제도와 의료 시스템에 대한 부담이 가중되고 있으며, 젊은 인구 감소로 인해 노동력 부족 문제가 지속되고 있습니다. 일본은 이를 해결하기 위해 인공지능(AI)과 로봇 기술을 활용해 고령자 지원 시스템을 강화하고 있지만, 여전히 많은 과제가 남아 있습니다.

아프리카와 아시아 일부 국가들은 상대적으로 젊은 인구가 많습니다. 이 국가들은 선진국들에 비해 전통문화와 종교의 영향으로 출생률이 높고, 의료 기술이 아직 미흡하고 생활 수준이 낮아 사망률이 높습니다. 아프리카는 유소년층 인구 비율이 40% 이상인 나라가 많습니다. 이는 경제 발전의 잠재력이 되기도 하지만, 동시에 교육, 보건, 일자리 창출 등 다양한 사회적 문제가 발생합니다. 소말리아, 차드 같은 나라는 높은 출생률로 인한 인구 과잉 문제를 겪고 있으며, 이는 국가의 경제적 자원 부족 문제와 맞물려 있습니다.

인구 구조에서 성비는 특정 지역이나 집단에서 여성 100명당 남성의 수로 나타낸 남녀 인구의 상대적 비율을 나타내며, 특정 사회의 문화적·경제적 특성을 반영합니다. 중국의 경우, 한 자녀 정책과 남아 선호 사상이 맞물려 남성 인구가 여성 인구보다 많은 불균형이 발생하기도 했습니다. 인구 구조 측면에서 이민 문제도 세계적으로 중요한 이슈입니다. 선진국들이 노동력 부족을 해결하기 위해 이민자를 받아들이고 있지만, 이민자들의 정착과 사회적 통합 과정에서 여러 문제가 발생하기도 합니다. 유럽 연합은 난민 위기를 겪으면서 대규모 이민자 유입과 관련된 문제들을 논의 중이며, 이는 사회적, 경제적 갈등을 불러일으키고 있습니다.

인구 이동은 사람들이 경제적, 정치적, 사회적 이유로 한 지역에서 다른 지역으로 이동하는 현상을 뜻합니다. 이러한 이동은 그 지역의 인구 분포와 구조에 큰 영향을 미칩니다. 전 지구적 범위에서 인구 이동은 개발도상국에서 선진국으로 좋은 일자리를 찾아 떠나는 경제적 이동, 국내 정치 불안과 분쟁으로 인한 정치적 이동, 종교적 신념에 따른 종교적 이동, 환경 문제와 자연재해로 인한 환경적 이동 등 다양한 형태가 존재합니다.

역사적으로, 인구 이동은 주로 경제적 기회와 안전한 생활을 찾아 이주하는 형태가 대부분이었습니다. 19세기 말과 20세기 초, 유럽에서 미국으로의 이민 물결은 노동자 계층이 경제적 기회를 추구한 대표적인 사례였습니다. 오늘날에도 많은 개발도상국 사람들이 더 나은 삶을 위해 선진국으로 이주하고 있습니다. 중동, 유럽, 북미는 경제적 기회를 찾아서 오는 국제 이주민들로 인해 인구 이동의 큰 중심지가 되고 있습니다. 특히 미국은 역사적으로 이주민의 나라로 불리며, 다양한 국가에서 온 이주민들이 미국 사회의 중요한 구성원으로 자리 잡았습니다.

20세기 중반 이후 산업화와 도시화가 급격히 진행되면서, 많은 농촌 인구가 도시로 이주했습니다. 산업화가 진행된 국가에서는 농촌에서 도시로의 대규모 이동이 이루어졌습니다. 중국의 경우 '농민공'이라 불리는 이주 노동자들이 대도시로 몰려들면서 도시화가 급속히 진행되었습니다. 서울, 베이징, 자카르타, 뭄바이 같은 대도시는 급격히 인구가 증가하면서, 교통 체증, 주택 문제, 환경 오염 등의 문제가 나타

서울의 교통 체증 모습.

중국의 '농민공'과 인구 이동

'농민공'은 농업 호적을 유지한 채 도시로 나와 일하는 농촌 출신 노동자를 말합니다. 중국은 1958년부터 농촌 인구의 무분별한 도시 유입을 막기 위해 농업 호구와 도시 호구를 나누고, 이를 자유롭게 이동하지 못하도록 엄격히 규제해 왔습니다.

이 때문에 농민공은 도시에 거주하며 일하더라도 도시 호적이 없어 의료보험이나 연금 같은 사회보장 혜택에서 제외되는 경우가 많습니다. 주로 낮은 임금의 제조업·건설업·서비스업에 종사하며, 개혁·개방 이후 늘어난 노동력 수요를 충당해 중국이 '세계의 공장'으로 성장하는 데 큰 역할을 했습니다.

그러나 저임금 노동력에 의존해 빠른 경제 성장을 이룬 만큼, 도시에서 불안정하게 살아가는 농민공이 많다는 점은 중국 사회가 풀어야 할 과제가 되었습니다. 최근에는 농민공들의 권리 의식이 높아져 파업이 늘어나고, 부모가 도시로 떠난 뒤 고향에 남겨진 '류수아동(留守兒童)'의 교육 불평등 문제가 사회적 문제로 떠오르고 있습니다.

정말 나라가 가라앉을까?

"지금 우리는 가라앉고 있다."
2021년 투발루라는 작은 나라의
외무부 장관이 유엔 기후 변화 협
약 당사국총회에 보내는 성명에
서 한 말입니다. 발밑에 바닷물이
넘실대는 이곳은 예전에는 육지
였습니다. 전 국토의 해발고도가
5m 이하로 그마저 매년 물이 차
오르며 나라가 사라질 위기에 놓

연설 중인 투발루 외교부 장관.

였습니다. 투발루는 주변 국가인 오스트레일리아를 상대로 매년 자국 인
구의 2.5%에 해당하는 280명을 기후 난민으로 받아들여 달라는 내용의
'기후 안보 협상'을 벌이고 있고, 실제로 2023년에 양 국가는 팔레필리 조
약을 체결하였습니다. 그런데 과연 이것은 투발루만의 문제일까요?
라틴 아메리카 최초의 기후 난민이 등장한 곳이 있습니다. 파나마 본토에
서 약 1.2km 떨어진 가르디 수그두브가 바로 그곳입니다. 이 섬에서는
1,300여 명의 구나(Guna)족 사람들이 바다에서 랍스터 낚시를 하거나
본토 맹그로브 숲의 목재를 팔아 생활해 왔고, 일부는 관광 수입을 통해
살아왔습니다. 그러나 해수면 상승으로 섬 대부분이 물에 잠기면서 삶의
터전을 육지로 옮기게 되었습니다. 파나마 정부는 이들 섬 주민을 남아메
리카의 첫 기후 난민이라고 규정했습니다.
조코 위도 인도네시아 대통령은 수도를 자카르타에서 누산타라로 옮기
겠다고 발표했습니다. 자카르타는 원래 바다였던 곳에 흙이 퇴적돼 형성
된 도시로 면적의 60% 이상이 해수면 아래에 있었습니다. 수도를 옮기는
이유는 1,000만 명이 넘게 거주하는 지금의 수도 자카르타가 인구 과밀
화와 해수면 상승 문제로 놀라울 만큼 빠른 속도로 가라앉고 있기 때문입
니다.

났습니다.

전쟁, 기후 변화, 정치적 불안정으로 인해 많은 난민이 국경을 넘어 이동하고 있습니다. 시리아인들은 오랫동안 지속되고 있는 내전으로 인해 많은 사람들이 난민이 되어 다른 나라로 이동했습니다. 기후 변화로 인한 인구 이동도 새로운 문제로 떠오르고 있습니다. 사막화, 해수면 상승, 폭염 등의 영향으로 기후 난민이 증가하고 있습니다. 태평양의 투발루와 마셜 제도 등 해양 국가들은 계속되는 해수면 상승으로 인해 주민들이 이주해야 할 위기에 처해 있습니다. 기후 난민 문제는 이제 더 이상 특정 지역의 문제가 아니라 국제 사회가 함께 해결해야 할 과제가 되었습니다.

인구가 부족한 나라, 인구가 넘치는 나라

세계 인구는 급속히 증가하고 있으며, 이는 여러 사회적·경제적 문제를 초래하고 있습니다. 인구 문제는 국가나 지역에 따라 다양한 양상으로 나타납니다. 일부 국가는 출생률 저하, 고령화, 인구 감소에 직면해 있는 반면, 다른 지역은 인구 과밀과 도시 집중 문제를 겪고 있습니다. 우리나라의 경우 전체적으로는 출생률 저하와 고령화, 인구 감소가 진행되고 있지만, 동시에 수도권과 주요 도시로 인구가 집중되면서 지역 간 불균형과 도시 과밀 문제도 함께 나타나고 있습니다. 이처럼 인구 문제는 보편적인 주제이지만, 그 형태와 원인은 국가와 지역의 특성에 따라 서로 다르게 전개됩니다.

전 세계적으로 많은 선진국이 저출생 문제에 직면해 있습니다. 우리나라를 포함하여 일본, 이탈리아와 같은 국가들에서는 경제 성장과 고용 불안정, 높은 주거 비용 등의 이유로 출생률이 하락하고 있습니다. 선진국은 출생률 저하를 해결하기 위해 출산 장려금과 육아 지원금 등 다양한 제도를 도입했지만, 이러한 정책이 근본적인 문제는 해결하지 못한다는 평가를 받고 있습니다. 저출생 문제를 해결하기 위해서는 경제적 지원뿐만 아니라, 여성의 경력 단절 문제를 해결하고, 일과 가정의 양립이 가능한 사회적 환경을 조성하는 것이 중요합니다. 유연 근무제 도입과 같은 가족 친화적 정책이 장기적으로 긍정적인 영향을 미칠 수 있습니다.

선진국은 고령화로 인한 노동력 부족 문제를 해결하기 위해 다양한 정책을 시행하고 있습니다. 고령화는 경제적 부담을 가중하고, 특히 의료비와 연금 체계에 큰 영향을 미칩니다. 고령화가 심해지고 인구는 계속 감소한다면 이는 국가 경제 성장의 둔화, 노동력 부족, 지역 사회 쇠퇴와 같은 문제가 나타날 수 있고, 더욱이 이런 문제는 농촌 지역에 더 큰 충격을 줄 것으로 예상됩니다. 이미 고령화 문제에 직면한 일본은 고령화로 인한 간병 인력 부족 문제를 해결하기 위해 로봇 간병인 시대를 대비하고 있습니다. 이러한 기술적 혁신은 노인 돌봄의 효율성을 높이는 한편, 인력 부족 문제를 완화하는 데도 기여하고 있습니다. 고령화 문제를 해결하기 위해서는 노동 시장의 유연성을 높이고, 노인의 경제적 활동을 지원하는 정책이 필요합니다. 또한, 인공지능과 로봇 기술을 활용한 의료 시스템의 혁신이 중요한 대안으로 떠오르고 있습니다.

　　개발도상국은 높은 출생률과 인구 과잉 문제에 직면하고 있습니다. 아프리카는 여전히 유소년층과 청장년층 인구 비중이 높아 평균 연령이 19세에 불과합니다. 개발도상국들은 인구가 빠른 속도로 증가하는 데 비해 교육, 보건, 주택 등의 기본적인 사회보장제도는 터무니없이 부족합니다. 이를 해결하기 위한 노력의 일환으로 가족계획 정책을 시행하고 여성 교육을 확대하고 있습니다. 예를 들어, 방글라데시는 여성의 교육을 강화하고, 여성의 노동시장 참여를 촉진하는 정책을 통해 출생률을 안정시키고 경제 발전을 이루었습니다. 방글라데시 정부는 1990년대부터 초등교육 강화와 함께 여학생에 대한 재정적 지원을 통해 성평등 달성 등에 있어 중요한 역할을 했습니다. 이 같은 노력에 힘입어 경제 활동에 참여하는 여성(2018년 기준)이 1,860만 명으로 증가했고, 세계경제포럼(WEF)에서 발표한 글로벌 성별 격차 지수(GGGI, Global Gender Gap Index)로 집계한 성평등 분야에서 3년 연속으로 남아시아 국가 중 1위를 차지하기도 했습니다.

　　한편, 도시 인구 과밀은 교통, 주택, 환경 문제를 일으키며, 전반적인 삶의 질을 떨어뜨립니다. 대표적인 사례로 인도를 들 수 있습니다. 인도의 경제 수도인 뭄바이는 인프라가 부족하여 인구 과밀로 인한 심각한 사회적 문제가 발생하고 있습니다. 뭄바이와 교외 지역을 연결하는 철도는 수용 인원의 3배를 훌쩍 뛰어넘는 일일 600만 명을 수송하기도 하며, 매일 7,000톤의 쓰레기가 배출되지만, 마땅한 재활용 제도가 없는 상황입니다. 일부 선진국의 대도시는 주변 도시에 비해 인구

인구 과밀인 일본 도쿄의 모습.

과밀 문제에 직면해 있습니다. 일본은 그 해결책의 하나로 도쿄에서 스마트 시티 개념을 도입하여 도시의 효율성을 극대화하려 하고 있습니다. 자율 주행차, 스마트 교통 체계, 에너지 절약 건축물을 도입했습니다. 이처럼 인구 과밀 문제를 해결하기 위해서는 도시 개발의 방향을 스마트 시티로 전환하고, 교외 지역 개발을 통한 인구 분산 정책을 추진하는 것이 중요합니다. 일본은 농촌 지역의 인구 감소 문제를 해결하기 위해 지역 활성화 프로젝트도 추진하고 있습니다. 젊은 세대를 농촌으로 유입시키고, 지역 경제를 회복시키기 위한 정책으로, 새로운 창업을 장려하고, 농촌의 관광 산업을 활성화하는 데 중점을 두고 있습니다.

　　인구 감소 문제를 해결하기 위해서는 출생률을 장기적으로 회복시키는 동시에, 이주와 이민 정책의 도입이 필요합니다. 지역 사회의 경제적 활력을 높이고, 청년들이 정착할 수 있는 환경을 제공하는 것도 중요합니다. 특히 기술 혁신과 원격 근무의 도입으로 지역 간 경제적 격차를 줄이는 데 노력을 기울일 필요가 있습니다.

이처럼 한 국가 안에서도 지역마다 인구 구조는 크게 다를 수 있습니다. 특히 산업 구조나 생활 환경의 차이가 지역 간 인구 이동을 촉진하는 중요한 요인이 됩니다. 첨단 산업이나 서비스업이 발달한 지역은 젊은 층이 몰려들어 활력이 넘치지만, 농업이나 전통 제조업에 의존하던 지역은 일자리가 줄어들며 인구가 빠르게 감소하기도 합니다. 더불어 지역별 교육과 문화, 의료 서비스의 격차도 사람들의 선택에 큰 영향을 미칩니다. 어린 자녀를 둔 가구는 교육 여건이 좋은 대도시로 옮겨가려 하고, 노년층은 생활비가 비교적 저렴하고 조용한 소도시나 농촌으로 이주하기도 합니다. 최근에는 원격 근무와 디지털 기술의 발달로 대도시 밖에서 새로운 삶을 모색하는 사람들도 늘고 있지만, 이러한 움직임이 아직 지역 전체의 인구 감소 흐름을 바꿀 만큼 크지는 않은 상황입니다. 결국 같은 나라 안에서도 어떤 지역은 사람과 기회가 집중되고, 다른 지역은 점점 텅 비어 가는 모습이 공존하고 있는 것입니다.

저출생, 고령화, 인구 과밀, 인구 감소는 전 세계가 직면하고 있는 도전 과제이며, 이러한 문제들은 단기적인 해결책만으로는 극복할 수 없습니다. 무엇보다 문제 해결을 위해서는 국가 간 협력과 다양한 정책적 접근이 필수적입니다. 인구는 인간 사회의 기본적인 틀을 형성하는 중요한 요소이며, 그 변화와 흐름을 이해하고 대처하는 것은 미래 사회의 방향을 결정짓는 중요한 과제가 될 것입니다. 세계 각국은 이러한 인구 문제를 공통의 관심사로 인식하고, 서로 협력하여 지속가능한 사회를 만들기 위한 노력을 계속해 나가야 합니다.

인구 절벽에서 떨어지지 않으려면

우리나라는 현재 심각한 저출생과 고령화 문제를 겪고 있습니다. 우리나라의 합계출산율은 2024년 기준 세계 최저 수준인 0.75명입니다. 이는 미래의 노동력 부족과 경제 성장 둔화를 예고하는 수치라고도 할 수 있습니다.

이를 해결하기 위해서는 저출생의 직접적 원인인 일과 가정의 양립, 양육, 주거 등의 문제에 집중해 사회·문화적 인식의 변화와 함께 정책적 지원이 이뤄져야 합니다. 우리나라는 저출생 문제를 해결하기 위해 육아를 지원하고 출산 장려금 지급 등을 시행하고 있습니다. 더불어 보육 시설을 확충하고, 육아 휴직 제도를 개선해 남성도 적극적으로 육아에 참여할 수 있도록 하는 노력을 펼치고 있습니다. 저출생의 지속가능한 대응 관점에서 청년 일자리 창출, 주택 가격 안정화, 수도권에 일자리가 양적·질적으로 편중된 노동시장의 양극화 문제 등 구조적 요인을 개선하는 노력이 장기적으로 추진될 필요성도 있습니다.

65세 이상 고령 인구의 비율은 빠르게 증가하고, 이에 따라 연금 제도와 의료 서비스에 대한 부담이 가중되고 있습니다. 고령 인구 문제를 해결하기 위한 노력으로는 '노인 일자리 창출 사업'과 '노인 복지 강화' 등이 주요한 해결 방안으로 제시되고 있습니다. 서울시는 60세 이상의 고령자를 위한 '어르신 일자리 사업'을 운영하여, 고령자들이 경제 활동에 참여할 수 있도록 돕고, 사회적 약자의 권리를 보장하기 위한 정책도 확대하고 있습니다.

우리나라 정부는 2024년에 본격적으로 생활인구 개념을 도입했습니다. 생활인구란 특정 지역, 특정 시점에 머무는 모든 인구로 여기에는 등록 외국인도 포함됩니다. 기존에 정주하는 인구뿐 아니라 통근, 통학, 관광 등의 이유로 월 1회, 하루 3시간 이상 체류하는 인구입니다. 이는 교통과 통신이 발달하면서 지역 이동성과 활동성이 급격히 늘어난 현실을 반영한 개념입니다. 생활인구는 지역의 인구 절벽 문제를 해결하기 위한 마중물이 될 수 있습니다. 인구 감소 지역에서는 생활인구가 지역에 활력을 불러일으켜 경제를 활성화시킬 수 있는 점에 주목하고, 생활인구를 적극 지원하고 관리하면서 그들의 창업을 돕고, 신산업 육성에 활용할 계획입니다. 생활인구는 지방 이주 청년과 도시민을 위한 농촌 공간 재설계와 차별화된 인프라 제공, '지역 활력 타운' 조성, '농어촌 소규모 체험 주택' 도입 등 지역 소멸을 극복하기 위한 계획과도 깊은 관련이 있습니다. 중앙 정부와 지방 자치 단체는 상호 협업을 통해 생활인구 증가를 위한 제도적 지원과 규제 개선을 추진할 예정입니다.

이밖에도 이민 정책을 통해 인구 문제를 해결할 수 있다는 견해도 있습니다. 외국인 노동자를 적극적으로 받아들이고, 그들이 사회에 적응할 수 있도록 돕는 프로그램이 필요합니다. 단순히 일회성 노동자로 바라보는 데서 나아가 그들을 우리 사회의 일원으로 받아들이고, 외국인 주민들의 권리 보호와 그들과의 통합을 위한 노력을 진행해야 합니다. 다문화 가정과 외국인 근로자들의 권익을 보호할 수 있는 실질적인 법을 갖추는 것도 중요합니다.

화석 에너지와 신재생 에너지, 무엇이 최선일까?

에너지 자원은 우리의 일상에서 없으면 안 될 아주 중요한 자원입니다. 우리가 매일 사용하는 전기, 난방, 교통수단 등 많은 부분에서 필요합니다. 에너지 자원은 크게 화석 에너지와 신재생 에너지로 나눌 수 있습니다. 화석 에너지는 석유, 석탄, 천연가스와 같은 자원으로, 과거부터 현재까지 주로 사용되고 있는 에너지입니다. 반면, 신재생 에너지는 태양광, 풍력, 수력 등 자연에서 계속해서 공급될 수 있는 자원으로, 최근에는 환경 문제를 해결하고 지속가능한 발전을 가능케 한다는 점에서 주목받고 있습니다.

먼저, 화석 에너지의 분포와 소비 현황을 살펴보면, 석유, 석탄, 천연가스와 같은 화석 에너지는 특정 지역에 집중적으로 분포합니다. 석유는 중동 지역에서 대부분 생산되며, 석탄은 중국, 인도, 미국 등이 주요 생산국입니다. 천연가스는 러시아와 미국이 주요 생산국입니다. 이러한 자원은 특정 지역에 집중되어 있기에, 자원이 없는 나라들은 이를 확보하기 위해 치열한 경쟁을 벌입니다.

일상생활에서 화석 에너지를 사용하는 일은 매우 많습니다. 예를 들어, 자동차 연료인 휘발유나 경유는 석유에서 나옵니다. 가정에서 사용하는 난방과 조리 기구 역시 연료로 천연가스나 석유를 많이 활용합니다. 특히 겨울철에 난방을 위해 사용하는 가스히터는 천연가스를 기반으로 작동합니다. 전력 생산을 위한 발전소에서는 석탄을 태우거나 천연가스를 사용하여 전기를 만들어 가정에 공급합니다. 이러한 화석 에너지는 생활 속 거의 모든 분야에서 사용되기 때문에, 그 소비량이 매우 많습니다.

화석 에너지는 우리 일상에 많은 편리함을 제공하지만, 한편으로는 연소 과정에서 기후 변화의 주요 원인으로 지적되는 이산화탄소를 다량으로 배출하는 문제가 있습니다. 또 언젠가는 고갈될 수 있는 자원이기 때문에 장기적으로 지속가능한 에너지로는 적합하지 않습니다. 따라서 이러한 에너지원의 사용을 줄이고 대체할 수 있는 신재생 에너지의 사용을 확대하는 것이 중요합니다.

신재생 에너지는 자연에서 지속적으로 공급되는 에너지로, 환경에 미치는 영향이 적고 고갈될 위험이 없으므로 장기적으로 지속가능한 에너지 자원으로 각광받고 있습니다. 태양광, 풍력, 수력 등이 대표적인데, 최근 몇 년 사이에 신재생 에너지의 사용이 급격히 늘어나는 이유는 환경 문제와 에너지 자원의 고갈 우려 때문입니다.

태양광은 우리가 일상에서 쉽게 접할 수 있는 신재생 에너지입니다. 많은 가정과 건물의 지붕에 태양광 패널을 설치하여 전기를 생산하고, 이렇게 생산한 전기는 집에서 사용할 수 있습니다. **풍력**은 바람이 많이 부는 지역에서 큰 풍력 발전기를 통해 전력을 생산하는 방식입

태양광 에너지를 이용해 전기자동차에 에너지를 공급하는 프랑스의 충전소 모습.

니다. 특히 바람이 많이 부는 해양에서 활발히 이루어지고 있습니다. 수력은 강이나 댐을 이용하여 물의 흐름을 전기로 바꾸는 방식으로, 대규모 발전소뿐만 아니라 소규모 수력 발전도 많이 활용됩니다.

많은 풍력 발전소에서 생산된 전기를 가정에 공급하기도 하고, 수력 발전을 통해 전력망을 유지합니다. 우리나라에서는 한강과 같은 큰 강을 이용해 전력을 생산하며, 해발 고도가 높은 곳이나 해안가 등 풍력 발전이 가능한 지역에서는 전기를 생산하여 도시로 보냅니다.

하지만 신재생 에너지도 한계는 있습니다. 태양광은 날씨와 시간에 큰 영향을 받습니다. 날씨가 흐리거나 태양이 없는 밤에는 전력을 생산할 수 없습니다. 풍력 역시 바람이 없는 날에는 발전을 하지 못하

2050년까지 사용 전력의 100%를 태양광, 풍력 등 재생 에너지로만 충당하겠다는 다국적 기업들의 자발적인 약속입니다. 연간 100GWh 이상 사용하는 전력 다소비 기업을 대상으로 2021년 말 기준으로 애플, TSMC, 인텔 등 350여 개 글로벌 기업이 참여하고 있습니다. 2014년 영국의 비영리 단체인 기후 그룹(The Climate Group)과 탄소 공개 프로젝트(Carbon Disclosure Project)가 처음 제시했어요. 기업 입장에서 RE100 참여는 생산 비용 상승으로 직결되지만 살아남기 위해서는 피할 수 없는 국제적 흐름입니다.

기 때문에, 이들 에너지를 보완할 수 있는 효율적인 저장 시스템이 필요합니다. 이에 따라, 신재생 에너지와 화석 에너지를 함께 사용하는 하이브리드 시스템이나 스마트 그리드 기술이 중요한 역할을 하고 있습니다. 하이브리드는 두 개 이상의 요소, 물질이 결합한 형태를 말하고, 스마트 그리드는 전력망에 정보 통신 기술을 적용하여 공급자와 소비자가 양방향에서 정보를 교환함으로써 에너지 효율을 높이는 전력 인프라 시스템을 의미합니다.

한편 화석 에너지 자원은 그 분포와 소비 현황에 따른 문제점도 있습니다. 화석 에너지는 그 분포가 불균형적이어서 일부 국가들은 자원의 확보에 어려움을 겪고, 또 자원 보유국이 자신들의 정치적인 요구 사항을 관철시키기 위해 협상의 도구로 자원을 이용해서 국제적인 분쟁이 일어나기도 합니다. 화석 에너지의 과다 사용은 지구 온난화와 환경 파괴를 초래하는 주요 원인으로도 지목되고 있습니다. 석탄을 태우는 발전소에서 배출되는 대기 오염 물질은 대기질을 악화시키고, 석유를 사용하는 교통수단은 미세 먼지와 온실가스를 증가시킵니다. 이로써 기후 변화와 환경 문제는 점점 심각해지고 있으며, 이는 결국 인간의 건강과 삶의 질에 부정적인 영향을 미치게 됩니다.

결국, 에너지 자원의 분포와 소비 실태에 따른 문제를 해결하기 위해서는 화석 에너지에 대한 의존도를 줄이고, 신재생 에너지의 사용을 늘려야 합니다. 이는 환경을 보호하고 자원의 고갈을 막으며, 지속가능한 세계를 실현하고 미래 세대에게 깨끗한 환경을 물려주기 위해 반드시 필요한 변화입니다. 에너지 효율이 높은 기기 사용, 대중교통 이용, 태양광 패널 설치 등 우리가 일상에서 하는 작은 실천들이 환경을 보호하는 데 중요한 역할을 할 수 있습니다.

기후 변화가 불평등과 관계가 있을까?

기후 변화는 인류가 직면한 가장 심각한 환경 문제로, 이는 지구의 기온 상승, 해수면 상승, 극단적인 기후 현상들의 발생 빈도 증가 등 다양한 형태로 나타납니다. 이러한 기후 변화는 우리의 일상뿐 아니라 지구 생태계에도 심각한 위협을 가하고 있습니다. 기후 변화는 특정 국가만이 아니라 전 세계가 맞닥뜨린 문제이고, 그래서 이에 대응하는 데에는 전 세계가 함께 협력해야 합니다. 지속가능한 발전을 통해 미래 세대에게 건강하고 안전한 환경을 물려줄 방안을 마련해야 합니다. 기후 변화 대응과 지속가능한 발전은 밀접한 관계를 지니고, 이를 위해서는 국제적인 협력, 제도적 방안 마련, 그리고 개인적인 노력이 모두 필요합니다.

2015년, 196개국이 참가하고 프랑스 파리에서 열린 제21차 유엔 기후 변화 협약 당사국총회에서 채택된 '파리 기후 변화 협정'은 기후 위기를 극복하기 위한 중요한 전환점을 마련했습니다. 지구 평균 기온 상승을 산업화 이전 수준보다 2℃ 이하로 제한하는 것을 목표로 정했습니다. 이 협정은 기후 변화로 인한 영향을 최소화하기 위해 모든 국가가 탄소 배출을 대폭 줄여야 한다는 데도 합의했습니다. 이러한 협약은 기후 변화 대응을 위한 중요한 첫걸음이 되었고, 국제적인 협력이 없이는 이 문제를 해결할 수 없다는 사실을 전 세계에 일깨워 줬습니다.

기후 변화 대응에서 중요한 개념 중 하나는 '기후 정의'입니다. 기후 정의는 기후 위기로부터 야기된 불평등과 양극화의 문제를 공정

스리랑카에서 사이클론 니샤로 인한 홍수로 대피하는 이재민들.

하게 바로잡는다는 개념입니다. 기후 변화는 전 세계 모든 국가에 영향을 미치지만, 그 피해 정도는 국가마다 다릅니다. 특히 개발도상국은 기후 변화로 인한 피해가 더 심각할 수 있는데, 이들 국가는 자원이나 기술적 역량이 부족하여 기후 변화에 대응하는 것이 더 어렵기 때문입니다. 실제로 홍수나 가뭄, 폭염 같은 기후 변화로 인한 자연재해가 발생했을 때 개발도상국이 더 큰 피해를 입는 경우가 많습니다. 방글라데시는 전 세계 온실가스 배출량 중 불과 0.4%를 차지하고 있지만, 국토의 80%가 저지대에 놓였다는 지리적인 이유로 홍수·침식 피해가 심각하며, 2050년까지 국토의 11%가 유실돼 대규모 기후 난민이 발생할 가능성이 큽니다. 이처럼 기후 변화는 나라 간 불평등을 심화시킬 수 있기 때문에, 그에 대한 대응에는 기후 정의가 필수적입니다. 선진국은 그동안 산업 발전을 이루는 과정에서 기후 변화의 주요 원인인 온실가스를 개발도상국에 비해 훨씬 많이 배출해 왔습니다. 기후 변화 문제에 더 큰 책임이 있는 것입니다. 따라서 이들은 더 앞장서 탄소 배출을 줄여야 하며, 개발도상국에 대한 기술적 지원과 자금 제공 등을 해 주어 그들이 기후 변화 대응에 동참할 수 있도록 해야 합니다.

지속가능한 발전은 기후 변화 대응의 핵심적인 목표 중 하나입니다. 환경을 보호하는 것을 넘어서, 경제적, 사회적 발전을 동시에 추구하는 모델입니다. 현재의 자원을 효율적으로 사용하면서도, 미래 세대가 자원을 고갈하지 않고 지속적으로 이용할 수 있도록 하는 것이 중요합니다.

지속가능한 발전을 위한 주요 목표 중 하나는 '탄소 중립'입니다. 탄소 중립은 우리가 배출하는 탄소의 양과 동일한 양의 탄소를 흡수하거나 상쇄하여, 결과적으로 탄소 배출량을 0으로 만드는 것을 의미합니다. 이는 지구 온난화 방지를 위한 중요한 전략이며, 각국 정부는 탄소 중립을 목표로 하는 다양한 정책을 시행하고 있습니다. 전기차의 보급을 확대하거나, 재생 가능한 에너지의 비율을 높이는 등의 노력이 기후 변화 대응에 중요한 역할을 하고 있습니다. 탄소 중립 목표를 달성하기 위해서는 각국 정부와 기업 들의 협력이 필요하며, 이를 위해서는 새로운 기술 개발과 대규모 인프라 구축이 필수적입니다.

지속가능한 발전을 위한 방법

지속가능한 발전을 이루기 위해서는 국가 차원에서 제도적 방안을 마련하는 것이 무엇보다 필요합니다. 탄소 배출을 줄이기 위한 법적 규제, 경제적 유인책, 그리고 재생 가능 에너지 생산을 촉진하는 정책 들이 필요합니다. 탄소세를 부과하거나, 신재생 에너지에 대한 투자 확대를 유도하기 위해 기업에 세금 혜택을 제공하는 등의 정책이 있습니다. 정부는 탄소 배출이 적은 친환경 기술의 연구 개발을 장려하고, 이를 상용화하는 데 필요한 인프라를 구축해야 합니다. 지속가능한 발전을 위해서는 국제적인 협력도 매우 중요합니다. 각국 정부가 공동의 목표를 가지고 기후 변화 대응에 나서야 하며, 여기에는 국제적인 회의와 협약 들이 중요한 역할을 합니다.

개인적인 노력도 매우 중요합니다. 우리가 일상생활에서 실천할 수 있는 작은 행동들이 모여 큰 변화를 일으킬 수 있기 때문입니다. 에너지 효율이 높은 기기를 사용하고, 대중교통을 이용하며, 재활용을 실천하는 것 들이 모두 기후 변화 대응에 도움이 되는 실천입니다. 전기차를 이용하거나, LED 전등을 사용하는 것만으로도 탄소 배출을 줄이는 데 기여할 수 있고, 집에 태양광 패널을 설치해 자가발전을 하는 것도 탄소 중립에 기여하는 방법 중 하나입니다.

특히, 개발도상국에서는 '적정 기술'의 도입이 매우 중요합니다. 적정 기술은 그 지역의 환경과 경제적 조건을 고려하여 개발된 기술입니다. 저비용이면서도 친환경적인 기술을 활용하여 기후 변화 대응과 지속가능한 발전을 이루는 것을 목표로 합니다. 농촌 지역에서 태양

어스아워(Earth Hour)는 세계자연기금(WWF)이 주최하는 환경 운동 캠페인입니다. 2007년 오스트레일리아에서 처음 시작된 이래 매년 3월 마지막 주 토요일 저녁 8시 30분부터 1시간 동안 불을 끔으로써 지구에게도 휴식 시간을 주는 것입니다. 이런 행동을 통해 기후 위기와 자연 파괴 문제의 심각성을 알리고 이를 해결하기 위해 세계 시민이 연대해야 한다는 것을 일깨우는 것입니다. 전 세계 시민들이 동참하고 남산 서울타워, 프랑스의 에펠탑, 오스트레일리아의 오페라하우스 등 세계 주요 명소에서도 불을 끄며 사람과 자연을 위한 목소리에 힘을 보태고 있습니다.

광을 이용한 물 펌프 시스템이나, 재활용 자원 에너지 생산 시스템을 도입하는 것들이 바로 적정 기술의 좋은 예입니다. 이러한 기술들은 개발도상국의 현실적인 문제를 해결하면서도, 환경에 미치는 영향을 최소화하는 방법이 될 수 있습니다.

3. 미래 사회 변화와 세계시민

세계는 갈등하고 협력하고

세계는 점점 더 글로벌화되고 있으며, 정치적, 경제적 문제는 국가 간 협력과 갈등을 불러일으키고 있습니다. 세계 각국은 서로 다른 정치적, 경제적 이해관계를 가지고 있기에 갈등이 발생하기도 하고, 이를 해결하기 위한 협력이 이루어지기도 합니다. 최근 몇 년 동안의 무역 전쟁은 국가 간의 경제적 갈등을 보여 주는 대표적 사례입니다. 특히, 미국과 중국 간의 무역 전쟁은 세계 경제에 큰 영향을 미쳤습니다. 이러한 경제적 갈등은 수출입 제한, 관세 인상 등의 형태로 나타나며, 이는 물가 상승으로 이어져 보통의 시민들이 생활의 곤란을 겪게 됩니다. 슈퍼마켓에서 판매되는 물건 값이 급등하거나, 국제적으로 유통되는 전자 제품의 가격이 오르고, 자동차 연료비가 상승할 수 있습니다. 이처럼 정치적, 경제적 문제는 우리의 일상생활에 직접적인 영향을 미치고, 경제가 글로벌화됨에 따라 문제들이 더 빈번하게 발생할 것입니다.

세계화가 이뤄지면서 한 나라의 문제는 더 이상 그 나라만의 문제로 그치지 않고, 주변 나라, 나아가 세계에 영향을 끼치는 시대가 되었습니다. 자국의 단기적인 이익만 우선시하는 나라의 미래가 밝을 수는 없을 것입니다. 정치, 경제적인 문제는 물론이고 이제는 기후 변화 문제까지 세계가 협력하지 않으면 안 되는 시대입니다.

아이언맨은 실제로 탄생할 수 있을까?

영화 「아이언맨」에서는 첨단 기술과 인공 지능이 중요한 역할을 하는 데, 이는 미래 사회의 변화 양상을 잘 보여 줍니다. 주인공 토니 스타크 는 인공 지능인 자비스를 통해 다양한 문제를 해결하고, 능력을 극대 화하는 기술을 개발합니다. 이러한 기술들은 미래 사회에서 사람들의

나도 아이언맨이 될 수 있을까?

영화 「아이언맨」에서 주인공 토니 스타크 는 한쪽 눈에 웨어러블(몸에 착용할 수 있 는) 기기를 착용하고, 3차원 홀로그래픽 영상으로 이뤄진 증강현실 속에서 손동 작만으로 자신의 업무를 수행합니다. 이 러한 웨어러블 기기는 고도화된 첨단 기 술을 바탕으로 일상생활에서 장애, 고령 화로 불편을 겪는 계층에게 신체적 한계 와 제약을 극복할 수 있는 현실적인 제안 이 될 수 있습니다.

영화 「아이언맨」 포스터.

삶을 더 효율적이고 편리하게 만들어 줄 것입니다. 영화에서처럼 개인화된 기술, 자율주행 차량, 로봇 기술 등의 발전은 노동의 방식이나 인간과 기술의 관계를 변화시킬 것으로 보이며, 이는 미래 사회의 일상적인 모습이 될 가능성이 큽니다.

과학 기술의 발전은 미래 사회에서 중요한 요소 중 하나로, 우리의 삶의 방식과 공간을 근본적으로 변화시킬 것입니다. 특히 정보 통신 기술(ICT)의 발전은 우리가 일상에서 접하는 공간과 시간을 매우 다르게 만들고 있습니다. 이미 우리는 스마트폰을 통해 언제 어디서나 다양한 정보를 손쉽게 얻을 수 있으며, 이러한 기술은 앞으로 더욱 발전해 우리가 일상적으로 사용하는 공간과 시간의 개념 자체를 바꿔 놓을 것입니다.

최근 각광받고 있는 생성형 인공지능(AI) 기술은 작업 방식의 혁신을 불러오고 있습니다. 과거에는 전문가만이 작성할 수 있었던 보고서, 콘텐츠, 디자인 시안 등을 이제는 누구나 인공지능 도구를 활용해 빠르게 생성할 수 있습니다. 교사들은 생성형 인공지능을 이용해 수업 자료를 신속히 제작하고, 기업은 마케팅 콘텐츠를 자동화하며, 학생들은 자신이 만든 초안에 인공지능의 피드백을 받아 창의적으로 개선해 나가고 있습니다. 이러한 기술은 업무와 학습의 속도를 높일 뿐 아니라, 시간과 장소의 제약 없이 다양한 활동을 가능하게 합니다.

이미 우리 사회는 원격 근무와 온라인 학습이 일상이 되었고, 생성형 인공지능은 이 흐름을 더욱 가속화시키고 있습니다. 과거에는 정해진 시간과 장소에서만 일을 하고 공부할 수 있었지만, 이제는 디지털 공간 속에서 언제든 창의적 활동을 펼칠 수 있게 되었습니다. 이로 인해 개인의 삶에는 더 많은 선택권과 자유가 부여되고, 미래 사회는 물리적 공간보다는 디지털 기술이 중심이 되는 '유동적 일상'으로 변화하고 있습니다.

그뿐이 아닙니다. **가상 현실(VR)**과 **증강 현실(AR)** 기술의 발전은 교육과 엔터테인먼트, 의료 분야에서도 큰 혁신을 일으킬 것입니다. 가상현실을 통해 집에서도 실제처럼 여행을 떠나는 경험을 할 수 있고, 증강현실을 통해 실시간으로 주변 정보를 얻으며 생활할 수 있습니다. 이는 단순한 놀이를 넘어서, 일상생활에서 편리함을 크게 증대시킬 것입니다. 교육 분야에서는 학생들이 가상 현실을 통해 역사적인 사건을 체험하거나, 과학 실험을 가상 공간에서 진행할 수 있게 될 것입니다.

자율주행차와 같은 혁신적인 교통수단은 우리의 이동 방식을 근본적으로 변화시킬 것입니다. **자율주행차**는 인간의 운전이 필요 없는 차량으로, 사람들이 더 이상 차의 핸들을 조작하지 않고도 목적지에 도달할 수 있게 됩니다. 이는 교통사고를 줄이고, 교통체증을 해결할 수 있는 가능성을 열어 줍니다. 사람들이 운전 중에 차 안에서 일이나 휴식을 취할 수도 있습니다. 이러한 변화는 우리의 공간적 경험을 바꾸고, 사람들의 이동 방식도 지금보다 훨씬 다양해질 것입니다.

생태 환경의 변화

미래 사회에서 중요한 변화 중 하나는 **생태 환경**의 변화입니다. 기후

네팔 공장 지역에서 발생하는 대기 오염.

변화와 환경 파괴는 이미 일상생활에 영향을 미치고 있으며, 앞으로 그 영향은 더욱 커질 것입니다. 기후 변화는 전 세계적으로 심각한 문제로 대두되고 있으며, 이는 자연재해와 직결됩니다. 여름철의 폭염이나 강력한 태풍이 점점 늘어나고, 이것이 인간의 생명과 재산에 입히는 피해도 커지고 있습니다. 미세 먼지나 대기 오염은 우리의 건강을 심각하게 위협하고, 대중교통을 이용하는 사람들은 이런 위험에 더 많이 노출되어 있습니다.

자원 고갈과 환경 오염 문제로 인해 지속가능한 발전이 더욱 중요한 이슈로 떠오르고 있습니다. 이는 일상생활에서도 다양한 방식으로 영향을 미칩니다. 많은 나라에서 일회용 플라스틱 사용을 제한하고, 재활용을 의무화하는 정책이 강화됩니다. 우리는 재활용을 실천하거나, 대중교통을 이용하여 탄소 배출을 줄이는 등의 노력을 일상 속에서 실천하고 있습니다. 지역에서 생산된 전기를 사용하는 전력 요금제를 선택하거나, 친환경 에너지 기업의 서비스를 이용하는 것도 하나의 방법입니다. 건물의 단열을 강화하거나 창호를 교체해 냉난방 에너지 소비를 줄이는 것처럼 생활공간을 에너지 효율적으로 개선하는 노력도 필요합니다.

나에서 지역 사회로 뻗어 나가기

우리는 지구라는 하나의 커다란 공동체 속에서 서로 밀접하게 연결되어 살아가고 있습니다. 지역적, 국가적, 그리고 국제적 문제들이 서로 영향을 미치며, 내가 살아가는 방식이 나와 관련 없는 다른 사람들에게도 영향을 줄 수 있다는 사실을 인식하는 것이 중요합니다. 내 일상에서의 작은 실천들이 어떻게 더 넓은 세상과 연결될 수 있을지에 대해 고민해야 합니다.

지역 사회는 다양한 주체가 함께 살아가기 위한 노력을 전개하고 있습니다. 기업의 측면에서 ESG 경영은 사회적 책임과 지속가능성을 강조하는 중요한 가치입니다. ESG는 환경(Environmental), 사회(Social), 지배구조(Governance)를 의미하며, 기업이 이 세 가지 측면에서 균형 잡힌 경영을 실천해야 한다는 개념입니다. 이를 통해 기업은 단순히 이익을 추구하는 것이 아니라 사회적, 환경적 가치도 고려하면서 활동해야 한다는 것을 강조합니다.

구체적인 사례로 글로벌 IT 기업인 A사를 들 수 있습니다. 탄

'나'와 지역 사회의 연결 고리

우리는 자신이 속한 지역 내 다양한 사람들과의 상호작용으로 세계시민으로서의 역할을 실천할 수 있습니다. 플라스틱이 자연환경에 미치는 영향을 알리기 위해, 마을 주민들과 함께 플라스틱 사용 줄이기 캠페인을 벌이고, 플라스틱 대신 사용할 수 있는 대체 제품을 소개하고 이용하며, 주민들에게 재활용 방법을 교육합니다. 이 활동의 영향은 단순히 자신의 지역에만 국한되지 않습니다. 각자의 자리에서 환경 오염 문제를 해결하기 위한 이와 같은 한 걸음의 실천이 모여 미래를 바꿀 것이니까요.

지역 커뮤니티에서 다양한 문화 교류 활동에 참여하며, 서로 다른 문화와 전통을 이해하는 시간을 가지는 것도 세계시민으로서의 한 역할입니다. 이런 활동을 통해 우리는 다문화 사회에서 어떻게 더 나은 관계를 맺을 수 있을지 고민하고, 지역 사회 내에서 상호 존중과 협력을 기반으로 성장할 수 있음을 알게 됩니다.

소 중립과 무폐기물 기업을 목표로 친환경 기술을 개발하고, 전기를 덜 쓰는 클라우드 서비스를 통해 지속가능한 경영을 실천하고 있습니다. 사회적 책임을 다하기 위해 AI 권리장전을 지지하고 노동자의 권리를 보호하며, 사회적 가치를 실현할 수 있는 기술 개발과 지역사회 지원 활동을 이어 가고 있습니다. 한편 우리나라의 B사는 지속가능한 기술을 바탕으로 ESG 경영을 실천하고 있습니다. 환경을 고려한 제품 개발에 힘쓰며, 에너지 효율이 높은 가전 제품을 출시하는 한편, 재활용 가능한 소재를 사용해 제품의 환경적 영향을 줄이려는 노력을 하고 있습니다. 또 '희망나눔재단'을 통해 장애인, 노약자 등 소외된 계층과 지역 사회

2022년 미국 정부가 공표한 인공지능(AI) 시대 미국 시민들을 위한 '5가지 보호받을 권리'를 담은 규칙.

- **안전하고 효과적인 시스템**(Safe and Effective Systems): 위험하거나 비효율적인 시스템으로부터 보호받을 권리
- **알고리즘에 의한 차별로부터의 보호**(Algorithmic Discrimination Protections): 알고리즘에 의한 차별 없는 공정한 시스템 사용의 권리
- **데이터 보호**(Data Privacy): 기본 제공하는 보호 장치를 통해 데이터 남용을 막고, 본인 데이터가 어떻게 사용되는지를 감독할 수 있는 권리
- **공지와 설명**(Notice and Explanation): 자동 시스템이 사용되고 있다는 것을 인지하고, 시스템이 사용자에게 주는 영향을 제대로 이해할 수 있을 권리
- **인간 대체, 고려 사항, 대비책**(Human Alternatives, Consideration and Fallback): AI 시스템을 대체할 사람을 선택할 수 있으며, 시스템 문제 발생 시 해결책에 접근할 수 있는 권리

를 위한 기부 및 봉사 활동을 펼치며 사회적 책임도 실천하고 있습니다. 직원들에게는 안전하고 건강한 근무 환경을 제공하고, 인권을 존중하는 기업 문화를 만들기 위해 지속적으로 노력하고 있습니다.

이러한 기업들의 활동은 사회와 환경에 긍정적인 영향을 미치는 ESG 경영이 어떻게 실현될 수 있는지를 보여 줍니다. 기업과 개인 모두가 ESG 가치를 실현하며, 공정하고 지속가능한 사회를 만들기 위해 협력하는 자세가 중요합니다.

국가를 넘어 세계로 나아가는 나

국가 차원에서 내가 실천하는 세계시민으로서의 삶도 중요한 부분입니다. 세계시민이라면 자신이 살고 있는 국가의 정책과 사회적 문제에 대해 적극적으로 관심을 갖고, 그 문제를 해결하기 위한 노력에 적극 참여해야 합니다. 최근 우리나라에서 진행된 탄소 배출을 줄이기 위한 정부의 정책에 대해 많은 논의가 있었습니다. 이런 문제에 관심을 가지고, 환경 보호를 위한 정책에 대한 의견을 온라인 청원서나 소셜 미디어를 통해 표현할 수 있습니다. 기후 변화 문제를 해결하기 위한 국제적 협력의 중요성에 대해서 의견을 나누는 것도 하나의 실천이 될 수 있습니다.

국내에서도 탄소 배출 감소를 위해 정부가 정책을 추진하고 있지만, 이것만으로는 충분하지 않습니다. 글로벌 차원에서 국가 간 협력이 이루어져야만 기후 변화 문제를 해결할 수 있기에 국제 사회와 협력하는 방안을 적극 고민해야 합니다. 또 이러한 문제에 대해 친구들이나 학교에서의 토론 활동을 통해 의견을 공유하며 사회적 관심을 불러일으키는 데 기여할 수 있습니다. 작지만 자기 주도적인 노력이 국가와 세계가 직면한 문제 해결에 중요한 영향을 미칠 수 있습니다.

나의 소비와 생활 습관을 성찰해 보는 것도 세계시민의 중요한 자질입니다. 우리가 소비하는 제품이 어떻게 생산되고 유통되는지, 그것이 다른 지역 사람들에게 미치는 영향에 대한 고민이 필요합니다. 나의 소비와 생활 습관이 지구 환경이나 세계시민의 삶에 좋지 않은 영향을 끼치는 부분이 있다면 그를 개선하는 노력을 해야 합니다.

세계시민이 되기 위한 '나'의 실천

- 나는 공정 무역 제품을 구매하는 것을 실천하고 있습니다. **공정 무역**은 저개발 국가에서 생산되는 농산물이나 제품들이 합리적인 가격으로 거래되도록 도와주는 제도로, 이 제품들을 구매하는 것은 그 국가들의 경제적 안정과 발전에 기여합니다. 최근에는 커피와 초콜릿을 공정 무역 제품으로 구입하는데, 이를 통해 나는 생산자의 권리를 보호하고, 환경을 고려한 생산 방식이 이루어지도록 돕고 있습니다.

- 나는 **지속가능한 패션**에 관심을 가지고, 가능한 한 재활용 소재로 만든 옷을 구매하고 있습니다. 대량 생산과 빠른 소비를 지향하는 **패스트 패션** 산업이 환경에 미치는 영향을 줄이기 위해, 나는 의류를 구매할 때 그 제품이 환경에 미치는 영향을 고려하고, 가능한 한 오래 입을 수 있는 제품을 선택하려고 합니다. 이러한 소비 방식은 지구 환경을 보호하고, 세계 경제의 불균형을 해소하는 데 도움을 줄 수 있습니다.

- 나는 개인적인 생활에서도 탄소 배출을 줄이기 위한 실천을 하고 있습니다. 대중교통을 이용하거나 자전거를 타고 이동합니다.

- 나는 일회용 플라스틱을 사용하는 것을 최대한 피하고, 재사용 가능한 물건을 사용합니다. 일회용 종이컵 대신 텀블러를 사용하고, 장을 볼 때는 비닐 봉투 대신 에코백을 사용합니다.

- 나는 집에서 전기를 아끼기 위해 LED 전구를 사용하고, 필요 없는 전기 코드는 빼 두는 등 에너지 절약을 실천하고 있습니다.

  …

이 모든 노력은 지구촌 전체에 긍정적인 영향을 미칠 수 있는 작지만 미래를 바꾸는 실천들입니다.

1. 인도네시아는 왜 수도를 옮길까요?

인도네시아가 수도를 자카르타에서 누산타라로 옮기기로 한 결정은 기후 변화와 지리적 특징, 그리고 현재 수도인 자카르타의 여러 문제가 복합적으로 작용한 결과입니다.

인도네시아는 기후 변화의 영향을 강하게 받는 나라 중 하나입니다. 특히 자카르타는 해수면 상승과 기후 변화로 인한 침수 위험이 큰 도시 중 하나로 알려져 있습니다. 자카르타는 인도네시아의 경제, 정치, 문화의 중심지로 중요한 역할을 해 왔지만, 해안에 위치한 이 도시는 기후 변화의 영향을 직접적으로 받고 있습니다. 매년 약 25cm씩 가라앉고 있다는 연구 결과가 있을 정도로 침수의 위험이 큽니다. 해수면 상승으로 인해 2050년이면 도시의 일부 지역이 물에 잠길 가능성도 제기되고 있습니다.

자카르타는 인구 밀도가 매우 높은 도시로, 과밀화 문제도 심각합니다. 이로 인해 교통체증, 대기 오염, 빈곤층의 주거 문제 등이 계속해서 악화하고 있는 상황입니다.

인도네시아 정부는 자카르타의 문제를 해결하고, 국가의 균형 발전을 위해 새로운 수도를 세우기로 결정했습니다. 새로운 수도의 이름은 '누산타라'로, 이는 인도네시아어로 '군도' 또는 '아름다운 섬'이라는 뜻입니다. 누산타라는 보르네오섬에 위치한 카리만탄 지역에 세워질 예정입니다. 이 지역은 자카르타보다 기후 변화의 영향을 덜 받을 뿐만 아니라, 아직 인프라가 부족하지만 개발

가능성이 큰 지역으로 평가되고 있습니다.

누산타라는 자카르타와 비교해 높은 해발고도에 위치하여 침수의 위험이 적고, 기후 변화로 인한 피해를 덜 받을 것으로 예상됩니다. 또한, 수도를 동부 지역으로 옮김으로써 수도권에 집중된 경제적, 인구적 부담을 덜어 주려는 의도가 담겨 있습니다. 현재 인도네시아 경제 활동의 대부분이 자카르타에 지나치게 집중되어 있어, 다른 지역과의 균형 발전을 위한 정책적 필요성도 큰 상황입니다. 누산타라라는 새로운 수도의 설치는 경제적 균형을 맞추기 위한 중요한 프

인도네시아의 새로운 수도 **누산타라**

인도네시아의 경제, 정치,
문화의 중심지 자카르타.

로젝트 중 하나인 셈입니다.

　누산타라는 지리적으로도 매우 중요한 곳에 위치하고 있습니다. 보르네오섬은 인도네시아, 말레이시아, 브루나이가 나누어 소유하고 있는데, 그중 인도네시아 부분인 칼리만탄 지역은 천연자원이 풍부합니다. 또한, 보르네오섬은 아시아의 중심에 위치해 있어 교통과 물류의 중심지로서 발전할 잠재력이 큽니다. 이러한 점에서 누산타라는 인도네시아의 국제적 경쟁력을 높이는 데에도 중요한 역할을 할 수 있을 것입니다.

　인도네시아 정부는 누산타라를 스마트 시티로 개발하여, 교통과 에너지 절약, 지속가능한 발전을 중시하는 방향으로 설계를 진행하고 있습니다. 이는 미래 세대를 위한 환경 친화적인 도시 구축을 목표로 하며, 기후 변화에 대응하는 중요한 모델이 될 수 있을 것입니다.

2. 100년 뒤 우리나라 인구가 절반으로 준다고요?

100년 뒤, 우리나라의 인구가 절반으로 줄어든다면, 이는 단순한 숫자의 변화가 아니라, 사회, 경제, 문화 등 전방위적으로 영향을 미칠 수 있는 중대한 문제일 것입니다. 실제로 현재의 인구 통계를 보면, 우리나라는 이미 초고령 사회로 접어들었으며, 그와 같은 예측이 비현실적인 이야기만은 아닙니다.

현재 우리나라의 출생률은 세계에서 가장 낮은 수준을 기록하고 있습니다. 2023년 기준으로 우리나라의 합계출산율은 0.7명 이하로, 인구가 자연스럽게 증가하기 위한 최소 합계출산율인 2.1명에 크게 미치지 못합니다. 그야말로 유소년층 인구가 급격히 줄어들고 있는 상황입니다. 유소년층의 인구가 감소하면서, 어린이집과 학교의 학생 수가 줄어들고, 이에 따라 교육 시스템에도 큰 변화가 필요하게 되었습니다. 일부 지역에서는 학생 수가 줄어들면서 학교 통폐합이 진행될 수 있으며, 교육 인프라에 대한 재정적 부담이 적어질 수 있지만, 반대로 교육의 질을 높이기 위한 새로운 투자와 변화의 요구는 더 커질 수 있습니다.

한편, 우리나라의 노년층 인구는 급격히 증가하고 있습니다. 노년층 비율이 총인구의 20%를 넘는 초고령 사회이며, 2060년이면 40%를 돌파할 것으로 전망됩니다. 노년층 인구의 급증은 여러 가지 사회적 문제를 야기할 수 있습니다.

고령화 사회에서 큰 문제 중 하나는 노동력 부족과 **생산 가능 인구**의 감소입니다. 고령층의 경제 활동 참여율이 낮고, 많은 이들이 은퇴하여 경제 활동에 참여하지 않기 때문에, 국가 경제에 큰 부담이 될 수 있습니다. 또한, 청장년층(15~64세)의 인구도 감소하고 있습니다. 생산 가능 인구는 15세에서 64세까지의 사람들을 포함하는데, 이 연령대 인구가 줄어들면 노동력의 부족이 사회적인 문제로 대두될 수 있습니다. 이런 상황이 계속된다면 100년 뒤에는 청장년층 인구가 급감하면서, 기업들은 노동력을 구하기 어려워 회사 경영에 어려움을 겪게 될 것입니다. 자연스레 각종 산업에서 생산성 저하와 경제 성장의 둔화가 발생할 가능성도 큽니다. 생산 가능 인구의 감소는 국가의 **잠재 성장률**을 크게 떨어뜨릴 수 있으며, 이는 국가의 경쟁력 저하로 이어질 수 있습니다.

우리나라의 잠재 성장률은 생산 가능 인구의 수와 밀접하게 연결되어 있습니다. 생산 가능 인구가 줄어들면, 자연스럽게 경제 성장률도 둔화될 수밖에 없습니다. 현재와 같은 고령화 추세가 계속된다면, 100년 뒤에는 경제 성장률이 크게 낮아져서 국가의 경제적 활력이 떨어질 수 있습니다. 특히, 세금을 납부하는 인구가 줄어들면 사회 복지 시스템을 유지하는 데 어려움이 따를 수 있습니다. 예를 들어, 노인들의 연금 지급, 의료 비용 등의 사회적 비용이 커져 국가의 재정적 부담이 커질 수 있습니다.

이러한 인구 감소와 고령화 문제를 해결하기 위해 정부는 다양한 대책을 마련해야 할 것입니다. 우선, 출생률을 높이기 위한 정책이 절실합니다. 정부는 이미 여러 가지 출산 장려 정책을 시행하고 있지만, 출생률 증가에는 한계가 있을 수 있습니다. 그래서 외국인 노동자 유입, 고령층의 노동 시장 참여 증진, 자동화와 인공지능(AI) 기술을 활용한 생산성 향상 등이 대안이 될 수 있습니다.

과학과 인문학의 조화, 그리고 인간성에 대한 성찰

영화 「인터스텔라」 포스터.

크리스토퍼 놀란 감독의 「인터스텔라(Interstellar)」(2014)는 먼 미래를 배경으로 한 SF 영화이지만, 단순한 우주 모험이 아닌 인류의 생존과 미래 사회의 지속 가능성에 대한 깊은 통찰을 제공해 줍니다. 이 영화는 지구가 극심한 환경 파괴로 인해 농업이 붕괴하고 거대한 먼지 폭풍이 빈번히 발생하여 황폐화한 행성으로 변모한 모습을 보여 줍니다. 주인공 쿠퍼는 인류를 구하기 위해 우주 탐사대원으로서 블랙홀과 웜홀을 넘나드는 위험한 여정에 나서며, 새로운 인류의 터전을 찾아야 하는 임무를 수행하게 됩니다.

영화는 미래 사회가 직면할 수 있는 몇 가지 핵심 문제를 예리하게 제기합니다. 첫째, 환경 재앙과 자원 고갈입니다. 영화 속 미래의 지구는 옥수수만이 유일하게 재배할 수 있는 작물이 되었고, 산소 공급마저 위협받는 상황에 이르렀습니다. 이는 기후 변화, 토양 황폐화, 생물 다양성 감소 등의 위기를 겪고 있는 우리가 맞닥뜨릴 디스토피아적 미래를 경고하는 메시지로 볼 수 있습니다. 둘째, 과학 기술에 대한 맹목적 의존과 그 한계입니다. 영화에서는 나사(NASA)가 웜홀을 통해 새로운 행성을 탐사하지만, 극한의 환경에서 인류가 살아남기 위해서는 단순한 기술 발전 이상의 것이 필요함을 보여 줍니다. 특히, 시간의 상대성으로 인해 우주비행사들이 겪는 정신적 고립과 희생은 과학의 발전이 인간의 정서적 고통까지 해결할 수 없음을 상징합니다.

「인터스텔라」는 미래 사회에서도 변하지 않을 인간 본질에 대한 깊은 성찰을 요구합니다. 영화의 가장 강력한 메시지 중 하나는 "사랑은 우리가 아직 이해하지 못하는 물리적 힘이다."라는 브랜드 박사의 대사로 압축됩니다. 쿠퍼가 5차원 공간에서 딸 머피에게 시간을 초월해 메시지를 전달하는 장면은 과학적 논리로 설명할 수 없는 인간 감정의 초월적 힘을 상징적으로 표현합니다. 이는 미래 사회가 아무리 첨단화되더라도 인간의 정서적 유대감과 사랑과 같은 감정이 여전히 문명의 핵심 동력이 되어야 함을 시사합니다.

영화는 미래 사회에서 요구될 윤리적 선택과 공동체적 책임을 드러냅니다. 쿠퍼가 인류를 구하기 위해 지구 행성을 떠나야 하는 갈등과 교만한 과학자 매니의 이기적인 선택과 대비되는 브랜드 박사의 희생은 기술 문명 속에서도 인간이 지켜야 할 도덕적 가치를 묻습니다. 영화의 결말에서 쿠퍼가 인류의 새로운 터전을 찾는 동시에 딸과의 감정적 화해를 이루는 모습은 과학적 진보와 인간적 가치의 조화가 미래 사회의 지속가능성을 결정짓는 핵심 요소임을 강조합니다.

「인터스텔라」는 환경 재앙과 과학 기술의 진보라는 거대한 담론 속에서 인간이 결코 잊어서는 안 될 본질적 가치를 일깨우는 작품이라고 할 수 있습니다. 미래 사회가 기술 발전만을 추구하는 것이 아니라, 인간의 감성, 공동체 의식, 윤리적 책임을 바탕으로 한 통합적 사고를 지녀야 함을 보여 줍니다. 이 영화는 과학과 인문학의 조화, 그리고 인간성에 대한 성찰이 미래 사회를 설계하는 데 얼마나 중요한지 깊이 생각하게 합니다. 우리가 맞이할 미래는 첨단 기술로 무장한 사회이기 이전에, 여전히 인간다운 가치를 지키려 노력하는 사회여야 할 것입니다.

이미지 출처와 페이지

갈라파고스 253

국방부 158

굴라디 필름 198

김은지 246

노먼 록웰 76

루비 필름 25

마블 스튜디오 126

마블 스튜디오 282

모호필름 30

바른손이앤에이 115

신카피 296

얼리엇 어윗 64

워너 브라더스 141

위키백과 15, 19, 20, 22, 24, 26, 39, 70, 75,
82, 87, 88, 90, 91, 94, 106, 108, 111,
133, 136, 139, 143, 146, 153, 170, 186,
189, 209, 219, 224, 228, 230, 234, 242,
249, 262, 267, 273, 277, 285, 292

유엔난민기구 62

저지 필름 50

타임 203

톰스 162

투발루 263

파타고니아 161

픽사베이 214

헌법재판소 42